W. Bodhidharma

Achtung Marketing

Achtung Marketing

Die Manipulationstechniken und Psychostrategien des modernen Marketings auf dem Prüfstand

Die Deutsche Bibliothek – CIP-Einheitsaufnahme

Achtung Marketing / W. Bodhidharma
Verlag: Wild Dragon Media / Johannes Voermanek, 2003
ISBN 3-9808854-0-2

Umschlaggestaltung: Webright
Druck und Bindung: Media-Print Informationstechnologie
Printed in Germany
ISBN 3-9808854-0-2

Inhaltsverzeichnis

Anmerkung

Damit Sie mit diesem Buch möglichst schnell und effizient arbeiten können, haben wir wichtige Textpassagen für Sie mit entsprechenden Symbolen versehen:

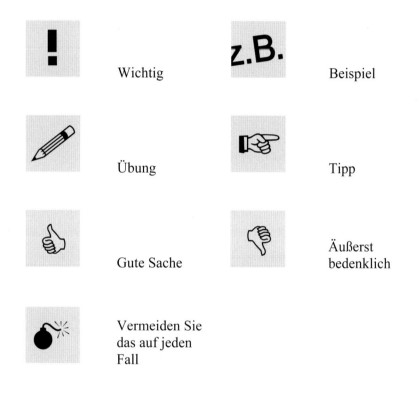

Wichtig

Beispiel

Übung

Tipp

Gute Sache

Äußerst bedenklich

Vermeiden Sie das auf jeden Fall

Herzlichen Dank

➜	Anja	für ihre begeisternde Fröhlichkeit.
➜	Fiona	für ihr geschätztes, liebevolles Engagement bei der Mitarbeit für alle benötigten grafischen Arbeiten.
➜	Gabi	für das Spenden von Zeiten inspirativer Gedanken.
➜	Jeannette	für die ultimativ harmonisch gestalteten Büroräume.
➜	Linda	für ihren immer währenden Humor.
➜	Martha	für ihre liebevolle, mütterliche Unterstützung.
➜	Martina	für ihre konstruktiven Diskussionsbeiträge.
➜	Nina	für ihren fantastisch zubereiteten Tee und ihre köstlichen Snacks.
➜	Ruth	für ihre dynamische und kreative Unterstützung in der Recherche.
➜	Ulrike	für ihre kontinuierliche Ausdauer am Computer, ihre immer liebevolle Hilfestellung und ihre selbstlose Mitarbeit.
➜	Andreas	für sein kreatives und konstruktives Feedback.
➜	Bernhard	für konzeptionelle Beratung.
➜	Eric	für die einfallsreiche Unterstützung.
➜	Georg	für seinen Humor und seinen Witz, ohne den dieses Buch nicht entstanden wäre.
➜	Hans	für seine aufmerksame Versorgung mit Kuchen.
➜	Helmut	für seine wertvolle Beratung bei kniffligen Fragen.
➜	Johannes	für seine kreativen, überfließenden Ideen.
➜	Michael	für seine sehr effizienten Tipps.

10

➔ Paul   für die traumhaft harmonisch gestalteten
Büroräume.

➔ Walter   für seine spritzigen, innovativen Kommentare.

 Dank auch an all die hilfreichen Hände, die uns
bei der Realisierung und Herstellung des
Buches tatkräftig unterstützten.

Der Autor

W. Bodhidharma, ausgebildet in der Psychotherapie, arbeitet als psychologischer Berater und Personality-Coach in der IT-Branche. Sein Wissen und seine Erfahrung stellt er in den Dienst des Konfliktmanagements. Er entwickelte effiziente Methoden zur optimalen Integration des praxisorientierten Konfliktmanagements in das berufliche und private Umfeld. Seine Methoden gibt er in seinen Seminaren an Manager, Personalentscheider und Führungskräfte weiter.

Darüber hinaus erforschte er die psychologischen Hintergründe und die Funktionsweise der innovativen Psycho- und Marketingtechniken. Kritische Reflexionen seiner Seminarteilnehmerinnen und -teilnehmer sowie seine eigenen langjährigen Erfahrungen trugen zur Entstehung dieses Buches bei. Hier fasst er die Ergebnisse in einprägsamer und aufrührender Weise zusammen.

Website: http://www.marketingresistance.com
E-Mail: info@marketingresistance.com

1 Einleitung

In den letzten Jahren entwickelte sich unsere Gesellschaft immer mehr von der Industrie- zur Dienstleistungsgesellschaft. Die Medienwelt hat darin einen sicheren und gut dimensionierten Platz. Marketing und seine Psychostrategien konnten sich dadurch immer schneller und effizienter verbreiten. Diese Entwicklung hat jedoch zwei Seiten. Laut Auskunft der Werbewirtschaft soll uns Marketing zum Kauf anregen, über Produkte informieren und darüber hinaus dafür sorgen, dass es uns besser geht. Andererseits können Marketingstrategien mit ihren Manipulationstechniken für den Betroffenen auch nachteilige Auswirkungen haben. Und hierin liegt der Schwerpunkt dieses Buches: Die möglichen Nachteile von Marketing werden aufgezeigt und analysiert. Die anschaulichen Erklärungen der theoretischen Hintergründe und die praxisnahen Beispiele und Übungen ermöglichen es dem Leser, aus diesem Buch einen praktischen Nutzen für sein Leben zu ziehen.

Der erste Teil beschäftigt sich mit der Entstehung und Entwicklung des Marketings: Warum Marketing? Welche unterschiedlichen Marketingarten gibt es? Welche Psychostrategien werden im Marketing verwendet? Wie wirkt die mediale Welt unbewusst auf unser Verhalten ein? Warum ist es so leicht für Psychostrategen in unsere Psyche einzudringen?

Hier spielt das Thema Kränkung sicherlich eine entscheidende Rolle. Mit diesem Thema befasst sich der zweite Teil des Buches.

Feine, treffsichere Marketingstrategien zielen auf unsere innere Welt. Sie dringen in unsere Privatsphäre ein. Wie das im Businessalltag funktioniert und welche Marketingstrategien wir selbst in Beziehungen entdecken können, darüber berichtet der dritte Teil.

Abschließend werden Möglichkeiten aufgezeigt, wie wir uns dem Marketing und seinen Beeinflussungstechniken bewusst entziehen können.

Das ist ein Buch, das kaum jemanden kalt lässt. Für die Einen kann es eine Diffamierung traditioneller Vorstellungswelten darstellen, für die Anderen eine tiefe Inspiration.

Wir wünschen unseren Lesern angenehme und informative Stunden. Wir hoffen, dass es vielleicht den einen oder anderen Euro sparen hilft und dazu beiträgt, dass Sie unbeeinflusst von Marketingstrategien Ihr Geld in Ihre eigenen Wünsche und Bedürfnisse investieren, und es nicht im Sinne der Interessen anderer ausgeben.

Wer kann von diesem Buch profitieren?

Im Beruf

Erfolgreicher im Beruf zu sein, ist möglicherweise eines Ihrer Ziele. In der heutigen Zeit werden, außer fachlichen Qualitäten, Fähigkeiten im Bereich der Soft Skills und der sozialen Kompetenzen erwartet. Was darunter verstanden wird und wozu sie eingesetzt werden, möchten wir Ihnen hier näher bringen. Dazu zeigen wir die Hintergründe verschiedener Kommunikations- und Psychotechniken für Sie auf. Das ist deshalb von großer Bedeutung, da Sie innerhalb Ihres beruflichen Umfeldes jederzeit zum Ziel diverser Kommunikations- und Psychostrategien werden können. Die verschiedenen Strategien Ihrer Geschäftspartner zu durchschauen, kann für Sie von großem Vorteil sein. Auch für Verhandlungen mit Ihren Vorgesetzten gibt Ihnen die Kenntnis über die knallharten Psychostrategien einen Vorsprung.

Im Privatleben

Wie und warum die modernen Psychotechniken in Ihr Privatleben eingreifen und was die Ursachen für Ihre Gefühle sein können, dazu bieten wir Ihnen in diesem Buch ebenfalls Hintergrundinformationen an. Ihre Selbsterkenntnisse können Sie anschließend flexibel in Ihr Leben integrieren.

Im Alltag

Dieses Buch richtet sich an alle interessierten Menschen, die mehr über die Hintergründe der modernen Medien, der Werbung und der dort angewandten Psychotechniken erfahren möchten. Es zeigt auf, wie diese Techniken ungeahnten Einfluss auf unser Leben nehmen und was dagegen hilft.

Was will dieses Buch?

Warum kaufen wir oft Dinge, die wir eigentlich gar nicht brauchen?

→ Das neueste Handy, unseres ist immerhin schon 12 Monate alt, da könnte man sich gar keine individuell gestalteten Klingeltöne aus dem Internet herunterladen.

→ Das tolle Kostüm, das uns zwar steht, aber das für unseren Geldbeutel viel zu teuer ist. Nun, die Verkäuferin fand uns darin so hinreißend schön.

→ Das neueste Automodell mit Alu-Felgen, natürlich auf Kredit, denn das Geld hätte nur für einen gebrauchten Mittelklassewagen gereicht.

➔ Noch eine Hautcreme, weil die unsere Haut so optimal mit Vitalstoffen versorgt. Das kam kürzlich in der Fernsehwerbung, wissenschaftlich erwiesen, da kann unsere „alte" Gesichtscreme nicht mehr mithalten.

Warum führen wir oft Dinge aus, die wir so eigentlich nicht tun wollten?

➔ Wieso gehen Menschen in eine Talkshow, in der sie angegriffen oder lächerlich gemacht werden?

➔ Wieso schließen wir die zigste Versicherung für uns oder unsere Familie ab? Fühlten wir uns wirklich mangelhaft versichert oder überredete uns nur unser Versicherungsvertreter?

➔ Wieso kaufen so viele Leute völlig überteuerte Wohnungen, deren Finanzierung ihnen das Leben ruiniert? War der Farbprospekt so bunt und die darin enthaltenen Versprechungen zu verlockend?

Warum wollen wir überhaupt so viel?

➔ Auf all diese Fragen finden Sie mögliche Antworten in diesem Buch.

2 Geschichte des Marketings

Vom Marktschreier zum Marketing

Gehen wir einige Jahrhunderte zurück: in das Zeitalter der Land-
und Forstwirtschaft. Damals gab es in den Ortschaften einen
Marktplatz, auf dem ein buntes Sammelsurium von Waren angeboten wurde. Die Rufe der Marktschreier „Äpfel und Karotten!",
„Fässer!", „Körbe!", schallten über den Markt und sollten auf ihre
Waren hinweisen. Den Marktschreier können wir als die Urform
des Marketingstrategen bezeichnen. Derbe Sprüche genügten ihm,
um unser Interesse zu wecken und unsere Aufmerksamkeit auf
seine Ware zu lenken.

**Verkäufermarkt:
Händler, Bauern,
Handwerker besitzen
die Marktmacht**

In jenen Tagen gab es nur wenig Auswahl. Wir konnten froh sein,
wenn wir bekamen, was wir brauchten. Händler, Bauern und
Handwerker waren einflussreiche Leute. Sie bestimmten die
Preise, die Warenmenge und den Service. Diese Situation, in der
die Marktmacht bei den Bauern, Händlern und Handwerkern liegt,
nennen wir „Verkäufermarkt".

Im Laufe der Jahrhunderte entwickelte sich unsere Gesellschaft
von der Land- und Forstwirtschaft zur Industriegesellschaft. Koh-
lebergwerke, Stahlindustrie, Elektroindustrie, Lebensmittelindustrie usw. entstanden. Die Industrialisierung ermöglichte uns die
Produktion von großen Mengen eines Produktes. Wir konnten uns,
sofern wir über die entsprechenden finanziellen Mittel verfügten,
mit den gewünschten Waren eindecken. Die Produkte wurden viel-

**Käufermarkt:
Die Käufer besitzen
die Marktmacht**

fältiger, es gab nun z. B. fünf unterschiedliche Dosen mit Mais.
Die Marktmacht verlagerte sich auf die Seite der Käufer. Die
Marktmacht lag nun in unseren Käuferhänden. Wir sprechen hier
von einem „Käufermarkt". Dieser Wandel vom Verkäufermarkt
zum Käufermarkt vollzog sich fast überall auf der Welt. Nun sahen

sich die Produzenten veranlasst, auf *ihr* Produkt aufmerksam zu machen, damit wir es kaufen. Von nun an wurde das Augenmerk auf die Förderung einer künstlichen Produktnachfrage gelegt. Das führte in den 20er Jahren des Zwanzigsten Jahrhunderts zur Entstehung des Marketings in den USA. Durch Marketing versprachen sich die Produzenten die Möglichkeit, bei uns Kunden eine künstliche Nachfrage zu schaffen.

Die Schaffung einer künstlichen Nachfrage wurde notwendig

Die folgende Definition für Marketing stammt von Philip Kotler und Friedhelm Bliemel. Philip Kotlers Werke gehören zu den Standardlehrbüchern an Universitäten zum Thema Marketing, auf sie werden wir noch öfter Bezug nehmen.

„Marketing ist ein Prozess im Wirtschafts- und Sozialgefüge, durch den Einzelpersonen und Gruppen ihre Bedürfnisse und Wünsche befriedigen, indem sie Produkte und andere Dinge von Wert erzeugen, anbieten und miteinander austauschen." [1]

Immer wieder hören wir, wie der Begriff „Marketing" mit dem Begriff „Vermarktung" gleichgesetzt wird. Dadurch entsteht vielleicht bei manchem die Vorstellung, dass Marketing nur mit Werbung und Verkauf zu tun hat. Marketing setzt jedoch Werbung und Verkauf ein, um uns Kunden auf Gewinn bringende Weise anzusprechen. Werbung ist somit ein populärer Teilbereich des Marketings, mit dem wir täglich in Kontakt kommen.

Marketing wurde anfänglich nur für Konsumgüter betrieben. Die Produzenten warben nur mit ihrem Markennamen um unsere Gunst. Die Marke stand für das Produkt: Coca Cola für die braune Limonade, Nivea für die weiße Hautcreme etc. Auf den frühen Werbeschildern zu Beginn des Zwanzigsten Jahrhunderts sahen wir die damals grüne Coca-Cola-Flasche mit dem Markennamen. Das Waschmittel Persil warb um uns mit einer ganz in weiß gekleideten Dame sowie seinem Namen.

Bald genügte diese schlichte Art der Werbung nicht mehr, um unsere Aufmerksamkeit zu erregen. Das Produkt benötigte ein so genanntes USP (Unique Selling Proposition), ein Alleinstellungs-

USP = Alleinstellungsmerkmal eines Produktes

merkmal, um aus der Produktvielfalt positiv aufzufallen. Eine Eigenschaft, die das Produkt hochwertiger erscheinen lässt als das Konkurrenzprodukt.

z.B. Zum Vergleich: Früher warb Persil mit „Das bewährte Waschmittel für alles Weiße". Die Werbung vermittelte uns, dass das Produkt eine bestimmte Eigenschaft aufweist: Es ist bewährt. Heute wirbt Persil mit „Persil-Reinheit und Pflege". Persil hat demnach die Eigenschaft so rein und pflegend zu waschen, wie nur Persil es vermag. Persil ist einzigartig – so lautet die Werbebotschaft an uns.

Werbung beabsichtigt den Absatz zu stimulieren

Werbung beabsichtigt, den Warenabsatz zu stimulieren. Wir sollen durch gezieltes Marketing dahin bewegt werden, Waren zu kaufen, die wir eigentlich nicht benötigen. Die meisten von uns haben schon genügend Produkte zu Hause in den Schränken. Also muss Werbung so gestaltet werden, dass wir, trotz gefüllter Schränke, das beworbene Produkt kaufen. Denn der Produzent will seinen Gewinn durch einen vermehrten Produktverkauf steigern.

Marketingstrategien wurden und werden immer weiter verfeinert. Die Einführung des USPs (Alleinstellungsmerkmal) kreierte die Möglichkeit von neuen Marketingstrategien. Eine andere erfolgreiche Werbestrategie besteht darin, das Produkt für uns mit einem Image oder Leitbild zu versehen.

z.B. In der Zigarettenindustrie gibt es ein bekanntes Beispiel für den Aufbau eines Images. Ein Werbefilm zeigt einen Cowboy in der amerikanischen Wildnis, der sich zur Belohnung für die harte Arbeit eine Zigarette anzündet. Die Zigarette erhält das Image, etwas für „harte, männliche, abenteuerlustige Männer" zu sein. Die Zielgruppe, die sich mit diesem Image identifizieren kann, wird zum Kauf der beworbenen Zigarettenmarke angeregt.

Die Werbung entwickelte sich weiter. Seit einiger Zeit wird nicht mehr mit dem Produkt allein geworben, sondern beispielsweise in Verbindung mit einem Prominenten. Dieser Prominente übernimmt die Funktion eines Leitbildes, dem wir folgen sollen. Durch die Empfehlung der kompetenten, bekannten Persönlichkeit sollen wir dahingehend beeinflusst werden, dass wir das beworbene Produkt kaufen. Aktuelle Beispiele sind: Verona Feldbusch wirbt für Spinat, Stefan Raab für einen amerikanischen Schnellimbiss, Thomas Gottschalk für die Deutsche Post, Johannes Kerner für Joghurt oder Günther Jauch für Beton.

Eine weitere Werbeform kreierten Werbemacher mit der Schaffung eigener Werbeträger für ihr Produkt. Dazu gehören die lila (Milka-) Kuh, der (Sarotti-) Mohr, das (Camel-) Kamel und der weiße Riese.

Unsere Gesellschaft verändert sich mehr und mehr von der Industrie- zur Dienstleistungsgesellschaft hin. Dienstleistungen sind nicht materiell und nicht lagerfähig. Sie werden direkt an Menschen, Tieren und Dingen erbracht. In die Dienstleistungsbranche gehören beispielsweise das Gesundheitswesen, die öffentliche Verwaltung oder der Medienbereich. Consultants, Designer, Ärzte und Beamte sind bemüht, unsere Anliegen zu bearbeiten. Der Dienstleistungssektor wächst mit unserem steigenden Massenwohlstand. Je mehr Geld wir zur Verfügung haben, desto differenzierter können wir unsere (scheinbaren) Bedürfnisse befriedigen.

War es beispielsweise noch zu Beginn des Zwanzigsten Jahrhunderts keine Selbstverständlichkeit sich ausreichend ernähren zu können, verdienen die meisten von uns heute genug Geld, um ab und zu Essen zu gehen. Der Dienstleistungssektor „Gaststätten und Restaurants" blüht in der Wohlstandsgesellschaft auf.

Markt

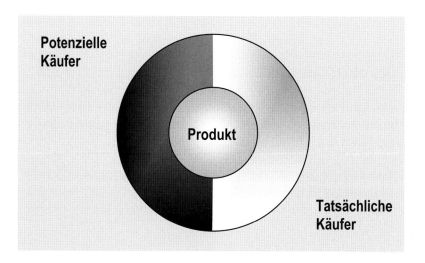

Selbstverständlich kennen wir alle den Wochenmarkt, auf dem wir frische Lebensmittel aus der Region erwerben können. Dieser Wochenmarkt ist ein angenehmes und nützliches Relikt aus alten Zeiten. Heute verstehen wir unter „Markt" nicht mehr nur den örtlich begrenzten Markt. Marketingfachleute definieren den Markt als die Gesamtmenge der tatsächlichen und potenziellen Käufer eines bestimmten Produktes. Das können beispielsweise alle Käufer eines Haarshampoos sein oder alle Kunden einer Dienstleistung wie die Autoreparatur.

3 Grundlagen des Marketings

Marketingausrichtung

Zu den Marketingaktivitäten eines Unternehmens gehören sowohl inner- als auch außerbetriebliches Engagement. Die Marketingausrichtung, die auf die Mitarbeiter des Unternehmens abgestimmt ist, nennen wir „Internes Marketing". Der nach außen gerichtete Marketingbereich heißt „Externes Marketing".

→ Internes Marketing: Mitarbeiter

→ Externes Marketing: Kunden, Gäste, Lieferanten, Öffentlichkeit

Internes Marketing ist die Basis für das kundenorientierte Externe Marketing. Die Mitarbeiter werden durch Internes Marketing motiviert, damit sie sich kundenorientiert verhalten. Sie erhalten zusätzliche Ausbildungen zur besseren beruflichen Qualifikation. Die Mitarbeiter werden durch Incentives (Aufmerksamkeiten) zu mehr Leistung angespornt. Die Veranstaltung von Betriebsfesten, Fortbildungsseminaren und Events zur Förderung des Teamgeistes gehören ebenfalls zum Internen Marketing. Der Mitarbeiterführung kommt ein Großteil der Verantwortung für das kundenorientierte Verhalten zu. Sind die Mitarbeiter zufrieden, werden sie sich bemühen, uns, die Kunden, zufrieden zu stellen. Dazu ist es erforderlich, dass die Mitarbeiter professionell vorgehen sowie eine außerordentliche Teamfähigkeit und soziale Kompetenz zeigen. Diese Fähigkeiten werden von Unternehmern sehr geschätzt, da sie umsatzsteigernd wirken. Internes Marketing fördert die Leistung und Kundenorientierung der Mitarbeiter. Internes Marketing erhält deshalb für Unternehmen im Dienstleistungsbereich eine wachsende Bedeutung (s. S. 182).

Ein Unternehmen steigert seinen finanziellen Erfolg durch effizientes Externes Marketing.

Auf die verschiedenen Aspekte der beiden Marketingausrichtungen werden wir im Folgenden noch genauer eingehen.

Unternehmensziele

Die meisten von uns möchten mehr Geld verdienen – auch der Unternehmer. Unternehmer setzen Marketing ein, um ihre Unternehmensziele zu realisieren. Hierfür werden entsprechende Marketingstrategien eingesetzt. Wir kennen zwei unterschiedliche Zielrichtungen: messbare (= quantitative) und nicht messbare (= qualitative). Mit Messbarkeit ist vor allem finanzielle Messbarkeit gemeint. Ein Unternehmer kann je nach Bedarf sein Augenmerk auf ein oder mehrere Ziele legen.

Quantitative Marketingziele (= finanziell messbar)	Qualitative Marketingziele
➜ Gewinnziele	➜ Bekanntheitsgrad
➜ Kostenziele	➜ Corporate Identity
➜ Marktanteilsziele	(s. S. 40)
➜ Marktführerschaft	➜ Image
➜ Wachstumsziel	➜ Qualität
➜ Umsatzziele	➜ Zuverlässigkeit
	➜ Vertrauen

So möchte der Produzent einer Markenjeans seinen Umsatz und Marktanteil vergrößern. Wir können uns vorstellen, dass für die

Erhöhung des Marktanteiles ein hoher Bekanntheitsgrad und die Qualität der Markenjeans von großer Bedeutung sind. Also wäre es für den Jeansproduzenten opportun, sich zu den finanziellen Zielen auch qualitative Marketingziele zu setzen. Ein Marketingziel kann ein anderes unterstützen – es kommt eventuell zu einem gewünschten Synergieeffekt.

Marketingarten

Zur Umsetzung der unternehmerischen Marketingziele sind viele spezielle Marketingarten entstanden. Jeder Marketingart werden bestimmte Aufgaben zugeordnet. Hier eine Auswahl:

Marketingname	Anwendungssituation
→ Anreizmarketing	Erhöhung der Nachfrage
→ Entwicklungsmarketing	Falls die Nachfrage latent ist
→ Erhaltungsmarketing	Bei optimaler Nachfrage
→ Reduktionsmarketing	Sofern die Nachfrage überhöht ist
→ Revitalisierungsmarketing	Anpassung an die veränderte Marktsituation

Einsatzgebiet

Das Einsatzgebiet des Marketings umfasst:

→ Lebensmittelindustrie
→ Konsumgüterindustrie
→ Dienstleistungssektor
→ Elektronische Medien
→ Industriegüter

Marketinginstrumente

Nehmen wir an, wir möchten nach Rom fahren. Der Wunsch allein befördert uns noch nicht nach Rom. Wir benötigen Hilfsmittel: Auto, Bahn oder Flugzeug. Einem Unternehmer geht es wie uns – er hat ein unternehmerisches Ziel: Ein Marketingziel, welches er verwirklichen möchte. Auch er benötigt Hilfsmittel. Was für uns in der beschriebenen Situation die Verkehrsmittel sind, sind für ihn die Marketinginstrumente. Wir fliegen normalerweise nicht von zu Hause aus mit dem Flugzeug los. Wahrscheinlich gelangen wir mit dem Auto oder der Bahn zum Flughafen. Dort besteigen wir das Flugzeug nach Rom. Ähnlich ergeht es dem Unternehmer. Ihm stehen vier Marketinginstrumente zur Auswahl.

Marketinginstrumente

→ Produktpolitik
→ Distributionspolitik
→ Preispolitik
→ Kommunikationspolitik

Im Normalfall wird auch der Unternehmer nicht nur ein Instrument zur Umsetzung seiner Visionen auswählen. Die Instrumente werden exakt aufeinander abgestimmt eingesetzt.

Die richtige Mischung der Marketinginstrumente wird im Marketing als Marketing-Mix bezeichnet. Durch den effizienten Einsatz eben dieser Marketinginstrumente soll der Markt belebt werden. Die potenziellen und tatsächlichen Käufer, also wir, sind das Ziel dieser Kampagne und wir sollen dadurch zu einer Belebung des Marktes beitragen.

Der Marketing-Mix kann aus den 4 Marketinginstrumenten bestehen

Welche Marketinginstrumente stehen den Unternehmen zur Verfügung?

Wir kommen immer wieder in Kontakt mit den einzelnen Elementen der Marketinginstrumente: das Sonderangebot einer Bier- oder Weinsorte im Supermarkt, Verkäufer, die uns beim Kauf beraten, Mailings, die uns auf die Vorteile eines schnelleren Internet-Anschlusses aufmerksam machen oder natürlich auch das Betrachten von Reklameschildern. Der Autohändler, bei dem wir unser Auto kauften, lädt uns zum Frühlingsfest ein. Auf dem Fest wird das neueste Modell der Automarke vorgeführt. Selbstverständlich können wir mit dem Händler auch einen Termin zur Probefahrt vereinbaren. Hierdurch entsteht die so genannte Kundenbindung. Wir werden eher geneigt sein, bei einem von uns positiv erinnerten Händler erneut ein Auto zu kaufen.

In der heutigen Zeit leben wir mit einem Überangebot von Produkten. Damit sich ein Unternehmen am Markt positionieren kann, sind die Marketinginstrumente notwendig. Optimal aufeinander abgestimmte Instrumente versprechen eine gute Positionierung am Markt. Diese wiederum steigert die Gewinnerwartung eines Unternehmens.

Optimierung des Marketing-Mixes steigert die Gewinnerwartung

Modell der Marketinginstrumente

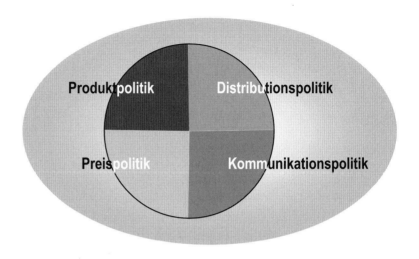

Produktpolitik

Für die Produktpolitik ausschlaggebend ist die Frage, welches Produkt und wie viele Produkte angeboten werden sollen. Das Marketinginstrument Produktpolitik beinhaltet die unterschiedlichsten Möglichkeiten der Anwendung. Sie sind im Folgenden angeführt:

Produktpolitik

➜ Differenzierungspolitik
➜ Diversifikation
➜ Eliminierung
➜ Entwicklung
➜ Garantiepolitik
➜ Innovationen
➜ Kundendienst
➜ Markenpolitik
➜ Namenspolitik

→   Produktdesign
→   Produktlebenszyklus
→   Produktvariationspolitik
→   Programmpolitik
→   Qualitätspolitik
→   Sortimentspolitik
→   Variation
→   Verpackung

Nehmen wir an, ein Nudelproduzent, der früher im Auftrag eines Lebensmittelherstellers Nudeln hergestellt hat, hat vor einiger Zeit eine eigene Nudelmarke am Markt platziert. Der frühere Name „Thomas Henschel Lebensmittelproduktion" wurde durch den einprägsamen und klangvollen Namen Basta ersetzt. (Markenpolitik)

z.B.

Der Slogan mit dem das Unternehmen jetzt wirbt, lautet: „Basta-Nudeln, die einzige intelligente Nudel der Welt." Mit diesem Slogan zielt Basta auf die gehobene Mittelschicht der Käufer: einkommensstarke Familien, Paare und Singles. Basta produziert ein Standardsortiment bestehend aus den Nudelsorten: Capellini, Farfalle, Fusilli, Penne rigate, Maccheroni und Spaghetti. (Sortimentspolitik)

Weitere Spezifikationen sind beabsichtigt. Geplant ist z. B. die Nudelsorte „Basilico", die durch einen feinen Basilikumgeschmack neue Marktanteile erobern soll. (Produktvariation)

Selbstverständlich sind auch Design und Verpackungsart dem Markt angepasst. Die Verpackung muss sowohl in den Verkaufsregalen gut stapelbar sein als auch den ästhetischen Ansprüchen der künftigen Käufer entsprechen. Die ausgefallene Verpackung in B-Form wird Aufmerksamkeit auf sich ziehen. (Produktdesign, Verpackung)
Was geschieht, wenn ein Kunde oder Händler mit dem Produkt unzufrieden ist? Basta versucht, durch eine großzügige Garan-

tiepolitik den Enttäuschten zu begeistern. Deshalb erhält jeder Reklamant ein Gratispaket mit fünf Basta-Nudelsorten. Ein zufrieden gestellter Reklamant wird zum „Prediger" für Basta-Nudeln. Er erzählt in seinem Bekanntenkreis von dem fantastischen Service, dadurch wirbt er (von ihm unbeabsichtigt) für Basta. (Garantiepolitik)

Produktlebenszyklus

Nachdem wir die Produktpolitik mit ihren verschiedenen Marketinginstrumenten kennen gelernt haben, schauen wir uns nun anhand unseres Schaubildes eines davon näher an: den Produktlebenszyklus. Zu den einzelnen Zyklen gehören die Einführung des Produktes, das Wachstum des Produktes, die Reife des Produktes, die Sättigung des Produktes und der Rückgang des Produktes.

Lebenszyklus eines Produktes nach C. H. Weis: [2]

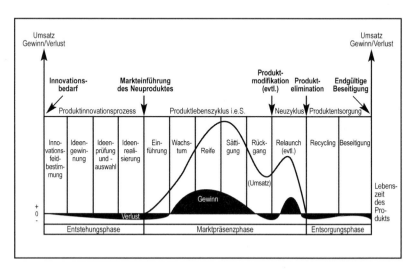

Der Produktlebenszyklus setzt sich aus fünf Hauptelementen zusammen. Die einzelnen Phasen werden in dem Lehrbuch „Werbung in Theorie und Praxis" [3] folgendermaßen beschrieben:

„Einführungsphase

Hier geht es um eine schnelle oder langsame Marktabschöpfung und Marktdurchdringung. Die Umsätze sind noch gering und der Konsument muss das neue Produkt oder die neue Dienstleistung erst einmal akzeptieren. Monopolähnliche Anbieterstrukturen verändern sich durch den Markteintritt von Nachahmern. In der Regel werden in dieser Phase Verluste gemacht. Die Gewinnschwelle wird meist erst in der Wachstumsphase erreicht.

Wachstumsphase

In der Regel weitet sich der Umsatz aus. Es treten weitere Wettbewerber auf den Markt und neue Zielgruppen werden erschlossen. Erste Preissenkungen werden vorgenommen und im Rahmen der Produktpolitik gibt es erste Produktvariationen.

Reifephase

Hier erreicht der Umsatz sein Maximum. Die Wachstumsrate sinkt gegen null. In der Regel ist die Marktstruktur von Seiten der Anbieter polypolistisch. Die Zahl der Nachfrager ist stark angestiegen und die Anbieter differenzieren ihr Produktprogramm zwecks Abgrenzung gegenüber der Konkurrenz. Die Nachfrage reagiert sehr preiselastisch.

Sättigungsphase

In dieser Phase sinkt der Umsatz, der Gewinn nimmt ständig ab und unterschreitet am Ende die Gewinnschwelle. Die Produktvariation und –differenzierung gewinnt weiter an Bedeutung. Der Qualitätswettbewerb und die Kundenbindungsmaßnahmen spielen eine immer größere Rolle. Der Preissenkungsspielraum ist in Abhängigkeit von den Kosten- und Anbieterstrukturen begrenzt.

Rückgangsphase

Hier vollzieht sich ein starker Umsatzrückgang. Gewinne lassen sich meist nicht mehr realisieren. In dieser Phase entscheidet sich, ob ein Produkt vom Markt genommen wird, ein Relaunch (s. S. 180, S. 232) stattfindet oder das vorhandene Leistungsprogramm durch Straffung weitergeführt werden kann." [4]

Distributionspolitik

Die Distributionspolitik bezieht sich auf die Planung des Waren-
transportes, die Berücksichtigung der Lage der Zulieferer und den
Vertriebsweg. Die unterschiedlichen effektiven Möglichkeiten, die
uns Distributionspolitik bietet, haben wir hier in einer Übersichts-
tabelle dargestellt.

Distributionspolitik

- ➡ Absatzmittlerpolitik
- ➡ Absatzwegepolitik
- ➡ Auslieferungspolitik
- ➡ Fertiglagerpolitik
- ➡ Handelspolitik
- ➡ Marketinglogistik
- ➡ Niederlassungspolitik
- ➡ Produkttransport
- ➡ Produktvertriebswege
- ➡ Standortpolitik

Wir können uns vorstellen, dass bei dem Aufbau des Unternehmens Basta der Firmensitz eine wesentliche Rolle spielt. Mit
verschiedenen Standortmöglichkeiten entstehen unterschiedliche Ausgangssituationen für den Nudelproduzenten. So können
die Infrastruktur, die Entfernung der Zulieferer, die Auflagen
der Gemeinde, die Besteuerung, die Entfernung zum Absatz-
markt und die räumliche Distanz von Mitbewerbern die Unter-
nehmensentwicklung positiv oder negativ beeinflussen. (Standortpolitik)

Zudem wird die Unternehmensleitung entscheiden, auf welche
Art und Weise die Nudeln vertrieben werden. Im Falle von
Basta gibt es für die Endverbraucher einen Lagerverkauf. Ansonsten werden die Nudeln über den Großhandel verkauft. (Absatzwegepolitik)

Die Belieferung des Großhandels mit ausreichend Ware muss sichergestellt sein. Damit die Nachfrage rechtzeitig bedient werden kann, ist eine genau kalkulierte Lagerbestandshaltung nötig. Zu wenig vorrätige Ware bedeutet möglicherweise Umsatzverluste, zu große Mengen Ware im Lager produzieren unter anderem Lagerhaltungskosten. Diese Kosten schmälern den erwarteten Gewinn. (Fertiglagerpolitik)

Ein wichtiger Aspekt der Distributionspolitik sind die Transportwege. Wie oft, wie schnell und wie zuverlässig eine Warenlieferung durchgeführt werden kann, wird hier festgelegt. Basta hat sich für einen eigenen Fuhrpark mit zehn LKWs entschieden. Mit den LKWs werden die Großhändler in ganz Deutschland mit Ware beliefert. (Produkttransport)

Kontrahierungspolitik/Preispolitik

Die Preispolitik ist ein wichtiges Marketinginstrument. Durch den Produktpreis wird die Gewinnmarge eines Unternehmens beeinflusst. Natürlich muss die Preisgestaltung wohl durchdacht sein. Ein zu teures Produkt wird unter Umständen zum Ladenhüter. Ein zu günstig angebotenes Produkt erwirtschaftet zu wenig Gewinn. Die Instrumente der Kontrahierungspolitik/Preispolitik sind:

Kontrahierungspolitik/Preispolitik

➔ Abschöpfungspolitik
➔ Kalkulation des Preis-/Leistungsverhältnisses
➔ Konkurrenzpreise
➔ Kreditpolitik
➔ Lieferbedingungen
➔ Marktpreis
➔ Penetrationspolitik
➔ Prämienpreispolitik
➔ Preisdifferenzierungspolitik
➔ Promotionspolitik

→ Rabattpolitik
→ Zahlungsbedingungen

z.B.

Basta-Nudeln müssen konkurrenzfähig sein. Dazu gehört auch der Verkaufspreis. Liegt dieser über dem marktüblichen Preis, kann es zu einem Absatzeinbruch kommen. Um derartigen finanziellen Verlusten vorzubeugen, werden die Konkurrenzpreise ständig beobachtet. (Konkurrenzpreise)

Die Kalkulation des Preis-/Leistungsverhältnisses kann sich durch das Steigen der Lohnkosten verändern. So wird Basta entscheiden müssen, ob sie eine Einschränkung der Gewinnmarge durch eine Preiserhöhung ausgleichen wollen. Es wird aber auch geprüft werden, ob möglicherweise Personaleinsparungen die langfristig profitableren Schritte wären. (Preis-/Leistungsverhältnis)

Einen Kaufanreiz für die Endverbraucher bietet die Rabattpolitik. Es werden in einer Sonderaktion 4 Basta-Nudelsorten zum Preis von dreien angeboten. Wir Endkunden greifen jetzt eher zum Sonderangebot als zu einer Einzelpackung. Dadurch steigt der Umsatz bei Basta. (Rabattpolitik)

Basta lockt die Großhändler mit günstigen Zahlungsbedingungen. Die Rechnungen sind erst 2 Monate nach Lieferung zur Zahlung fällig. (Zahlungsbedingungen)

Zusätzlich bietet Basta Großhändlern, die regelmäßig ein festes Kontingent abnehmen, die Lieferung frei Haus an. (Lieferbedingungen)

Damit die Basta-Nudel weit reichend angeboten werden kann, unterstützt das Unternehmen auch neugegründete Unternehmen. Die Unterstützung erfolgt mittels einer längerfristigen Stundung des Rechnungsbetrages. (Kreditpolitik)

Kommunikationspolitik

Wir kommen nun zu dem Marketinginstrument der Kommunikationspolitik.

Die Kommunikationspolitik definiert in einem Unternehmen die Maßnahmen, durch die die Öffentlichkeit über das Unternehmen und seine Produkte/Dienstleistungen informiert wird. Die weiter unten aufgeführten Marketingsubinstrumente der Kommunikationspolitik zeigen uns die verschiedensten Variationen ihrer Anwendungsmöglichkeiten.

Kommunikationspolitik

→ Corporate Identity
→ Direct-Marketing
→ Event
→ Messe
→ Öffentlichkeitsarbeit
→ Persönlicher Verkauf
→ Product-Placement
→ Public Relations
→ Sponsoring
→ Verkaufsförderung
→ Werbung
→ Werbebotschaften
→ Werbemittelpolitik
→ Werbeträgerpolitik

Selbstverständlich kennen wir diese Begriffe der Kommunikationspolitik. Sie sind Bestandteile des modernen Sprachgebrauchs. Wir kommen tagtäglich mit den einzelnen Elementen der Kommunikationspolitik in Berührung: Wir sehen einen Kinofilm, in dem der Held mit einer ganz bestimmten Fluglinie, deren Logo deutlich sichtbar ins Bild gerückt wird, fliegt (Product-Placement). Die Butter glitzert mit einem werbenden Logo neben der Papiertüte der

Metzgerei Meier-Schnurr in unserem Kühlschrank (Werbung). Das Sandwich auf einer Benefizveranstaltung wird gesponsert von der XY-Bank (Sponsoring) usf. Wir leben in einer bunten, glitzernden, nach Aufmerksamkeit heischenden Marketingwelt. Der Kommunikationspolitik der Unternehmen können wir uns heutzutage beinahe nicht mehr entziehen. Durch ihre Magie werden wunderschöne, gefühlvolle Illusionen und Sehnsüchte in uns geweckt. Dies verleitet uns vielleicht dazu, Gegenstände zu kaufen, die wir gar nicht benötigen oder nicht wirklich wollen.

Auf den folgenden Seiten steigen wir tiefer in die Kommunikationspolitik ein. Wir betrachten im Folgenden einige Unterpunkte genauer, die mit Beispielen erläutert werden. Zu jedem vorgestellten Unterpunkt der Kommunikationspolitik ist ein entsprechendes Beispiel angeführt.

Werbung

Werbung ist das Element der Kommunikationspolitik, welches wir am Besten kennen. Basta schaltet TV-Spots und Anzeigen in überregionalen Zeitungen. Werbespots steigern die Bekanntheit der Marke Basta und sollen den Umsatz beleben.

Im TV-Spot sieht man einen Jungen über seinen Schularbeiten sitzen. Der Stift steht still. Ihm fällt nichts ein. Sein Vater schaut in das Zimmer und sieht den Sohn erfolglos über den Schularbeiten sitzen. Ein Hund drängt sich zwischen den Beinen des Vaters durch und dreht den Kopf nach dem Motto: „Kann ich helfen?" und knurrt ein wenig. Der Vater geht zu seinem Sohn, legt ihm den Arm auf die Schulter und sagt: „Na, wie wär's mit 'ner kleinen Stärkung?" „Ach ja Papi, eine Pause ist vielleicht ganz gut. Mir fällt einfach nichts ein!" „Weißt du was, ich mach uns ein paar echte Basta-Nudeln." Der Hund spitzt die Ohren und bellt freudig, dreht sich um und läuft in die Küche. Dort öffnet er eine Schranktür und holt eine Packung Basta-Nudeln heraus. Diese überreicht er dem in die Küche geeilten Vater. Der Vater schüttet die Nudeln in das kochende Wasser. Im nächsten Bild sitzen Vater und Sohn in der gemütlichen Küche vor dampfenden Nudeln. Der Hund hält schnuppernd seine Nase in die Luft. Vater und Sohn essen genüsslich, lachend und scherzend ihre Nudeln. Das nächste Bild zeigt den Sohn in seinem Zimmer mit schnell über das Papier gleitendem Stift. Eine Sprecherin sagt den Slogan: „Basta-Nudeln, die einzige intelligente Nudel." Das Logo wird eingeblendet. Ende des Spots.

Die Zeitungsanzeige basiert z. B. auf einem Bild des TV-Spots, welches durch den Slogan und das Logo aufgewertet wird.

Nudelförmige Kugelschreiber mit dem Slogan „Die einzige intelligente Nudel" und dem Firmenlogo bedruckt werden an Kunden und Händler verschenkt. Das Geschenk erfüllt den Zweck, dass der Firmenname möglichst lange erinnert wird.

Sponsoring

Sponsoring bedeutet, dass ein Unternehmen aus Reklamegründen Geld, Sachgegenstände, Organisationshilfe und Wissen zur Verfügung stellt. Zumeist geschieht Sponsoring in den Bereichen Kunst, Sozialwesen, Sport und Umwelt. Im Gegenzug wird das Unternehmen als Sponsor genannt. Der Zweck des Sponsorings ist die Erreichung und Unterstützung von Marketingzielen. Ein gutes Image in der Öffentlichkeit ist solch ein erwünschtes Marketingziel. Natürlich achten die Unternehmen auf ein dem Firmenimage entsprechendes Sponsoring.

Unser Nudelproduzent Basta betreibt ebenfalls Sponsoring. Das Unternehmen entschied sich für den Sportbereich. Ein hoher nationaler Bekanntheitsgrad der Marke Basta wird angestrebt, daher wählte man den Fußballsport aus. Mit einem national erfolgreichen Fußballverein wurden Verträge abgeschlossen.

Durch Basta`s großzügige Unterstützung des Vereins entstehen vielfältige, neue Werbewege für das Unternehmen: Trikots mit Werbeaufschriften, Werbebanner auf der Bande des Sportstadions, Werbemöglichkeiten auf den Eintrittskarten und Faltblättern des Vereins zu Veranstaltungen usw. Dieser Art von Werbung können sich selbst Werbe-Skeptiker nicht entziehen. Während der Fernsehübertragung eines Fußballspiels sind die Trikots mit den Werbebotschaften für uns Zuschauer gut sichtbar. Wir erfahren, wer die Mannschaft sponsert. Leicht überträgt sich das Image des Vereins auch auf den Sponsor. Das nennen Marketing-Fachleute „Image-Transfer". Basta erhofft sich dadurch einen deutlichen Image-Zuwachs. Zudem steigt der Erinnerungswert der Marke Basta bei uns Zuschauern. In unserem Gehirn verknüpfen wir unsere Gefühle für diesen Fußballverein mit der Marke Basta. Von diesem neuronalen Vorgang möchte Basta profitieren. Das geschieht, wenn wir beim nächsten Einkauf im Supermarkt die einzige intelligente Nudel kaufen.

Direct-Marketing

Direct-Marketing beeinhaltet alle Handlungen eines Unternehmens, die man als direkte Werbung bezeichnen kann. In diesen Zusammenhang gehören alle Werbemaßnahmen, die uns, den Kunden, direkt ansprechen. Dazu gehören z. B. Mailings (Postwurfsendungen), Telefonmarketing sowie das Internet.

Basta verschickt zuerst unadressierte Postwurfsendungen an Haushalte. Wir werden in dem Mailing aufgefordert zu antworten, um kostenlose Probepackungen von Basta zu erhalten. Antworten wir, hat Basta die Möglichkeit, uns persönlich mit unserem Namen anzusprechen. Dem gelieferten Nudelpaket liegt eine Antwortkarte bei, auf der wir gebeten werden, einige Multiple-Choice-Fragen zu beantworten:

➜ Wie gefällt Ihnen das Design von Basta?
   Gut / nicht so sehr / gar nicht
➜ Waren Sie mit dem Rezept auf der Packungsrückseite zu-
   frieden?
   Ja / es ging / nein
➜ Hat Sie der Geschmack von Basta-Nudeln begeistert?
   Ja / es ging / nein
➜ Würden Sie Basta-Nudeln kaufen?
   Ja / vielleicht / nein

Mit dieser Meinungsumfrage erfährt Basta, wie wir das Produkt, seine Qualität, sein Styling und seine Vorzüge beurteilen.
Die Ergebnisse der Umfrage werden im Marketing analysiert
und führen zur weiteren exakten Anpassung des Produktes an
den Geschmack des Kunden. Denn wir (Kunden) kaufen nur
Produkte, die unseren Wünschen und Vorstellungen entsprechen.

Zum Direct-Marketing zählt auch eine aufgeklebte Postkarte
auf Zeitungsanzeigen. Mit der Karte können wir das kostenlose
Nudelpaket zum Testen anfordern.

Verkaufsförderung

Die Verkaufsförderung richtet sich an internes und externes
Vertriebspersonal, an Händler sowie an uns Konsumenten.

Basta schult sein Vertriebspersonal auf verschiedenen Gebieten:
Gesprächsführung, Produktkenntnisse, Verkaufsstrategien usw.
Das Vertriebspersonal erhält Material zur Unterstützung der
Verkaufstätigkeit: Preislisten, Prospekte, Kataloge, Referenzen,
Muster, Proben usw. Zusätzlich fördert Basta die Motivation
seines Vertriebspersonals durch Prämien und Verkaufswettbe-
werbe.

Die Händler, die Basta-Nudeln vertreiben, können ebenfalls Produktschulungen erhalten. Zudem wird ihnen bei der Platzierung und der Lagerung der Ware sowie bei der Gestaltung der Verkaufsfläche zur Seite gestanden. Einmal jährlich veranstaltet Basta ein Händlertreffen, auf dem der erfolgreichste Händler mit einer Urkunde und einem Reisegutschein ausgezeichnet wird.

Auch wir Kunden werden von Basta in die Verkaufsförderung mit einbezogen. Mit einem Preisausschreiben soll beabsichtigt werden, dass wir uns mit Basta-Nudeln auseinander setzen. Der bereits weiter oben beschriebene kostenlose Versand von Nudelproben gehört ebenfalls in die kundenorientierte Verkaufsförderung. Auch Sonderangebote wirken verkaufsfördernd: Gerne nehmen wir eine Packung mehr mit, wenn sie günstiger ist. Unbewusst wird hier die menschliche Neigung nach „mehr" angesprochen.

Wir alle kennen die Stände mit Kostproben, die in Supermärkten zum Kennenlernen eines Produktes einladen. Ein Basta-Stand, an dem wir gekochte Basta-Nudeln probieren und kaufen können, ist ebenfalls Bestandteil der Verkaufsförderung.

Product-Placement

Unter Product-Placement verstehen wir die gezielte werbewirksame Einbindung von Dienstleistungen, Marken, Produkten oder Unternehmen als Requisiten in die Handlung eines Films. Das gezeigte Produkt wird von einer sympathischen und bekannten Persönlichkeit benutzt.

Das Image des Schauspielers, der Basta-Nudeln im Film genussvoll isst, überträgt sich unbewusst in unserer Vorstellung auf die Nudelmarke. Das Unternehmen möchte, dass sich die

Marke Basta als eine besondere, familienfreundliche, intelligente Nudelmarke in unseren Köpfen abspeichert.

Um dies zu erreichen, hat Basta bereits in verschiedenen Komödien Product-Placement betrieben. Das nächste Projekt ist ein Kriminalfilm, in dem der Kommissar beim Nudelessen Visionen zur Lösung des Falles bekommt. Der Darsteller des Kommissars soll ein weltbekannter Schauspieler sein. Von diesem extremen Product-Placement erhofft sich Basta einen größeren, internationalen Bekanntheitsgrad. Bekanntheit wird durch das Herausstechen aus der Vielzahl der Produkte erreicht. Wir kaufen lieber etwas, das uns „bekannt" vorkommt.

Durch Product-Placement werden sogar die Zuschauer erreicht, die bei Werbung wegzappen, Anzeigen überblättern und sich auch ansonsten gegen Werbung wehren. Die Wirksamkeit von Product-Placement ist in der Marketingbranche umstritten. Erfolgreiches Product-Placement betrieb die Firma BMW bei der Markteinführung des Z3 in einem James–Bond-Film. Der überlegene, stilvolle Held James Bond fährt in einem eleganten, sportlichen Z3 durch die Gegend. Der Z3 wird von James Bond im Film als etwas Besonderes gewürdigt. Genau dieses Image wollte BMW dem Z3 geben, um eine bestimmte Käuferschicht zu erreichen, die bereit ist, etwas mehr Geld für etwas Besonderes auszugeben. Vielleicht bezahlt der Autokäufer die exklusive Werbekampagne aus seinem Geldbeutel.

Public Relations

Public Relations (= PR) ins Deutsche übersetzt bedeutet Öffentlichkeitsarbeit. Welche Aufgaben und Möglichkeiten werden mit der Öffentlichkeitsarbeit von Vereinen, Verwaltungen, Parteien und Unternehmen verbunden? Aufgabe von PR ist es, in der Öffentlichkeit eine positive Haltung dem Unternehmen gegenüber zu fördern. Möglich wird das durch Pressemitteilungen, Pressekonferenzen, Geschäftsberichte und Vorträge.

Pressemitteilungen kosten das Unternehmen wenig zusätzliches Geld. Zudem hat sich herausgestellt, dass wir Kunden Pressemitteilungen über Produktinnovationen höher bewerten als Werbung. Das heißt, Basta gelingt eine wirksamere Werbung durch gezielte Pressemitteilungen – vorausgesetzt, sie wird veröffentlicht. Dies geschieht jedoch nur, wenn der Verlag oder Sender den Inhalt interessant und spannend findet. Nun ist es aber nicht so einfach, Pressemitteilungen in einer werbewirksamen Zeitung zu platzieren. Gute Kontakte der PR-Abteilung zu den Medien sind von immenser Bedeutung für das Lancieren von Pressemitteilungen. Deshalb obliegt der PR-Abteilung auch die gezielte Kontaktpflege mit den Meinungsbildnern ausgewählter Medien.

Basta kreierte die „Basilico", die Nudel mit Basilikumblättern. Eine kurze Pressemitteilung für eine Frauenzeitschrift könnte so aussehen:

„Früher zupfte die Hausfrau mühsam Basilikumblätter für ihre köstliche Pasta. Heutzutage bleibt uns das erspart. Aus dem Hause Basta kommt die innovative Nudelkreation „Basilico" auf den Markt. Diese pfiffige Nudelsorte enthält bereits frisches Basilikum. Der zarte Basilikum-Geschmack gibt Ihrer Pasta eine raffinierte Note. Auch bei Überraschungsgästen können Sie mit dieser Pasta glänzen: Schnell gelingt Ihnen ein außergewöhnlich köstliches Gericht."

Corporate Identity

Das einheitliche Erscheinungsbild eines Unternehmens nach außen und nach innen bezeichnet man mit Corporate Identity. Die Corporate Identity erfüllt den Zweck eines hohen Erinnerungswertes, der Unterscheidung von Mitbewerbern und der Herausstellung des USPs (s. S. 17).

Wir Kunden bevorzugen uns bereits bekannte Unternehmen und deren Produkte. Ein hoher Erinnerungswert gilt als förderlich zur Bildung von Stammkunden. Sind wir Stammkunden, haben wir uns an das Design, das Produkt und die Bedingungen des Unternehmens gewöhnt. Einen einmal gewonnenen Kunden zufrieden zu stellen und zu halten, ist für ein Unternehmen erheblich günstiger als einen Kunden neu zu gewinnen.

Corporate Design

Zur Corporate Identity zählen wir die Bereiche Corporate Design, Corporate Behaviour und Corporate Communication. Beginnen wir mit dem Corporate Design. Logo, Briefpapier sowie grafische Ausgestaltungen werden entsprechend dem Selbstverständnis des Unternehmens entwickelt. Briefe, Formulare, Prospekte, Plakate sind so gestaltet, dass ein einheitlicher Gesamteindruck entsteht.

Corporate Behaviour

Corporate Behaviour beschreibt das Verhalten eines Unternehmens seinen Kunden und seinen Mitarbeitern gegenüber. Gibt es hier ein abgestimmtes, einheitliches Verhalten, erweckt das Unternehmen unser Vertrauen.

Corporate Communication

Corporate Communication ist der einheitliche Ausdrucksstil in der Kommunikation von Mitarbeiter zu Mitarbeiter und von Mitarbeiter zu Kunden. Dieser dient der höheren Aufnahmebereitschaft von Botschaften. Nach außen vermittelt das Unternehmen so etwas wie eine eigene „Persönlichkeit": der Stil, das Aussehen, die Kommunikation, das USP (= Alleinstellungsmerkmal).

USP

Ein USP wird gerne in den Werbeslogan des Unternehmens aufgenommen. Die Festlegung des USPs wirkt sich auf alle Bereiche eines Unternehmens aus. Ein USP wirkt wie ein Versprechen an uns Kunden. Um erfolgreich zu sein, wird sich das Unternehmen bemühen, für uns dieses USP wahr werden zu lassen.

z.B.

Basta hat das USP „Die einzige intelligente Nudel". Impliziert ist der Umkehrschluss, die anderen Nudeln sind das Gegenteil von intelligent. Wer von uns möchte nicht gerne für intelligent gehalten werden?

Bei Basta sind Logos auf Verpackungen, Plakaten und Anzeigen in ganz Deutschland gleich gestaltet. Sämtliche Nudel-Verpackungen unterliegen einem einheitlichen Design. Farbe, Schrift und Packungsgröße sind aufeinander abgestimmt. Die Angestellten kommunizieren untereinander in Briefings, Protokollen und Mails in demselben Stil. Wir Basta-Kunden werden überall freundlich und zuvorkommend behandelt: Jede Reklamation wird mit einem zusätzlichen Gratispaket Nudeln belohnt. Auf Messeveranstaltungen sind die Mitarbeiter in der Firmenfarbe blau gekleidet und tragen eine orangefarbene Krawatte, die mit Nudeln und Firmenlogo bestickt ist. Die Damen schmücken sich mit einem orangen Tuch, das ebenfalls mit Nudeln und Logo bestickt ist.

Zusammenfassung der Instrumente der Kommunikationspolitik

Instrument	Definition
Werbung	Werbung ist der Einsatz jeglicher Art von Werbemitteln, um uns für eine Sache zu interessieren: Werbegeschenke, Plakate und Anzeigen, Radio- und TV-Spots ...
Sponsoring	Geld, Sachgegenstände, Organisationshilfe und Fähigkeiten, die von einem Unternehmen in den Bereichen, Kunst, Sozialwesen, Sport und Umwelt zur Verfügung gestellt werden.

Direct-Marketing	Alle Werbemaßnahmen, die uns direkt ansprechen: Mailings, Telefonmarketing, Anzeigen mit aufgeklebten Antwortkarten und TV-Spots mit einer Telefonnummer des Unternehmens.
Verkaufsförderung	Aktionen für den eigenen Vertrieb und externe Vertriebsorganisationen: Preisausschreiben, Produktproben, Schulungen, Verkaufswettbewerbe, Sonderverkäufe, Regalgestaltung, Rabatte.
Product-Placement	Die gezielte, werbewirksame Einbindung von Dienstleistungen, Marken, Produkten oder Unternehmen als Requisiten in die Handlung eines Filmes.
Öffentlichkeitsarbeit = Public Relations	Öffentlichkeitsarbeit ist unternehmensbezogene Werbung: Pressemitteilungen und -konferenzen, Events, Vorträge usw.
Corporate Identity	Einheitliches Erscheinungsbild des Unternehmens nach innen und außen in der Art der Kommunikation, der grafischen Gestaltung und des Verhaltens.

Übersicht über die Marketinginstrumente

Jetzt haben wir die einzelnen Marketinginstrumente besser kennen gelernt. Schauen wir uns hier die Übersicht mit den Submix-Bereichen in der Zusammenfassung an.[5]

Marketinginstrumente			
der Produktpolitik	der Kontrahierungs-politik	der Distributions-politik	der Kommunika-tionspolitik
Differenzierungspolitik	Abschöpfungspolitik	Absatzmittlerpolitik	Direktwerbung
Diversifikation	Kreditpolitik	Absatzwegepolitik	Event
Garantiepolitik	Liefer- und Zahlungs-bedingungen	Auslieferungspolitik	Messe
Kundendienst		Distributions-	Öffentlichkeitsarbeit
Markenpolitik	Penetrationspolitik	politik i. e. S.	Persönlicher Verkauf
Namenspolitik	Prämienpreispolitik	Fertiglagerpolitik	Produkt-Placement
Produktdesign	Preisdifferenzierungs-	Handelspolitik	Sponsoring
Produktpolitik i. e. S.	politik	Marketinglogistik	Verkaufsförderung
Produktvariations-	Preispolitik i. e. S.	Niederlassungspolitik	Werbebotschaft
politik	Promotionspreispolitik	Standortpolitik	Werbemittelpolitik
Programmpolitik	Rabattpolitik		Werbeträgerpolitik
Qualitätspolitik			Werbung
Soritmentspolitik			
Verpackung			

Marketingmodell

Das „Strategische Marketing-Management" umfasst die Marktfor-
schung, die Marketingausrichtung, die Marketingziele, die Marketingarten und die Marketinginstrumente.

AIDA

Marketing wird für uns gemacht. Es möchte uns erreichen, motivieren und zur Handlung bewegen. Aus dieser Aufgabenstellung ergab sich für das Marketing die AIDA-Formel:

!	☞ **A** ttention	→ Aufmerksamkeit erregen
	☞ **I** nterest	→ Interesse wecken
	☞ **D** esire	→ Wunsch, Verlangen fördern
	☞ **A** ction	→ Handlungen erwirken

Mit Werbung soll zunächst unsere Aufmerksamkeit geweckt werden. Zu diesem Zweck werden oft schrille Farben oder skurrile Ideen eingesetzt. Das, worauf unsere Aufmerksamkeit fällt, soll unser Interesse wecken. Ist die Werbung gelungen, wollen wir nun mehr über das Produkt wissen und wünschen uns, es zu besitzen. Bei diesem inneren Verlangen soll es nicht bleiben, vielmehr wird unsere Handlung angestrebt: Wir sollen das Produkt schließlich kaufen.

Das Prinzip des Marketings wird mit AIDA offensichtlich. Marketing möchte uns dazu bewegen, dass wir eine Handlung im Sinne des Unternehmens vollziehen. Eine Verpackung, ein Logo, ein Produkt wird entworfen unter Berücksichtigung dieser Formel. AIDA gilt als Marketingideal zur Kaufmotivation.

Unter der Vielzahl an Produkten sich gerade mit seinem Produkt hervorzutun, ist für ein expansionsträchtiges Unternehmen elementar. Wir Käufer suchen zusätzlich zur Qualität eines Produktes das Besondere, etwas, das uns begeistert. Sobald unser Wunsch und unser Verlangen nach dem Produkt vorhanden sind, beginnen wir mit dem Gedanken zu spielen, das Produkt zu besitzen. Falls das Produkt unserer Aufmerksamkeit entgeht, wird es weder unser Interesse noch unser Verlangen oder unsere Sehnsucht wecken, es zu besitzen.

Der Mensch im Marketing

Marketing wird für uns Menschen gemacht: Wir sind die Kunden, die Mitarbeiter und die Öffentlichkeit, auf die Marketing einwirken soll. Damit differenziertes Marketing überhaupt möglich werden konnte, machte man sich die Erkenntnisse aus der Psychologie zu Nutze. Psychologen wie Freud, Adler, Jung und Reich haben sich seit Beginn des Zwanzigsten Jahrhunderts mit dem menschlichen Fühlen, Denken und Handeln beschäftigt. Sie bildeten die Basis für die Weiterentwicklung der Psychologiekenntnisse. Die Ergebnisse der psychologischen Forschungsarbeiten fließen in immer größerem Umfang in das moderne Marketing ein. Mit dem gewonnenen psychologischen Hintergrundwissen können sich die Unternehmen besser auf unsere Bedürfnisse einstellen.

Der Psychologe Abraham Maslow (1908-1971) entwickelte die Theorie der menschlichen Grundbedürfnisse. Er fand während seiner Beobachtungen an gesunden Menschen heraus, dass der Mensch Grundbedürfnisse hat. Maslow entwarf daraufhin ein Modell der menschlichen Grundbedürfnisse, welches heutzutage in Fachkreisen als eines der populärsten Modelle gilt.

Wir Menschen haben Grundbedürfnisse

Er unterschied zwischen höheren und niedrigeren Bedürfnissen. Zu den niedrigeren Bedürfnissen zählen wir z.B. Hunger, Durst, Schlaf, Wärme, Kleidung, Sexualität und Schutz unserer Person. Die Erfüllung der niedrigen Bedürfnisse ist elementarer als die der höheren. Als höhere Bedürfnisse sehen wir beispielsweise Liebe, Freundschaft, Kontakt, Wissen, Anerkennung und Entfaltung der Persönlichkeit an. Maslow ging davon aus, dass wir Menschen nach der Erfüllung des nächsthöheren Bedürfnisses streben, sobald ein Teil der niedrigen Bedürfnisse gestillt ist. Wann welche unserer Bedürfnisse erfüllt sind und wann das nächsthöhere angestrebt wird, hängt von der jeweiligen Person und Situation ab.

Bedürfnispyramide nach Maslow

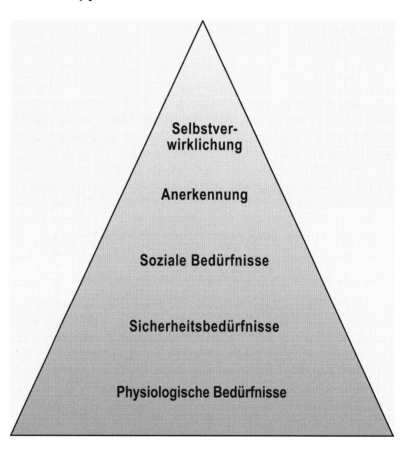

→ **Physiologische Bedürfnisse:** Hunger, Durst, Schlaf, Wärme, Wohnraum, Sexualität

→ **Sicherheitsbedürfnisse:** Geborgenheit und Schutz der eigenen Person vor Krankheit, Verbrechen, Diskriminierung

➜ **Soziale Bedürfnisse:** Gruppen- und Zugehörigkeitsgefühl, Kontakt, Freundschaft, Liebe

➜ **Anerkennungsbedürfnisse:** Anerkennung, Status, Selbstachtung, Wissen, Selbstständigkeit, Leistung, Fertigkeiten

➜ **Selbstverwirklichungsbedürfnisse:** Selbstfindung, Selbstentfaltung

Auf dieser Bedürfnistheorie beruhen auch Marketingstrategien. In unserer westlichen Kultur sind die niedrigen Bedürfnisse wie Hunger, Durst, Wohnung, Schlaf ... normalerweise befriedigt oder zu befriedigen. Wir haben sogar meist die Möglichkeit, unsere höheren Bedürfnisse wie Liebe, Anerkennung, Status, Wissen und Selbstentfaltung auszuleben. Marketing verspricht uns nun die gezielte Erfüllung unserer Bedürfnisse durch den Kauf eines bestimmten Produktes oder einer entsprechenden Dienstleistung.

Marketing verspricht uns die Erfüllung unserer Bedürfnisse

Mit Marketingstrategien wird nicht nur unsere Aufmerksamkeit auf ein bestimmtes Produkt gelenkt, sondern wir sollen auch zum Kauf der Produkte bewegt werden, für die das Unternehmen wirbt. Wie im Absatz über die AIDA-Formel dargestellt, sollen mit Werbung unsere Wünsche und unser Verlangen geweckt werden. Effektives Marketing verwandelt idealerweise Bedürfnisse in Wünsche.

z.B.

Stellen wir uns vor, es ist ein warmer, sonniger Sommertag. Soeben haben wir ein Tennismatch siegreich beendet. Gemeinsam treffen wir uns mit unseren Freunden auf der Terrasse des Clubhauses, um zu plaudern, Spaß zu haben und uns vom Match zu erholen. Wir sind durstig. Obwohl sie wissen, dass eine Coke kein Durstlöscher ist, werden einige unserer Freunde Coke bestellen. Das ist das Ergebnis von erfolgreichem Marketing. Das physiologische Bedürfnis nach Flüssigkeit wird umgewandelt in den Wunsch, eine „Coke" zu trinken. Da Coke-Werbung immer Frische, Spaß und Vitalität verspricht, entsteht der unbewusste Eindruck in uns, dass eine Coke zu diesem Tag, zu diesem Ereignis und zu unserem Bedürfnis optimal passt.

Marketing hat die Aufgabe, uns unsere Wünsche zu erfüllen. Viele unserer Wünsche sind mit Geld zu befriedigen, z. B. der Durst mit einer Flasche Mineralwasser. Aufgrund geschickter Werbung kaufen wir für unser Geld jedoch oft Waren oder Dienstleistungen, die unsere Bedürfnisse nur laut Werbung, aber nicht wirklich befriedigen.

Psychologen erforschen die Wirkung von Farben auf uns

Psychologische Studien werden von der Wirtschaft in Auftrag gegeben, um unsere Motive zu erforschen. Die Forschungsergebnisse dienen der Feinabstimmung von Marketingstrategien auf unser Denken, Fühlen und Handeln. So wurde von Psychologen beispielsweise erforscht, wie Farben auf uns wirken. Blau ist eine bei Männern und Frauen gleichermaßen beliebte Farbe. Sie ruft in uns viele positive Assoziationen hervor: Sympathie, Vertrauen oder Harmonie. Rot steht in unserem Kulturkreis für Liebe, Hitze, Dynamik. Je nach Kultur werden den Farben unterschiedliche Bedeutungen zugewiesen. Demzufolge wird sich ein international operierendes Unternehmen sinnvollerweise für ein landesspezifisches Marketingkonzept entscheiden.

Täglich stürmen 1500 Werbebotschaften auf uns ein

Marketing möchte unsere Bedürfnisse wecken und befriedigen, weil wir bereit sind, für die Befriedigung unserer Bedürfnisse zu bezahlen. Deshalb wird auch für nahezu alles geworben. Auf fast jeden von uns stürmen jeden Tag mehr als 1500 Werbebotschaften ein.[6] Lediglich drei oder vier Werbespots nehmen wir bewusst wahr.

Unternehmer wollen durch uns Geld verdienen

Marketingerfolge lassen sich an Umsatz- und Gewinnzahlen messen. Ein Unternehmer setzt Marketing zur Gewinnmaximierung ein. Das von uns Menschen am besten gehütete Gut ist unser Geld bzw. unser Vermögen. Marketing dient der Öffnung unseres Geldbeutels und unseres Kontos für das werbende Unternehmen. Realistisch betrachtet stellen wir fest, dass der Mensch im Marketing als berechenbare, finanzielle Größe angesehen wird. Denn die Marketingstrategen interessieren sich nur für unsere Bedürfnisse, weil sie hiermit sehr viel Geld verdienen wollen. Es wird aber der Anschein erweckt, als ob es nur darum ginge, dass es uns gut geht. Tatsache ist, dass das Unternehmen seine Interessen verfolgt und uns als Mittel zum Zweck einsetzen möchte.

Beeinflussungstechniken

Ziel

Für eine Beeinflussung werden mindestens zwei Personen benötigt. Die eine Partei will die andere beeinflussen. Es gibt also einen Beeinflussenden und sein Gegenüber.

Für den zu Beeinflussenden ergeben sich zwei Möglichkeiten:

→ Er ist sich darüber bewusst, dass er beeinflusst wird.
→ Die Beeinflussung ist für den Beeinflussten nicht erkennbar.

Werbung bedeutet: Kunden oder potenzielle Kunden systematisch im Sinne des Unternehmens zu beeinflussen.[7]

Wie wir schon gesehen haben, ist Werbung ein Teilbereich der Kommunikationspolitik, die zu den Marketinginstrumenten zählt. Doch Werbung ist auch im Rahmen der anderen drei Marketinginstrumente (Produkt-, Distributions- und Preispolitik) möglich. Ziel ist aber immer eine Beeinflussung des Anderen.

Vielleicht haben wir uns schon einmal gefragt, ob mit Marketing unser Bewusstsein oder unser Unterbewusstsein beeinflusst werden soll.

Denken wir einfach an das Beispiel mit der Coke nach dem Tennis-Match. Die Coke-Werbung suggeriert uns Frische, Spaß und Vitalität. Diese Werbebotschaft wird nach häufiger bewusster und unbewusster Wahrnehmung in unserem Unterbewusstsein abgespeichert. Stimuliert durch unseren Durst, treffen unsere Freunde unbewusst eine Entscheidung. In deren Unterbewusstsein wirkt die Werbebotschaft auf ihr Fühlen, Denken und Handeln ein. Unsere Freunde sitzen da und überlegen kurz, was sie wohl gerne trinken möchten. In ihnen steigt ein Bedürfnis nach Frische und Vitalität auf. Unbewusst wird die Erinnerung an die Coke-Werbung ausgelöst. Die Coke-Werbung verspricht die Erfüllung unseres Bedürfnisses. Unsere Freunde entscheiden sich, eine Coke zu trinken. Das dieser Handlung vorausgehende, geistige Geschehen läuft beinahe immer unbewusst ab. Coca-Cola ist es gelungen seine Werbebotschaft so zu platzieren, dass unsere Freunde beeinflusst wurden. Sie sind sich dessen nicht mehr bewusst.

Um uns im Sinne des Marketing betreibenden Unternehmens zu beeinflussen, wurde und wird mit Marketing tief in der Schatzkiste der Psychologie gegraben. Mittels Psychotechniken werden Wunschwelten gezaubert, die voller Verlockungen für uns ausgestattet sind. In diesen Wunschwelten überschlagen sich die Superlative: das Beste, Schönste, Größte, Interessanteste, Spannendste, Erholsamste, Königliche, Ultimative, Mega, Eloquenteste... Die Superlative regen unsere Fantasie an. Denn wir können uns in unserer Fantasie weitaus besser vorstellen, was wir gerne hätten als uns Marketing ausmalen kann. Angeregt durch eine bestimmte Wortwahl, arbeitet unsere Psyche freiwillig an der Umsetzung des Marketingzieles mit, indem wir das Produkt kaufen.

Wir arbeiten an der Umsetzung der Marketingziele selber mit

Marketing ist die Kunst, Kunden zu gewinnen und zufrieden zu stellen, um daraus Gewinn zu schlagen. Im Marketing geht es vor allem um Geld – um unser Geld. Schnell kommt dabei die Befürchtung auf, dass wir aus Marketing-Sicht nur eine Variable in einer mathematischen Gleichung sind.

$$\frac{\text{Umsatz (wir)}}{\text{Werbekosten}} = \text{Umsatz-Kosten-Relation}$$

Entstehung

Aufgrund vieler friedvoller Jahre konnte das Warenangebot in Amerika stetig wachsen. Das Warenangebot wuchs stärker als das Kaufinteresse. Der Unternehmer musste den Kunden zum Kauf seines Produktes oder seiner Dienstleistung bewegen, motivieren und ihn dafür begeistern. Eine künstliche Nachfrage sollte geschaffen werden. Aus dieser Situation entstand der Bedarf nach Möglichkeiten, den Menschen - uns - im Sinne des Unternehmens zu beeinflussen. So entwickelte sich Marketing weiter. Amerika nimmt im Marketingbereich eine Vorreiter-Rolle ein. Kein Wunder, die derzeit populärste Psychotechnik NLP (= Neurolinguistisches Programmieren) stammt aus Amerika.

Marketing soll eine künstliche Nachfrage schaffen

Erfolgreichen Marketingstrategien liegen meistens ausgefeilte Psychotechniken zu Grunde. Unter Zuhilfenahme psychologischer Methoden werden wir, zumeist ohne unser Wissen, gezielt geistig gelenkt.

Wir werden gezielt psychologisch gelenkt

Der Einfluss der Wirtschaft macht auch vor der Psychologie keinen Halt. Seit mehr als 20 Jahren gibt es im Studiengang „Psychologie" nach dem Vordiplom die Möglichkeit, sich neben dem Fachbereich „Klinische Psychologie" auch auf „Betriebs-, Pädagogische-, Rechts- und Sozialpsychologie" zu spezialisieren. Damit liefern Psychologen ihre Erkenntnisse über die menschlichen Bedürfnisse direkt an die Wirtschaft. Die Ergebnisse haben zu Strategien geführt, wie man uns, den Kunden, am fruchtbarsten professionelle Wertschätzung entgegenbringen kann. Die Wirtschaft Amerikas konnte feststellen, dass ihr Erfolg mit der Wertschätzung ihrer Kunden stieg. Je zuvorkommender ein Kunde behandelt wurde, desto eher war er bereit, sein Geld auszugeben. Der wirtschaftliche Erfolg durch professionelle Wertschätzung sorgte dafür, dass die verschiedenen Wertschätzungstaktiken weiter verbreitet wurden und werden. Letztendlich geht es den Unternehmen nicht um Wertschätzung, sondern um Geld. Wertschätzung gilt als Mittel zum Zweck. Somit stellt sich für uns die Frage, ob es sich bei der

Professionelle Wertschätzung ist der Schlüssel zum Markterfolg

so genannten Wertschätzung nicht vielmehr um eine Missachtung unserer Persönlichkeit handelt?!

Wir sind die Wertschätzung (s. S. 184) mittlerweile fast schon gewohnt und erkennen sie möglicherweise nicht als Technik.

Techniken

Marketingstrategen beabsichtigen, uns zu beeinflussen. Das ist keine Theorie, sondern die Realität, wie wir sie täglich erfahren. Was wir jetzt in aller Deutlichkeit herauskristallisieren werden: an uns werden Psychotechniken angewendet. Im Folgenden zeigen wir auf, wie die Psychotechniken eingesetzt werden. Zunächst nennen wir einige Beeinflussungstechniken und gehen anschließend auf jede von ihnen ein.

Beeinflussungstechniken

→ Soziale Kompetenz (Geschick im gesellschaftlichen Umgang)
→ Soft Skills (Fähigkeiten, die über die fachliche Qualifikation hinausgehen)
→ NLP (Neurolinguistisches Programmieren)
→ Incentives (Aufmerksamkeiten)
→ Verkaufs- und Managementschulungen
→ Psychotechniken (Psychotherapien, Hypnose-Therapie, Meditation, Positiv-Denken-Therapie ...)
→ Pädagogik

Diese Beeinflussungstechniken finden Anwendung in vielen Bereichen unseres Lebens: im Beruf, beim Einkaufen, im Fernsehen, in der Werbung und zum Teil auch im Privatleben. Die Anwender solcher Techniken versprechen sich Erfolg in ihrem Sinne. Positiv ist die Beeinflussung sicherlich in Zusammenhang mit seriösen

Therapien zu sehen. Der Psychologe und Therapeut möchte zur Gesundung des Patienten beitragen. Daher werden hier Beeinflussungstechniken angewandt. Im Gegensatz dazu sind die meisten anderen Beeinflussungssituationen zu sehen. Beeinflussung findet zumeist keineswegs uneigennützig statt. Der Anwender will uns dahingehend beeinflussen, dass er einen Vorteil aus der Situation zieht. Wir sind für den Technik-Anwender nur Mittel zum Zweck – zu seinem Zweck.

Soziale Kompetenz

Der Begriff soziale Kompetenz steht für das Geschick, mit anderen Menschen gesellschaftlichen Umgang zu pflegen.

Soziale Kompetenz wird im privaten und beruflichen Bereich benötigt. In unserem privaten Bekanntenkreis befinden sich sicherlich Menschen, mit denen wir einen sehr guten Kontakt pflegen. Wir können mit ihnen plaudern, scherzen und etwas unternehmen, ohne dass es zu unlösbaren Konflikten kommt. Diese Bekannten besitzen anscheinend größere soziale Kompetenz als „schwierige" Bekannte. „Schwierige" Bekannte kennen wir als wenig umgänglich, streitsüchtig, cholerisch, schnell beleidigt. Der Kontakt mit „schwierigen" Bekannten gestaltet sich kompliziert. Möglicherweise kann es während des Kontaktes zu schweren Konflikten kommen. Je nachdem, wie stark unsere soziale Kompetenz ausgeprägt ist, kann uns trotzdem eine positive Lösung gelingen.

Was für den privaten Bekanntenkreis gilt, gilt auch in der Arbeits welt. Mitarbeiter, Kollegen oder Vorgesetzte besitzen unterschiedliche soziale Kompetenzen. Mit dem einen gelingt uns eine effektive Kommunikation, dem anderen gehen wir lieber aus dem Weg. Soziale Kompetenz zeigt sich gerade im Umgang mit „schwierigen" Kollegen oder Verhandlungspartnern. Wer mit „schwierigen" Kollegen so kommuniziert, dass das Gespräch entspannt verläuft, kann als sozial kompetent bezeichnet werden. In entspannter Gesprächsatmosphäre entstehen bessere Möglichkeiten für optimale

Unternehmen profitieren von der sozialen Kompetenz der Mitarbeiter

Zusammenarbeit. Deshalb messen Unternehmen der Sozialkompetenz ihrer Mitarbeiter eine immer größere Bedeutung zu. Die hohe Mitarbeiterzahl sowie das Networking machen soziale Kompetenz zu einem wesentlichen Faktor für erfolgsorientiertes Arbeiten. Somit ist unsere soziale Kompetenz auch für unseren beruflichen Erfolg mit entscheidend. Da Unternehmen von unserer sozialen Kompetenz profitieren, fördern sie diese Fähigkeiten durch Seminare.

Soft Skills

Wir könnten den Begriff Soft Skills auch als ein modernes, erweitertes Konzept der sozialen Kompetenz betrachten. Mittels sozialer Kompetenz wird der Gesprächspartner wertgeschätzt. Soft Skills (s. S. 183) dienen ebenfalls der Wertschätzung des Gegenübers. Zu ihnen gehören neben gesellschaftlichen Umgangsformen einige weitere Fähigkeiten.

Unter Soft Skills verstehen wir sämtliche Persönlichkeitsmerkmale, die über eine fachliche Qualifikation hinausgehen. Dazu zählen wir:

→ Konfliktfähigkeit
→ Sachliches Argumentieren
→ Überzeugungskraft
→ Einfühlungsvermögen
→ Durchsetzungsvermögen
→ Präsentationstechniken
→ Kontaktmanagement
→ Aktives Zuhören
→ Teamfähigkeit
→ Kontaktstärke
→ Kundenorientierung
→ Verhandlungsgeschick
→ Networking
→ Selbstmanagement

Soft Skills sind Persönlichkeitsmerkmale. Doch durch Trainings und Seminare können deren Ausprägungen noch spürbar verbessert werden. Solche Soft-Skill-Seminare sind relativ teuer - für den privaten Einsatz häufig zu teuer. In der Regel sind es größere Unternehmen, die ihre Mitarbeiter in solchen Seminaren ausbilden lassen. Denn in Soft Skills trainierte Mitarbeiter sind umgänglicher und somit flexibel für die Interessen des Unternehmens einsetzbar. Jedes einzelne Persönlichkeitsmerkmal kann in Kursen exakt trainiert werden.

Während eines Bewerbungsgespräches wird heutzutage auch auf die Soft Skills der Bewerber geachtet. Kann ein Personalentscheider zwischen gleichermaßen qualifizierten Bewerbern wählen, wird er wahrscheinlich den in Soft Skills Trainierten bevorzugen.

Betrachten wir die Auflistung der einzelnen Soft Skills, dann fällt auf, dass niemand alle Soft Skills gleichermaßen gut beherrschen kann. So wird ein Unternehmen, je nach zu besetzender Position, unterschiedliche Soft Skills von seinen Mitarbeitern erwarten.

Im Customer Relationship Management (s. S. 181) bemühen sich die Manager um die Kundenwünsche. Für Customer Relationship Manager können folgende Soft Skills von Vorteil sein:

z.B.

➜   Kundenorientierung
➜   Einfühlungsvermögen
➜   Sachliches Argumentieren
➜   Aktives Zuhören

Für den Salesmanager eines Software-Unternehmens sind andere Soft Skills wünschenswert. Demnach wird in einem Interview nach diesen Persönlichkeitsmerkmalen gefragt:

➜   Durchsetzungsvermögen
➜   Konfliktfähigkeit
➜   Präsentationstechniken
➜   Kontaktstärke
➜   Verhandlungsgeschick

NLP

1975 wurde NLP (Neurolinguistisches Programmieren) von Dr. John Grinder (Linguistik-Professor) und Dr. Richard Bandler entwickelt. Die Begründer von NLP diskutierten über wirkungsvolle Kommunikation. Sie studierten die Arbeitsweise von außerordentlich erfolgreichen Therapeuten und ihren Patienten und beobachteten genau ihren körperlichen und verbalen Ausdruck. Die Therapeuten vertraten unterschiedliche Therapierichtungen. Grinders und Bandlers Beobachtungen und ihre eigenen Erkenntnisse führten zur Entstehung von NLP. Somit ist NLP eine Verbindung verschiedener Elemente unterschiedlicher Psychotechniken. Robert Dilts, Judith DeLozier und andere entwickelten NLP im Laufe der Jahre weiter. Inzwischen hat NLP sich als eine äußerst wirksame Form der Kurzzeittherapie erwiesen.

Neuro = steht für das menschliche Nerven- und Sinnessystem (Sehen, Hören, Riechen, Schmecken, Fühlen)

Linguistisches = bezieht sich auf die Sprachwissenschaft

Programmieren = bezieht sich auf die geistige „Programmierung"

NLP entstand aus dem Studium menschlicher Höchstleistungen: Höchstleistungen der Therapeuten und ihrer Klienten. NLP gibt uns die Möglichkeit zu lernen, wie wir unsere Lebensqualität verbessern können. Zudem ist NLP eine Sammlung von Verfahrensweisen zur Optimierung der Kommunikation mit uns selbst und anderen. Es ist eine Wissenschaft von den Strukturen persönlicher Erfahrungen. Zusätzlich ermöglicht NLP ein Studium der Gedankenwelten. Die Fertigkeiten, um Kontrolle über eigene mentale Vorgänge zu erlangen, werden trainiert. Genauestens geht NLP auf die Wirkungsweise von „Überzeugungen" und „Wahrnehmungsfiltern" von uns und anderen ein. NLP kann dem trainierten Anwender viel über uns zeigen, auch das, was wir nicht bewusst zum Ausdruck bringen. Bewusste und unbewusste Vorgänge werden von NLP-Praktikern beobachtet, interpretiert und zur Durchsetzung ihrer eigenen Ziele verwendet. Unser Verhalten offenbart NLP-ge-schulten-Personen genügend Anhaltspunkte, mit deren Hilfe sie uns zu bestimmten Handlungen veranlassen können.

Der Anwendungsbereich von NLP ist breit gefächert: Verkauf, Personalführung, Management, Coaching, Psychotherapien, Kom-munikationstrainings, Politik, Marketing.

> Wir finden NLP auch in der psychologischen Betreuung. Hier dienen NLP und Empathie psychologisch geschulten Fachkräf-ten dazu, den Patienten zu „öffnen". Den Patienten wird es so ermöglicht, über ihre Gefühle und Erlebnisse zu sprechen und sich dem Psychologen anzuvertrauen. Insofern kann NLP einen tatsächlichen, positiven Nutzen bei psychischen Problemen ha-ben.

Nun wird NLP aber auch an gesunden Menschen, an uns, ange-wendet. Im Fernsehen, in der Werbung, im Büro, in der Wirtschaft wird NLP als „Türöffner" genutzt. Unsere natürliche Vorsicht im Umgang mit Fremden kann durch NLP möglicherweise völlig au-ßer Kraft gesetzt werden.

Das wirft die Frage auf: Zu welchem Zweck wird an uns psychisch Gesunden NLP angewendet und mit welcher Absicht?

„Mit NLP kann man manipulieren, das soll gerade auch auf den er-sten Seiten eines Lern- und Übungsbuches nicht verschwiegen werden. Gegen Manipulation helfen keine Appelle. Die Möglich-keiten, menschliches Verhalten zu beeinflussen, können um so mehr missbraucht werden, je höher die Wirksamkeit ist. Neben moralischer Integrität von NLP-Praktikern gibt es gegen die Gefahr der Manipulation durch NLP nur einen Schutz: Wissen." [8]

Es gibt nur einen Schutz gegen Manipulation durch NLP: Wissen

Diese Aussage stammt von Dr. phil. habil. Alexa Mohl. Sie weiß, wovon sie spricht. Seit vielen Jahren beschäftigt sie sich mit NLP und gibt ihr Wissen in populären NLP-Büchern und als Trainerin weiter. Alexa Mohl schreibt von der eindeutigen „Gefahr der Manipulation durch NLP".

Manipulation wird folgendermaßen definiert:

Manipulation

→ „bewusster und gezielter Einfluss auf Menschen ohne deren Wissen und oft gegen deren Willen (z. B. mit Hilfe der Werbung)." [9]

→ „undurchschaubares, geschicktes Vorgehen, mit dem sich jemand einen Vorteil verschafft." [10]

Wir können also sagen, dass mit Hilfe moderner wissenschaftlicher Methoden (z. B. aus der Psychologie) ein Eingriff in unsere eigenen Einsichten, Überzeugungen und Meinungen erfolgt, ohne dass wir es merken dürfen. Wir werden von unseren Erfahrungen und unserem Wissen durch Beeinflussungstechniken entfremdet. Unsere Gedanken, Gefühle und unser Geschmack (Ästhetik) werden entscheidend beeinflusst. Die Beeinflussung ist abhängig vom Ziel des Beeinflussenden.

NLP kann nach Mohl als eine gefährliche Technik der Beeinflussung, die in der gesamten Wirtschaft (Verkauf, Personalmanagement, Coaching, Politik), in der Psychologie und im Marketing eingesetzt wird, angesehen werden.

Vielleicht befürchtet der Eine oder Andere, dass er bereits durch NLP beeinflusst wurde, ohne es gemerkt zu haben. Bei dem großen Wirkungsgebiet von NLP erscheint diese Befürchtung realistisch.

NLP wirkt so schnell wie ein Mückenstich: Beinahe überall können uns Mücken (NLP-Anwendungen) begegnen. Bemerken wir die Mücke (NLP-Anwendung) rechtzeitig und verscheuchen sie, geschieht uns nichts. Sticht sie uns unbemerkt (wird an uns NLP angewendet), informiert uns vielleicht erst das Jucken (handeln wir beeinflusst) über den Vorgang und wir spüren die Konsequenzen des Stichs (der Beeinflussung).

Incentives

Ein Incentive ist ein Anreiz, eine Belohnung und ein Ansporn für uns, damit wir uns effektiver für eine Sache einsetzen. Incentives bestehen häufig aus Sach- oder Geldleistungen für einen Arbeitnehmer oder Kunden. Auf Grund der menschlichen Psyche gibt es auch Incentives in Form von Lob und Anerkennung (s. S. 209).

!

Wir haben bestimmt schon einmal ein Geschäft betreten, in dem der Mitarbeiter des Monats mit einer Urkunde ausgezeichnet wurde. Für jederman ersichtlich wird die Urkunde im Geschäft ausgehängt. Die Mitarbeiter werden zu mehr Leistung angespornt. Diese verbalen oder schriftlichen Incentives (Belobigungen und Urkunden) dienen zur Verstärkung der Wirkung von finanziellen Incentives. Es ist in unserer Zeit durchaus möglich, dass langjährige Mitarbeiter nur noch durch erhöhten Einsatz von Incentives ihre volle Arbeistleistung erbringen.

z.B.

Ein Unternehmen, das sehr stark kundenorientiert arbeitet, benötigt Mitarbeiter, die diese Unternehmenseinstellung transportieren. Es ist nicht einfach, die Kundenorientiertheit aufrecht zu erhalten. Zur Unterstützung bietet das Unternehmen den Mitarbeitern Incentives an. Ein Küchenhersteller bietet seinen Verkäufern Incentives in Form von zusätzlichen Provisionen an. Hat der Verkäufer dem Küchenhersteller einen Umsatz von 80.000 € ermöglicht, erhält er 80 € Provision zusätzlich. Ab einem Umsatz von 100.000 € erhält er eine Prämie von 200 €. Also wird der Verkäufer versuchen das Incentive von 200 € zu erhalten. Diese 200 € sind sein Ansporn für mehr Leistung im Verkauf.

Auch wir Kunden erhalten durch ein Unternehmen die Möglichkeit, belohnt zu werden: Ein Preisausschreiben wird veranstaltet. Wir müssen lediglich eine Frage zum Unternehmensprodukt beantworten. Die richtige Antwort wird vielleicht mit einer Reise nach Afrika belohnt.

Verkaufs- und Managementschulungen

Verkaufs- und Managementschulungen sind umso erfolgreicher, je effizienter sich die Teilnehmer danach für das Unternehmen einsetzen lassen. Schulungen gibt es zu unterschiedlichen Themen: Umsatzsteigerung, Selbstmanagement, Mitarbeitermotivation, Verhandlungstricks, Einwandbehandlung, Abschlusstechniken, Verkaufskommunikation, Moderation usw. Die Teilnehmer werden mit Erfolgsversprechen zur Schulungsteilnahme gelockt. Die Prospekte der Veranstalter sind voller großartiger Worte: Höchstmaß an Nutzen für Sie, systematisch konzipieren, komplexe Projekte, Prozessbegleitung, Chancen wahrnehmen, absolute Profis ... Die Worte in den Prospekten sind nach den Gesichtspunkten gewählt: Wie kann ich den Leser für den Workshop begeistern und seine Fantasie anregen?

Auch in diesen Schulungen wird mit NLP gearbeitet. Die Teilnehmer lernen, wie sie mit Hilfe von NLP im Gespräch ihre Position beibehalten und durchsetzen können. Hierbei spielt es keine Rolle, ob das Gegenüber ein Kunde, Mitarbeiter oder Verhandlungspartner ist. Diese erlernten Verhandlungstechniken begegnen uns immer öfter im Berufsleben.

Seminarteilnehmer werden durch NLP ebenfalls beeinflusst Die Schulungsteilnehmer werden während der Schulung gleichfalls mittels NLP zu zufriedenen Teilnehmern gemacht. Selbst das Lernen kann durch NLP verbessert werden. NLP erweist sich stets als eine perfekte Möglichkeit der Beeinflussung. Ein Missbrauch dieser Technik scheint niemals ausschließbar.

Im Alltag begegnen wir vielleicht unserem Versicherungsmakler. Er durchlief ebenfalls mehrere Schulungen. Auf Grund seiner gelernten Techniken vermittelt er uns schnell eine zusätzliche Versicherung. Denn er fällt die Entscheidung, dass wir eine Versicherung von ihm kaufen werden – nicht wir.

Vorsicht ist geboten, falls im Büro eines Versicherungsmaklers Urkunden hängen über seine hohen Abschlussquoten, seine Teilnahme an Schulungsseminaren oder Auszeichnungen seines

Unternehmens. Diese Urkunden zeugen von einem verkaufs-
technisch versierten Versicherungsmakler.

Selbstverständlich wird er diese Techniken auch an uns anwenden. Die Techniken lernte er schließlich, um sie in die Praxis
umzusetzen. So scheint es angebracht, hier besonders aufmerksam zu sein.

In Schulungen werden logische Gedankenketten erarbeitet, die uns
Kunden überzeugen sollen. Die Gedankenketten sind so schlüssig
gestaltet, dass uns Kunden manchmal die Antwort in den Mund
gelegt wird.

Das folgende Beispiel stammt aus der Einwandbehandlung in einem Verkaufsgespräch. Die Schwierigkeit für den Verkäufer besteht in der Unentschlossenheit des Kunden.

Logische Gedankenkette

z.B.

Verkäufer:	„Können Sie sehen, wie Sie damit Geld sparen werden?"
Kunde:	„Ja."
Verkäufer:	„Sind Sie daran interessiert Geld zu sparen?"
Kunde:	„Ja."
Verkäufer:	„Falls Sie beginnen würden, Geld zu sparen, wann wäre Ihrer Meinung nach der beste Zeit-punkt dafür?"

Die meisten von uns beantworten diese Frage innerlich mit:
„Jetzt".

Lange bevor wir in Kontakt mit einem geschulten Gesprächspartner kommen, hat er seine Formulierungen, Argumente und logischen Beweise gesammelt. Er kann uns mit seiner ausgearbeiteten
Strategie möglicherweise leicht in unserer Entscheidung beeinflus-

sen – ohne dass wir es bemerken. Auf diese Weise will er seine Ziele verwirklichen.

Psychotechniken

Psychologen und Therapeuten können eine Aufarbeitung der psychischen Probleme des Patienten ermöglichen. Hierbei werden unter Umständen auch Techniken zur Beeinflussung des Patienten angewendet.

Diese Beeinflussung dient jedoch der geistigen Gesundung des Patienten. Nur in seltenen Fällen lesen wir in den Zeitungen von Therapeuten, die ihren Einfluss auf den Patienten missbrauchen.

z.B.

Hier eine Auswahl aus der Vielzahl bekannter Therapien:

→ Atemtherapie	→ Familientherapie
→ Gesprächstherapie	→ Gestalttherapie
→ Gruppentherapie	→ Hypnose
→ Psychoanalyse	→ Verhaltenstherapie

Psychotherapien sind auf Vertrauen zwischen Therapeut und Patient aufgebaut

In die verschiedenen Psychotherapien fließen auch Elemente des NLPs ein. NLP-Praktiker möchten ihr Gegenüber glauben machen, dass sie Empathie (Einfühlungsvermögen) besitzen. Sie sind darauf bedacht, ihren körperlichen und sprachlichen Ausdruck auf den Patienten abzustimmen. Damit kann beim Patienten ein Gefühl von Vertrauen zu dem Psychotherapeuten aufgebaut werden. Auf dieser Basis kann die eigentliche Therapie beginnen. Der Patient kann sich dem Therapeuten öffnen. Dieser wird versuchen, die geistige Gesundung des Patienten zu fördern.

Pädagogik

Pädagogik ist die Theorie und Praxis unserer menschlichen Erziehung und Bildung. Lob und Tadel spielen dabei eine große Rolle.

Wie wir als Kinder erfahren konnten, werden wir für manche Ausdrücke unseres Selbst gelobt oder getadelt. Unsere Eltern und unsere Umgebung möchten uns eine angemessene Erziehung zukommen lassen. Eltern sind oft bestrebt, ihre Kinder so zu erziehen, dass es ihnen im Leben besser geht als ihnen selbst. Die Erziehung nimmt einen wichtigen Teil unseres Lebens ein. Im Kindesalter werden die Weichen für unser späteres Verhalten, unsere Vorlieben, Abneigungen, Wünsche und Ziele gestellt. Spätere Veränderungen können meist nur mit psychologischer Hilfe geschehen. Eltern obliegt somit eine große Verantwortung nicht nur für die Versorgung, sondern auch für die geistige Reifung ihres Kindes.

Pädagogen und Eltern nutzen Lob und Tadel, um den Lernenden zu bestimmten Handlungen und Aussagen zu veranlassen. Wohlwollendes Lächeln wird dem Lernenden gezeigt, wenn er etwas weisungsgemäß erledigt hat. Der Lernende erhält positives Feedback. Da wir also bereits als Kind gelernt haben, auf positives Feedback zu reagieren, streben wir auch als Erwachsene nach positivem Feedback.

Lehrer lächeln und loben demzufolge nicht ausschließlich, weil sie lächeln und loben wollen. Sie lächeln und loben uns, weil dieses Verhalten uns zu mehr Leistung anspornt. In diesem Zusammenhang wird uns das Lächeln auch als Lob entgegengebracht, um uns zu motivieren. Letztendlich findet durch Pädagogik eine Einflussnahme auf uns statt.

Lob und Lächeln spornen uns zu mehr Leistung an

Ein Pädagoge ist gehalten, seine Beeinflussungstechnik zum Wohle seiner Schüler anzuwenden.

Das Streben nach Anerkennung und positivem Feedback werden wir auch im Zusammenhang mit Kränkungen noch ausführlich betrachten (s. S. 102).

Grafische Darstellung der erwähnten Beeinflussungs-möglichkeiten

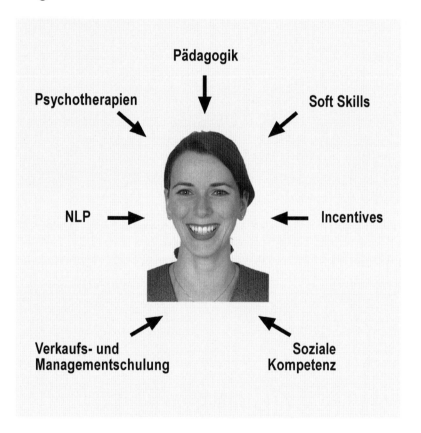

5 Technikanalyse

Auswahl

Die im Folgenden von uns analysierte Technik des Rapports bildet die Basis für beeinflussende Gesprächstechniken. Rapport ist ein wichtiger Bestandteil des NLPs. Anhand der Analyse des Rapports können wir auf die unterschiedlichen Möglichkeiten der Beeinflussungstechniken eingehen.

In Verkaufs- und Managementschulungen werden den Teilnehmern Anleitungen für effizientes Verhandeln, Kommunizieren oder Management vermittelt. Die Anleitungen basieren überwiegend auf den Erkenntnissen von NLP.

Wie wir bereits wissen, entstand NLP aus dem Studium der Arbeitsweise verschiedener erfolgreicher Therapeuten mit ihren Patienten. Die Absicht von NLP ist, uns mit einer effizienten Technik auszustatten, die uns besser leben lässt. Uns gesunden Menschen möchte NLP die Chance geben, unsere Lebensqualität zu verbessern. Tatsächlich wird NLP in Verkaufsseminaren und Managementschulungen gelehrt, damit die Teilnehmer lernen, sich selbst und andere besser einzuschätzen. Allerdings birgt diese bessere Einschätzung auch Möglichkeiten, andere zu beeinflussen. Genau das ist das erstrebte Ziel der Seminarteilnehmer: zu lernen, ihr Gegenüber (uns) subtil für die Erfüllung ihrer Ziele zu beeinflussen. Am Besten so, dass wir nichts davon bemerken.

NLP wird in Verkaufsseminaren und Managementschulungen gelehrt

Sofern wir unsere Wahrnehmung für Beeinflussungsversuche sensibilisieren möchten, empfiehlt es sich, dieses Kapitel 5 mit besonderer Aufmerksamkeit zu lesen.

Definition

Rapport gehört zum Standard einer gezielten, beeinflussenden Gesprächsführung. Mit dieser Technik kommen wir in vielen Lebensbereichen in Kontakt.

Als Rapport wird eine Beziehung zwischen zwei Menschen bezeichnet, die durch gegenseitige Achtung und gemeinsames Vertrauen gekennzeichnet ist. Rapport beschreibt eine intensive Beziehung in der Kommunikation, das Erleben eines Kontaktes oder eines Gleichklanges, der manchmal auch Resonanz genannt wird.

Umgangssprachlich ausgedrückt: auf einer Welle schwimmen.

Wir, an denen diese Technik angewendet wird, werden die Methodik in der Gesprächsführung wahrscheinlich nicht aufdecken können, es sei denn, wir haben uns für dieses Thema bereits sensibilisiert.

Beeinflussungstechniken können subtil auf uns einwirken

Zudem wird Rapport erst dann vollendet an uns angewendet, wenn wir keine Methodik bei unserem Gesprächspartner vermuten würden. Dies erschwert es uns, die Technik als Technik zu identifizieren. Es macht uns aber auch deutlich, wie raffiniert und subtil diese Beeinflussungstechniken wirken können. Mit diesem Umstand konfrontiert, kann uns der Anwender von Rapport besonders skrupellos erscheinen: Er spielt uns einfach etwas vor – vergleichbar mit einem Schauspieler. Nur im Theater wissen wir, dass uns etwas vorgespielt wird. Dass jedoch in der Telefonhotline, Boutique, Autowerkstatt oder Bank nur ein Schauspiel für uns veranstaltet wird, mag uns in seiner Konsequenz überraschen. Tatsächlich ist diese gezielte Gesprächsführung inzwischen in vielen Bereichen unseres Lebens anzutreffen.

Elemente

Wenden wir uns den sieben definierten Elementen des Rapports zu. Auf die einzelnen Elemente werden wir in den folgenden Abschnitten genauer eingehen.

→ Vertrauen herstellen, „Wir-Gefühl" schaffen
→ Verständnis für den anderen zeigen
→ Motivfindung
→ Herausfinden der Wahrnehmungswelt/VAKO des Gegenübers
→ Sich auf den anderen einstimmen – Kalibrieren
→ Sich Schritt für Schritt dem anderen angleichen – Pacing
→ Eigene Erfahrungen in einen anderen Zusammenhang bringen - Reframing

Ergebnis

Rapport erleichtert es dem Anwender, uns zu beeinflussen. Wendet ein Therapeut Rapport an, können wir im Allgemeinen von einer für uns positiven Beeinflussungsabsicht ausgehen.

Das Ziel von Rapport ist es, eine Motivationsänderung bei uns durchzuführen. Das nennen wir Leading: Eine gewisse Zeit mit uns einen gemeinsamen geistigen Weg gehen, um uns dann in eine andere geistige Richtung zu bewegen. Die Motivationsänderung findet im Sinne des Technikanwenders statt.

Modell des Rapports

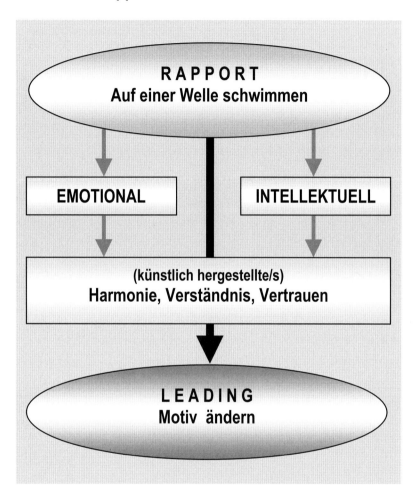

Rapport - die Analyse

Nun betrachten wir die Technik im Detail. Wir wissen bereits, dass sieben Elemente für das Herstellen von Rapport, den Gleichklang, von Bedeutung sind. Für den Rapport ist sowohl eine intellektuelle als auch eine emotionale Übereinstimmung wichtig.

Harmonie, Verständnis und Vertrauen

Ein Gesprächspartner baut einen guten intellektuellen und emotionalen Kontakt zu uns auf, indem er Verständnis für uns zeigt und sich in uns einfühlt (Empathie). Dabei ist es wichtig, dass er uns aktiv zuhört und Fragen stellt. Beides stellt - bewusst eingesetzt - eine Gesprächstechnik dar. Als Technik angewendet, begegnen wir scheinbarer Empathie. Uns wird aktiv zugehört, damit wir Vertrauen zu unserem Gegenüber aufbauen können. Vertrauen ist der Anfang von allem. Vielleicht haben wir diesen Satz schon einmal gehört. Er wird in Verkaufsschulungen gerne zum Motto gemacht. Das ist deshalb so, weil durch Vertrauen die Interessen des Kommunikators optimal umgesetzt werden können. Ein Interesse an uns besteht lediglich als Mittel zum Zweck. Wir sind das Instrument, das der Kommunikator für seinen Erfolg einsetzt.

Vertrauen ist der Anfang von allem

Aktives Zuhören

Uns wird die Möglichkeit gegeben, von uns zu erzählen. Wir erhalten den Raum, den wir uns wünschen, um uns positiv präsentieren zu können. Der Kommunikator ermuntert uns nach Kräften, ihm von unseren Vorstellungen, Wünschen und Meinungen zu erzählen. Während wir erzählen, zeigt er uns durch seine Körperhaltung und verbalen Äußerungen seine Zustimmung und sein Verständnis für uns. Das führt dazu, dass wir uns verstanden, in unserer Meinung und unseren Wertvorstellungen bestätigt fühlen. Allmählich fassen wir zu dem Kommunikator Vertrauen. Genau dieses Ergebnis strebte er an. Aktives Zuhören hat auch in jeder Gesprächstherapie einen festen Platz.

Aktives Zuhören zeigt sich durch

→ **Aufmerksamkeit zeigen:** Feedback geben
verbal: aha, interessant, wirklich, mmh
nonverbal: Kopfnicken, Blickkontakt
→ **Paraphrasieren:** Aussagen des Gesprächspartners mit eigenen Worten wiederholen, um sicherzustellen, dass die Aussagen korrekt und vollständig erfasst wurden.
→ **Verbalisieren:** Wiederholung der emotionalen Aussagen des Gesprächspartners, um zu zeigen, dass man an dessen/deren Gefühlen interessiert ist.
→ **Nachfragen:** Dadurch signalisiert man, dass man zuhört und mehr vom Gesprächspartner erfahren möchte.
→ **Zusammenfassen:** Kernaussagen des Gesprächs werden zusammengefasst, um Abweichungen vom Thema zu verhindern.
→ **Klären:** Durch Rückfragen wird verhindert, dass die Gesprächspartner aneinander vorbeireden.
→ **Weiterführen:** Den Gesprächspartner durch Rückmeldungen dazu veranlassen, über einen Sachverhalt nachzudenken, um zur Entscheidungsfindung beizutragen.
→ **Abwägen:** Kernaussagen des Gesprächspartners zusammenfassen und einzelne Alternativen abwägen.

Stellen wir uns vor, wir möchten uns einen neuen PC kaufen. Herr Schmidbauer, Verkaufsberater in einem PC-Store, ist unser Gegenüber. Den Gesprächsbeginn überspringen wir.

Wir sehen den Berater an und sagen: „Bisher war ich mit meinem alten 700-MHz-Rechner sehr zufrieden."
Der Berater sieht uns an. Er hält von nun an Blickkontakt: „Mmmh."

Wir: „Jetzt plane ich, mich intensiv mit Videobearbeitung am PC zu beschäftigen. Deshalb muss ein schnellerer Rechner her."
Berater: „Sie möchten einen richtig schnellen PC?"
Wir: „Ja. Etwas Vernünftiges. Ein Rechner, der stabil läuft und mit dem ich neue Spiele auch übers Netzwerk spielen kann. Das heißt, eine Netzwerkkarte und eine entsprechende Grafikkarte muss der neue PC dann auch haben."
Berater: „Ja, das ist sinnvoll."
Wir: „Das meine ich auch."
Der Berater nickt zustimmend mit dem Kopf und sagt: „Also wünschen Sie sich einen schnellen Rechner mit einer leistungsstarken Grafikkarte und einer guten Netzwerkkarte. Was für einen Monitor haben Sie denn?"
Wir: „Einen Flachbildschirm mit digitalem Eingang."
Berater: „Möchten Sie Ihren Monitor digital oder analog an den PC anschließen?"
Wir: „Digital, wegen der besseren Darstellung der Farben."
Berater: „Es könnte sein, dass Ihr Flachbildschirm die Spiele trotzdem nicht so gut darstellen kann. Das liegt dann nicht an der Grafikkarte, die ich Ihnen empfehle, sondern an dem TFT-Monitor. Die sind nämlich in der Reaktionszeit langsamer als die normalen Röhrenbildschirme."
Wir: „Ach, das wusste ich nicht. Aber ich habe noch einen alten Monitor, den könnte ich ja auch anschließen."
Berater: „Dann wäre eine Grafikkarte, die sowohl einen analogen als auch einen digitalen Ausgang hat sinnvoll. Sie könnten dann jederzeit auf Ihren alten Monitor mit analogem Anschluss zurückgreifen."
Wir: „Das ist eine gute Idee! Aber wie sieht es denn mit dem Preis einer solchen Grafikkarte aus?"

Das ist nur ein kurzer Ausschnitt eines Verkaufsgespräches, das in verschiedenen Varianten jederzeit auf's Neue von uns geführt werden kann. Je länger ein Gespräch dauert, desto mehr Gesprächstechnik kann eingesetzt werden. Manchmal sind wir froh darüber, jemanden gefunden zu haben, der uns detaillierte Auskünfte geben kann. Denn gerade in Fachgeschäften sind wir auf die Hilfe des geschulten Fachpersonals angewiesen. Aber es gilt aufzupassen und sich vorher selbst zu informieren. Denn nur dann können wir das angebliche Fachwissen des Beraters einschätzen: Ob er uns womöglich nur mit Standardantworten bedient, damit wir die Produkte bei ihm kaufen, die er verkaufen will, oder ob er tatsächlich technisches Know-how hat und uns technisch versiert informiert. Gute Beratung kann uns vor manch teurem Fehlkauf schützen.

Auch in einer Parfümerie können wir ein derartiges Gespräch führen. Dabei geht es dann beispielsweise um eine neue Gesichtspflege, ein Parfüm oder eine innovative Haarbürste. Auch hier kann eine individuelle Beratung Fehlkäufe verhindern. Inwieweit manche der zumeist noch zusätzlich angebotenen Produkte tatsächlich sinnvoll sind, zeigt sich meist erst ein paar Tage nach dem Kauf – da kann es für einen Umtausch schon zu spät sein.

Wie wir an diesem Beispiel sehen können, spielen Fragen in Gesprächen eine große Rolle. Selbstverständlich sind solche Fragen auch für uns eine Informationsquelle.

Fragen

Es gibt unterschiedliche Fragetypen. Der Fragesteller wird dabei in die Lage versetzt, unsere Motive und unsere Art der Wahrnehmung zu dechiffrieren. Nicht ohne Grund wird in Verkaufs- und Managementseminaren folgender Kommunikationsgrundsatz an die Teilnehmer weitergegeben:

 Wer fragt, der führt.

Daraus lässt sich ableiten, dass Fragen eine beabsichtigte Form der Einflussnahme auf ein Gespräch darstellen. Fragen können also in beeinflussender Weise angewendet werden. In einem Verkaufsseminar lernen die Teilnehmer, welche Fragen an bestimmten Punkten eines Gespräches angebracht sind. Zu Beginn eines

Gespräches werden öffnende Fragen gestellt, gegen Ende solche
Fragen, die zu einer Entscheidung führen.

Fragen bieten dem Kommunikator die Möglichkeit, uns geistig zu
leiten. Zusätzlich sind sie für den Informationsabruf optimal geeignet. Wir sind es gewohnt, auf Fragen bereitwillig zu antworten. Bei Politikern können wir beobachten, dass sie Fragen von
Journalisten manchmal geflissentlich überhören. Der Politiker
spricht einfach über ein vollkommen anderes Thema, als ob der
Journalist ihm eine Frage diesbezüglich gestellt hätte. Diese
Vorgehensweise ist jedoch nicht allgemein üblich. Politiker
nehmen an Rhetorik-Seminaren teil. Dort wird den Teilnehmern
gezeigt, wie sie mit unliebsamen Fragen oder Einwürfen umgehen können. In der Regel sind solche rhetorischen Rafinessen
im normalen Umgang eher unüblich.

Vielleicht hören Sie bei der nächsten politischen Talk-Show im
Fernsehen genau hin, welche Fragen tatsächlich von den Politikern beantwortet werden und wie sie antworten, ohne die
gestellte Frage zu beantworten.

Hier nun eine Zusammenfassung der am häufigsten angewendeten
beeinflussenden Fragen:

Beeinflussende Fragen

Offene Frage
Reflexionsfrage
Übereinstimmungsfrage
Richtungsweisende Frage
Rhetorische Frage
Suggestivfrage
Geschlossene Frage

Offene Frage

Offene Fragen übernehmen die Aufgabe, uns zum Erzählen anzuregen. Gerade am Gesprächsanfang sind offene Fragen hilfreich, auf sie antworten wir gewöhnlich ausführlicher. Die so genannten W-Fragen gehören zu den offenen Fragen: Wer? Wann? Wo? Warum? Weshalb? Wieso? Was? Wie? Worauf?

Das Gespräch wird oft durch offene Fragen belebt. Im Zusammenhang mit Beeinflussungstechniken stellt die offene Frage ein wichtiges Werkzeug dar. Die offene Frage ermöglicht dem Fragesteller die Informationssammlung: Während wir antworten, filtert der Fragende zum einen verbale Informationen heraus, zum anderen analysiert er unsere Wortwahl und unsere Körpersprache. Der Informationsgehalt für den Fragesteller ist bei der offenen Frage am höchsten. Offene Fragen können auch zur Zeitgewinnung eingesetzt werden. Denn solange wir antworten, hat der Kommunikator Zeit zum Nachdenken.

z.B.
→ Was halten sie von dem neuen Mercedes?
→ Wie stellen Sie sich Ihr neues Auto vor?
→ Warum haben Sie sich für Ihr jetziges Auto entschieden?

Für uns gilt, dass es sich bei einer offenen Frage um den wahrscheinlich raffiniertesten Fragetyp handelt. Aufgrund der Frage können wir Interesse des Fragenden an uns vermuten. Wir fühlen uns vom Kommunikator ernst genommen.

Reflexionsfrage

In einer Reflexionsfrage wird die Aussage des Gesprächspartners wiederholt. Dies erweckt den Eindruck, dass der Fragende Verständnis für uns aufbringt. Auch werden dadurch seine Aufmerksamkeit und sein Interesse an uns signalisiert. Reflexionsfragen zeigen, dass der Fragesteller uns ernst nimmt. Für den Fragenden ermöglichen Reflexionsfragen eine Überprüfung unserer Aussagen.

Wir korrigieren von ihm gestellte unzutreffende Fragen sofort. Dies gewährleistet einen besseren Informationsfluss. Missverständnisse können so vermieden werden. Die Frage an sich wirkt auf uns vielleicht zuvorkommend und motiviert uns weiterzusprechen. Dem Fragesteller dient sie zur Informationssammlung und zur exakten Bedarfsanalyse.

> → Ist mein Eindruck richtig, dass Sie meinen, Ihr neues Auto müsse ein Schiebedach haben?
> → Habe ich Sie richtig verstanden, dass schwarze Ledersitze Ihrem Stil entsprechen?
> → War es so, dass Sie ein Schiebedach einem Cabriolet vorziehen?

z.B.

Übereinstimmungsfrage

Mit Übereinstimmungsfragen bestätigen wir uns gegenseitig, ein- und derselben Meinung zu sein. Das „Wir-Gefühl" wird gestärkt. Die Vertrautheit wächst. Der Eindruck entsteht, dass wir auf einer gemeinsamen Welle schwimmen. Wir fühlen uns verstanden und als gleichberechtigter Partner akzeptiert.

> → Finden Sie das Leder nicht auch wunderbar weich?
> → Das Essen riecht doch köstlich, oder nicht?
> → Sieht gut aus, nicht wahr?

z.B.

Richtungsweisende Frage

Die richtungsweisenden Fragen geben das Thema der Antwort vor. Somit werden wir veranlasst, zu einem ganz bestimmten Thema Stellung zu nehmen. Der Fragende kann uns mit richtungsweisenden Fragen geistig leiten, ohne dass wir es als Beeinflussung wahrnehmen. Richtungsweisende Fragen werden selten zu Beginn eines Gespräches gestellt. Das Vorhandensein von Informationen macht diesen Fragetyp erst möglich. Meistens antworten wir auf richtungsweisende Fragen, indem wir eine der beiden Vorschläge unseres Gegenübers annehmen. Durch diese Frageart werden Entscheidungen herbeigeführt. Es findet eine Art Interessensabgleich statt. Uns werden Alternativen zur Wahl gestellt, doch können wir nur scheinbar frei entscheiden. Denn bekannt ist, dass wir dazu neigen, dem an zweiter Stelle genannten Vorschlag zuzustimmen. Ein geschulter Kommunikator wird dies in seiner Fragestellung berücksichtigen. So stimmen wir, unbemerkt beeinflusst, dem geschickt eingefädelten Vorschlag des Kommunikators zu.

→ Würde es Ihnen gefallen, jetzt mit dem BMW Z3 oder dem Porsche 911 eine Probefahrt zu machen?
→ Wenn wir uns gemeinsam um die Präsentation kümmern, glauben Sie, dass der Termin für die Präsentation in einer oder in zwei Wochen machbar ist?
→ Möchten Sie jetzt Mittagessen gehen oder lieber später?

Rhetorische Frage

Wir fühlen uns durch eine rhetorische Frage angesprochen, obwohl von uns keine Antwort erwartet wird. Bei rhetorischen Fragen wird von einer Meinungsgleichheit ausgegangen. Rhetorische Fragen können auf ein Gespräch belebend wirken, weil unsere Aufmerksamkeit wieder gefordert wird.

→ Wie lange wollen Sie denn noch warten?
→ Wollen Sie langweilige Bücher lesen?
→ Sind Sie denn seine Putzfrau?

Suggestivfrage

Suggestiv bedeutet seelisch beeinflussend bzw. verfänglich. Suggestivfragen sind trickreiche Fragen, in denen die gewünschte

Antwort des Redners bereits enthalten ist. Insofern verrät eine Suggestivfrage einiges über den Fragenden. Diese Fragen ringen uns eine Antwort im Sinne des Sprechenden ab, obwohl wir ihm vielleicht nicht zustimmen wollen. Suggestivfragen können bei uns ein unangenehmes Gefühl hervorrufen: Wir fühlen uns von unserem Gesprächspartner in die Ecke gedrängt.

→ Sie möchten doch auch erfolgreich sein?
→ Sie fahren doch lieber in einem sicheren Auto?
→ Sie möchten doch im Alter auch gut versichert sein?
→ Sicherlich möchten Sie nur das Beste für Ihre Familie?

z.B.

Geschlossene Frage

Bei geschlossenen Fragen wird von uns als Antwort ein „Ja", ein „Nein" oder ein „Vielleicht" erwartet. Der Informationsgehalt der geschlossenen Frage ist gering. Sie ist jedoch für den erfolgreichen Abschluss eines Verkaufs- und Verhandlungsgespräches unabdingbar. Die geschlossene Frage zieht eine eingegrenzte Antwort nach sich. Deshalb wird sie erst gegen Ende eines Gespräches eingesetzt.

→ Haben Sie sich entschieden?
→ Möchten Sie das Auto bestellen?
→ Ist die Filiale schon eröffnet worden?

z.B.

Suggestiv eingesetzt, werden geschlossene Fragen so formuliert, dass wir scheinbar nur mit Ja antworten können.

→ Sie haben sich doch bereits entschieden, oder?
→ Sie wollen doch, dass Ihre Frau mitkommt?
→ Sie trinken bestimmt auch ein Glas Sekt mit uns?

z.B.

Motivfindung

Ein Motiv ist der Beweggrund, der uns veranlasst eine Handlung auszuführen oder zu unterlassen. Beinahe jeder unserer Handlungen liegt ein Motiv zugrunde. Motive sind keineswegs immer offensichtlich und eindeutig erkennbar. Teilweise sind sie in unserem Unterbewusstsein verborgen.

Ein Kommunikator bemüht sich, unser Motiv für den Kauf eines Autos, für einen neuen Job etc. herauszuarbeiten. Hat unser geschultes Gegenüber unser Motiv herauskristallisiert, kann er seine Argumentationskette optimieren. Er wird uns nun effektiver in seinem Sinne beeinflussen können. Seine logischen Argumente stellen uns die Erfüllung unserer Motive in Aussicht. Wir sind nämlich schnell zu begeistern, wenn wir die Erfüllung unseres Motives bildlich, zum Greifen nahe, vor uns sehen. Unsere Motive hängen von unserer Lebenserfahrung ab: was wir gelernt haben, was wir erlebt haben, was wir ablehnen, was wir lieben.

 Grundsätzlich werden wir Menschen in neun Motivationstypen unterteilt:

B equemlichkeit: Das Produkt/die Dienstleistung erleichtert die Lebensumstände.

U mweltbewusstsein: Das Produkt/die Dienstleistung entspricht den persönlichen Vorstellungen von Umweltschutz.

G ruppenzugehörigkeit: Das Produkt/die Dienstleistung wird von einer bestimmten Bevölkerungsschicht anerkannt.

G ewinnstreben: Das Produkt/die Dienstleistung verspricht finanzielle Gewinne.

I nformation: Das Produkt/die Dienstleistung bestätigt die Person als informiert und intellektuell.

W ertschätzung: Das Produkt/die Dienstleistung erhöht oder bestätigt das Ansehen.

Ä sthetik: Das Produkt/die Dienstleistung bestärkt den eigenen Stil.

G esundheit: Das Produkt/die Dienstleistung stellt die gesundheitlichen Aspekte in den Vordergrund.

S icherheit: Das Produkt/die Dienstleistung unterstützt das Sicherheitsdenken.

Die neun Motivationstypen ergeben die Eselsbrücke „BUGGIWÄGS". Zur Veranschaulichung der Motive nennen wir in den unten stehenden Beispielen für jedes ein entsprechendes Argument. Selbstverständlich wird ein Verkaufsberater nicht nur mit ein oder zwei Sätzen argumentieren. Die Beispiele möchten uns einen Einblick in die Möglichkeiten eines geschulten Gegenübers geben.

Sie können diese Beispiele auch als Übung verwenden, um einzuschätzen, welches Ihr Motiv für einen Autokauf wäre. Während des Lesens versuchen Sie darauf zu achten, bei welchen Sätzen Sie denken: „Ja, das wäre mir wichtig, das gefällt mir, so will ich das haben." Interessant kann es auch sein, darauf zu achten, wann ein positives oder ein negatives Gefühl in Ihnen aufsteigt, oder wann Sie gleichgültig bleiben.

Vielleicht decken Sie für diese Übung die noch kommenden Sätze mit einem leeren Blatt ab. So kann man sich besser auf den aktuellen Satz konzentrieren. Kreuzen Sie den für Sie jeweils zutreffenden Kommentar an. Es kann sein, dass nicht nur ein Motiv auf Sie zutreffen wird, dies ist sogar wahrscheinlich.

Beispielsatz	Finde ich gut	Uninteressant
1. Das Schiebedach lässt sich auf Knopfdruck schließen.		
2. Die Abgaswerte liegen erheblich unter den gesetzlich vorgeschriebenen.		

Beispielsatz	Finde ich gut	Uninte- ressant
3. Unser Geschäftsführer bevorzugt den- selben Fahrzeugtyp.		
4. Sie können sich die genauen Fahrzeug- daten in unserem Prospekt durchlesen. Zudem lege ich Ihnen noch einen Fahr- bericht aus der Zeitschrift „Auto Motor Sport" bei.		
5. Es spricht für Ihre Kompetenz, dass Sie sich für dieses Modell interessieren.		
6. Das Fahrzeug ist eine Hommage an die Faszination vollkommener Ästhetik.		
7. Der Wiederverkaufswert des Fahrzeugs ist sehr hoch. Gerne zeige ich Ihnen die Preise in der Schwacke-Liste.		
8. Elektrische Rückenlehnen-, Längs- und Höhenverstellung mit höhenverstellbarer Kopfstütze für ein optimales, rücken- schonendes Sitzen.		
9. Der Aluminium-Spaceframe gewähr- leistet höchste Torsionsfestigkeit und herausragende Crash-Sicherheit, das zweistufige Airbagsystem bietet Fahrer und Beifahrer optimalen Schutz.		

Nun zur Auswertung. Um zu erfahren, welches Motiv uns bewegt, notieren wir uns die Nummern der Sätze, bei denen wir „finde ich gut" angekreuzt haben. Jede Nummer steht für ein Motiv.

Die Auflösung:

1. Bequemlichkeit	2. Umweltbewusstsein
3. Gruppenzugehörigkeit	4. Information
5. Wertschätzung	6. Ästhetik
7. Gewinnstreben	8. Gesundheit
9. Sicherheit	

Wie bereits angedeutet, kann es sein, dass wir verschiedene Motive für unsere Entscheidung heranziehen. Das ist eine Übung, die uns möglicherweise auch unsere Haltung dem Leben gegenüber spiegelt. Eventuell können wir in uns grundsätzliche Tendenzen zu dem einen oder anderen Motiv feststellen. Das könnte bedeuten, dass wir z. B. auf Bequemlichkeit Wert legen, wenn wir dieses Motiv in der Übung angekreuzt haben.

Hat ein Kommunikator unsere Motive aufgedeckt, kann er uns mit den entsprechenden Argumenten geistig bearbeiten. An dieses Wissen über unsere Motive kommt er über unsere Erzählungen. Deshalb ist es für den Kommunikator wichtig, uns möglichst viel reden zu lassen. Nun ist es so, dass wir uns oft wohl fühlen, sobald uns die Gelegenheit zum Erzählen geboten wird.

Es könnte sein, dass wir uns in einer scheinbar harmlosen Plauderei um Haus und Hof reden. Unter Umständen genügt unsere Unterschrift, damit wir eine lebenslange finanzielle Verpflichtung eingehen. Nehmen wir eine in jungen Jahren abgeschlossene Lebensversicherung. Sie kann später aufgrund von Veränderungen zu einer existenziell bedrohlichen finanziellen Belastung werden. Im Moment der Unterschrift können wir unsere soziale und wirtschaftliche Entwicklung nicht zu hundert Prozent voraussehen. Insofern gehen *wir* ein Risiko ein – nicht der Versicherungsmakler.

Wahrnehmungswelt

Wenden wir uns der Wahrnehmungswelt zu. Was verbirgt sich
hinter diesem Begriff? Wir alle reden jeden Tag, ohne immer darauf zu achten, welche Worte wir verwenden. Dabei könnte das
ganz spannend sein. Es wurde nämlich wissenschaftlich nachgewiesen, dass wir alle die Welt unterschiedlich wahrnehmen, abhängig davon, welche Wahrnehmungsart wir bevorzugen. Unter
Wahrnehmungsart verstehen wir die Art und Weise, wie wir die
Welt sehen und beschreiben. Die Welt sehen und beschreiben wir
entsprechend unserer Wahrnehmung. Indem wir unsere Gedanken
verbalisieren, zeigen wir unsere Vorliebe für bestimmte Worte.

Insgesamt gibt es vier Wahrnehmungstypen:

➔ **visuell:** Wahrnehmung der Welt mit den Augen
➔ **auditiv:** Wahrnehmung der Welt mit den Ohren
➔ **kinästhetisch:** Wahrnehmung der Welt durch Fühlen
➔ **olfaktorisch/gustatorisch:** Wahrnehmung der Welt durch
Riechen und Schmecken

VAKO

Visuell

Der visuelle Wahrnehmungstyp bevorzugt in seiner Kommunikation Worte wie:

sehen, vorstellen, beobachten, visualisieren, scheinen, dunkel,
wahrnehmen, klar, verschwommen, Aussicht, hell, Farben,
glänzend, strahlen, Augenschein ...

Sätze wie:

➔ Lieber beobachten wir die Entwicklung, bevor wir handeln.
➔ Zeigen Sie mir die Perspektiven für das Unternehmen auf.

→ Das kann ich mir vorstellen, dass Ihnen das gefällt.
→ Bei Licht betrachtet ist der Vorschlag unbrauchbar.
→ Kein Schatten eines Zweifels darf aufkommen.
→ Die Sache erscheint uns unklar.

Auditiv

Der auditive Wahrnehmungstyp verwendet Worte wie:

hören, Laute, Geräusche, laut, leise, melodisch, Töne, fragen, erwähnen, klingen, sprechen, erzählen, bemerken, lauschen, knistern, rascheln, Dissonanzen ...

Sätze wie:

→ Da haben Sie den richtigen Ton getroffen.
→ Aufmerksam lausche ich deinen Worten.
→ Die Situation wirkt sehr harmonisch.
→ Das ist Musik in meinen Ohren.
→ Das lässt sich hören.
→ Das klingt gut.

Kinästhetisch

Der kinästhetische Wahrnehmungstyp wählt bevorzugt Worte wie:

fühlen, berühren, drehen und wenden, warm, kalt, rau, glatt, holprig, hüpfen, werfen, fangen, rasen, fallen, aufreiben, zermürben, einbinden, bürsten, kantig, reizend ...

Sätze wie:

→ Endlich haben wir wieder festen Boden unter den Füßen.
→ Dem allgemeinen Druck konnte er nicht Stand halten.

→ Wir wurden mit Glückwünschen zugeschüttet.
→ Er zerschmetterte meine Argumente.
→ Das ging mir durch und durch.
→ Sie ist eine Kratzbürste.

Olfaktorisch/gustatorisch

Der olfaktorisch-gustatorische Wahrnehmungstyp spricht in
Worten wie:

schmecken, salzig, bitter, herb, köstlich, Geruch, braten, Geschmack, lecker, essen, trinken, Brei, Duft, knusprig, duftig,
Säure ...

Sätze wie:

→ Wir mussten die bittere Pille schlucken.
→ Es stinkt mir, dass ich die Arbeit erledigen muss.
→ Ein fader Beigeschmack bleibt zurück.
→ Der Apfel könnte mir schmecken.
→ Ihr Angebot stößt mir sauer auf.
→ Das ist ja süß.

Wenn Sie wissen möchten, welcher Wahrnehmungstyp Sie
sind, dann kann Ihnen diese Übung weiterhelfen. Dazu bitten
Sie einen Freund Ihnen zu helfen. Sie erklären ihm, welche
Worte die einzelnen Wahrnehmungstypen üblicherweise ver-
wenden. Er könnte auch die beiden vorherigen Seiten lesen.
Nun bitten Sie ihn, auf einem Blatt Striche in der vorgesehenen
Kategorie zu machen, während Sie ihm etwas beschreiben. Ihre
Aufgabe lautet, von der letzten Auto-, Fahrrad- oder Zugfahrt
zu erzählen. Der ausgefüllte Zettel könnte so aussehen:

Wahrnehmungsart

z.B.

visuell	~~IIII~~ ~~IIII~~ ~~IIII~~ II	17
auditiv	II	2
kinästhetisch	~~IIII~~ ~~IIII~~ I	11
olfaktorisch/gustatorisch	I	1

Wie Sie im obigen Beispiel erkennen können, sind wir Mischtypen und haben lediglich unterschiedliche Schwerpunkte.

Für das Herstellen von Rapport ist die Beobachtung unserer Wortwahl erforderlich. Wir erinnern uns: „Wir-Gefühl", Verständnis, Harmonie und Vertrauen sind notwendig, um uns beeinflussen zu können. So wird auch unsere Wahrnehmungsart genutzt, um uns die Illusion von „Wir-Gefühl", Harmonie und Vertrauen zu geben. Das geschieht so: Der Kommunikator ahmt unsere Art der Wahrnehmung nach, er spricht unsere Sprache. Hat ein Makler für Lebensversicherungen z. B. aus unseren Worten herausgehört, dass wir ein visueller Typ sind, wird er uns vielleicht fragen: „Wie sehen Sie ihre finanzielle Situation mit 60?" Einen olfaktorischen Typen könnte er fragen, „Wie würde Ihnen das schmecken, mit 60 von 600 € im Monat leben zu müssen?". Einen auditiven Typen würde er zum Abschluss einer Lebensversicherung bewegen können mit den Worten, „Na, wie hört sich das an, mit 60 eine zusätzliche Auszahlung von 100.000 € zu bekommen?" Wir bekommen den Eindruck, dass wir uns auf einer Wellenlänge befinden, fühlen uns verstanden, akzeptiert und ernst genommen. Unser Gesprächspartner scheint unsere Vorlieben und Abneigungen zu teilen. Wir beginnen zu glauben, einen Freund gefunden zu haben. Diese Gedanken laufen für uns häufig nicht bewusst wahrnehmbar ab. Wir stellen bloß fest, dass uns der Kommunikator sympathisch ist. Damit hat der Kommunikator die Chance, uns freundschaftliche Empfehlungen zu geben.

Zwischenstand

Angenommen wir befinden uns in einem Gespräch mit einem geschulten Gegenüber. Unser Gegenüber geht wie bisher geschildert
vor. Er wendet also die Technik Rapport an uns an. Im Verlauf des
Gespräches gelingt es ihm, durch aktives Zuhören den Grundstein
für ein Vertrauensverhältnis zu legen. Das „Wir-Gefühl" entsteht
allmählich. Mit gezielten Fragen und zustimmenden Äußerungen
ermuntert er uns zum Erzählen. Aus unseren Erzählungen speichert
er für sich relevante Mitteilungen zur späteren Verwendung ab. Reflexionsfragen erwecken den Anschein, dass er sich für unser Anliegen interessiert. Tatsächlich überprüft er, ob er unsere Aussagen
richtig verstanden hat. Mit Hilfe von offenen Fragen vermag er unsere Motive aufzuspüren. Hinzu kommt, dass er erfasst, welche Art
der Wahrnehmung wir bevorzugen.

Der geschulte Sprecher hat auf diese Art und Weise bereits eine
Menge an Auskünften von uns empfangen können. Sämtliche gesammelten Informationen wird der Verbal-Techniker später verwenden, um uns von seinen Zielen zu überzeugen. Gewiss wird er
uns seine Absicht verbergen. Er möchte uns dahin bewegen, dass
Wir sollen glauben, wir nach der Erfüllung seines Zieles glauben, alles selbst entschie-
die Entscheidungen den zu haben. Das ist ein wichtiger Punkt. Indem er uns die Illu-
selbst zu fällen sion unserer freien Entscheidung vermittelt, immunisiert er uns gegen Kritik von außen. Idealerweise werden wir Freunde,
Verwandte, Lebenspartner von unserer (übernommenen) Meinung
überzeugen. Kritik an dem Kommunikator wehren wir ab, weil wir
überzeugt sind, selbst entschieden zu haben.

All dies gehört zum Prozess des Rapports. Wahrscheinlich nehmen
Wir sollen uns wohl wir das trainierte Vorgehen des Kommunikators nicht wahr. „Ein
fühlen angenehmes Gespräch", könnten wir denken. Genau das ist es, was
wir glauben sollen. Wie wir wissen, will der Kommunikator, dass
wir uns wohl fühlen, damit wir uns ihm gegenüber öffnen.

Kalibrieren

Kalibrieren bedeutet so viel wie eichen. In der Kommunikationstechnik verstehen wir unter Kalibrieren ein genaues Wahrnehmen verbaler und nonverbaler Signale. Die Auswertung unserer Signale gibt dem Kalibrierenden Aufschluss über uns. Er kann analysieren, was wir denken und wie wir uns gerade fühlen. Der Rapport-Anwender kalibriert sich auf uns, bis sich seine verschiedenen Beobachtungen zu einer einheitlichen Aussage verdichten. Dieses Verdichten unserer Signale zu einer einheitlichen Aussage über uns wird auch Kongruenz (Übereinstimmung) genannt. Der Kommunikator gewinnt aufgrund der erlernten Technik eine detaillierte Einsicht in uns. Da er auch unsere nonverbalen Signale berücksichtigt, erfährt er teilweise mehr über uns als uns selbst bewusst ist.

In der Psychologie kann diese Technik zur Heilung von Patienten eingesetzt werden. Das unbewusste Verhalten deutet auf die wahren Beweggründe des Patienten hin. Allerdings erleben wir gesunden Menschen beispielsweise in einem Verkaufsgespräch keine therapeutische Sitzung. Dort wird Rapport an uns angewendet, um uns zu beeinflussen. Die Ergebnisse des Kalibrierenden fließen in den Prozess seiner Strategieentwicklung ein. Seine Strategie ist darauf ausgerichtet, uns für sein Ziel einzusetzen.

> Kalibrieren ist eine Kommunikationstechnik, um sehr detaillierte Informationen über uns zu erhalten. Der Kalibrierende beobachtet an uns Folgendes:
>
> → Allgemeiner Zustand: fit, erschöpft, genervt, freudig erregt
> → Atmung: flach, intensiv, tief, ruhig, hektisch
> → Augen- und Lidbewegung: oben, unten, schnell, ruhig
> → Gesichtsfarbe: matt, blass, rosig, frisch, rot
> → Körperhaltung: Hände verschränkt, offene Sitzposition
> → Muskelspannung: angespannt, entspannt, pulsierende Adern
> → Stimmmodulation: laut, leise, heiser, hoch, tief, piepsig

Pacing

Im Anschluss an das Kalibrieren erfolgt das Pacing. Pacing ist ein Begriff aus dem NLP-Bereich, kommt aus dem Englischen und heißt „Spiegeln". Unsere gesamte Ausdrucksweise, verbal und nonverbal, wird vom Kommunikator gespiegelt. Wir könnten auch sagen, der Kommunikator ahmt uns technisch nach, um unser Vertrauen zu gewinnen.

Gespiegelt werden unser/e

→ Atemrhythmus und -frequenz
→ Bevorzugte Wahrnehmungsart: VAKO
→ Gefühlszustand
→ Körperhaltung: Sitzposition, Kopfhaltung, Fingerhaltung ...
→ Kulturelles Denken: Die Eigenheiten der Region, der wir uns zugehörig fühlen oder des Unternehmens, für welches wir arbeiten.
→ Sprache: Tonfall, Dialekt, Interessen
→ Wertvorstellungen: weltliche, religiöse, wirtschaftliche ...

In der Praxis sieht das so aus: Wir unterhalten uns mit dem geschulten Gegenüber. Es hat sich gezeigt, dass wir auf einer gemeinsamen Wellenlänge liegen. Er spricht mit uns, wie es uns gefällt: Die Themen, die für uns interessant und spannend sind, sind es auch für ihn. Er lacht an Stellen, die wir komisch finden, verzieht das Gesicht ähnlich wie wir, wenn wir etwas ablehnen. Rasch gewinnen wir den Eindruck, dass wir einen Gleichgesinnten, einen **Wir öffnen uns einem** Freund, der uns versteht, gefunden haben. Einem Freund erzählen **vermeintlichen Freund** wir, was uns bewegt, welche Wünsche und Ziele wir verwirklichen möchten. Diese Vorstellung (Freund) löst der Kommunikator mit seiner Technik bewusst in uns aus. Für ihn ist es eine effektive Technik, um sein Ziel zu erreichen. Bei uns erweckt Rapport die Illusion einen netten, aufmerksamen, empfänglichen Gesprächspartner vor uns zu haben. Unsere, durch ihn geschaffene Illusion, erscheint uns als die Realität.

Bildhaft formuliert: Der Kommunikator führt mit unserer Hilfe ein Theaterstück auf. Wir sind der Hauptdarsteller und überzeugt, auch der Regisseur des Stückes zu sein. Tatsächlich schreibt uns der Kommunikator das Stück auf den Leib, so dass wir nicht merken, dass er uns im Hintergrund wie eine Marionette an Fäden zieht.

Das Theaterstück wird folgendermaßen gespielt:
Unser Auftritt beim Kommunikator.
Wir bekommen zu hören, was wir hören wollen.
Wir werden behandelt, wie wir es uns wünschen.
Wir entscheiden uns scheinbar selbst.
Wir geben dem Kommunikator unser Geld für sein Produkt
und treten begeistert von der Bühne ab.
Es geschieht, was der Kommunikator will.
Er lacht sich ins Fäustchen: „Wieder jemanden für dumm verkauft!"
Das ist perfekt angewandte Technik.

Dieses fiktive Theaterstück wird täglich millionenfach aufgeführt. Allein wenn wir uns überlegen, wie oft wir freundlich behandelt werden: So wie wir es eben gerne haben. Da könnte es sich, ohne dass wir es bemerken, ebenfalls um eine Kommunikationstechnik handeln. Es gibt dabei unzählige Abwandlungen mit unterschiedlichen Namen. Die Absicht dahinter ist immer die gleiche: Das Gegenüber, uns, im Sinne des Anwenders zu beeinflussen.

Freundlichkeit könnte eine Technik sein

Die Beeinflussung fängt beim Lächeln zur Begrüßung in der Boutique an. Die Verkaufsberaterin in der Boutique findet uns weder attraktiv, noch interessant, noch schätzt sie uns als Menschen. Sie tut uns gegenüber aber so, weil sie sich dadurch bessere Umsätze verspricht. Ihr wurde eine Prämie versprochen für den Fall, dass sie ein bestimmtes Umsatzziel erreicht. Lächeln, nette Worte und Höflichkeiten kosten die Verkaufsberaterin nichts, aber *uns*.
Jedes Mal, wenn wir denken: „Ach, das ist aber ein netter, aufmerksamer Mensch, der meint es gut mit mir", ist Vorsicht geboten. Genau das sollen wir von unserem Technikanwender denken. Das ist Teil seiner Strategie.

Leading und Reframing

Nachdem der Rapport hergestellt ist, kommt der nächste Schritt. Auf der Basis eines guten emotionalen und intellektuellen Kontaktes kann Leading funktionieren.

Unsere Beeinflussung ist beabsichtigt
Leading beabsichtigt eine Motivationsänderung bei uns herbeizuführen. Was verstehen wir unter Motivation? Motivation ist die Summe der Beweggründe, die unsere Entscheidungen und Handlungen beeinflussen. Folglich ist unsere geistige Beeinflussung beabsichtigt, was dann wiederum eine bestimmte Handlung provoziert.

Mithilfe moderner Methoden (NLP, Psychologie) erfolgt, ohne dass wir es bemerken dürfen, ein Eingriff in unsere Einsichten, Überzeugungen und Meinungen. Wir werden von unseren Erfahrungen und unserem Wissen entfremdet, indem unsere Gedanken, unsere Gefühle und unser Geschmack (Ästhetik) entscheidend beeinflusst werden. Die Beeinflussung ist abhängig vom Ziel des Beeinflussenden. Das ist Leading.

Also will der geschulte Verbal-Techniker unsere Motive bewusst verändern, damit wir die von ihm geplante Handlung ausführen. Seine Vorgehensweise: er folgt uns vorübergehend auf unserer geistigen Fährte. Er behandelt uns unserer Vorstellungswelt entsprechend. Für den Kommunikator ist dieses strategische Vorgehen lediglich eine erlernte, effektive Methode zum Erfolg. Bei uns stellen sich aufgrund des Rapports „Wir-Gefühl", Vertrauen sowie Harmonie ein. An diesem Punkt des Gespräches beginnt der Kommunikator, seine Interessen mit ins Spiel zu bringen. Schritt für Schritt verändert sich unsere Sicht der Situation, da er ausgeklügelte Formulierungen, Argumentationsketten, Zahlenbeispiele **Unbewusst folgen wir** und Beweise geschickt in das Gespräch einbaut. Die Argumente **fremden Gedanken** wirken logisch und unerschütterlich durch ihre Logik. Das kann dazu führen, dass wir fremden Gedanken folgen, ohne dies bewusst zu registrieren. Somit kann der Kommunikator seine Vorstellungen in unsere Erkenntnisse verwandeln. Dieses Vorgehen wird Reframing genannt. Wir bekommen, vereinfacht ausgedrückt, eine neue Sicht unserer Vorstellungen vermittelt.

Ein Interessent will sich einen gebrauchten Kleinwagen kaufen. Der Händler plant jedoch ihm einen Kombi zu verkaufen, an dem er gut verdient. Die Motive des Interessenten, Ästhetik und Gewinnstreben, sind Grundlage für die Strategie des Händlers.

Händler: „Hier hätte ich einen Audi A3. Der könnte etwas für Sie sein. Ist auch etwas hochwertiger. Allerdings nicht ganz billig."

Interessent: „Mmmh. So viel Geld wollte ich nicht dafür ausgeben. Was hätten Sie noch anzubieten?"

Der Händler zeigt ihm noch zwei andere Autos, die er allerdings nicht empfiehlt.

Händler: „Tja, ich könnte Ihnen da noch ein Spitzenfahrzeug anbieten: Garagenwagen, Scheckheft gepflegt, Unfall frei, günstig im Unterhalt und sieht richtig elegant aus."

Interessent: „Ja? Was denn für einen?"

Händler: „Wenn Sie möchten zeige ich Ihnen den Wagen. Na, was sagen Sie?"

Interessent: „Der sieht natürlich schon gut aus. Aber er ist ein bisschen groß. Ich wollte ein kleineres Fahrzeug."

Händler: „Ach, der wirkt nur so groß. Er ist nur 50 cm länger als der Audi und bildschön. Den würde ich Ihnen gerne verkaufen, weil er wirklich fantastisch aussieht und ich Ihnen heute auch einen traumhaften Preis machen kann. Allerdings gilt dieses Angebot nur noch heute. Der Chef will den Wagen sonst als Firmenwagen übernehmen." **Reframing**

Interessent: „Ich weiß nicht. Gut sieht er schon aus. Sie meinen, der ist nicht viel länger als der Audi?"

Händler: „Ja. Übrigens, der Wiederverkaufswert des Wagens ist super. Kann ich Ihnen gleich mal zeigen, da werden Sie staunen. Wenn Sie den Wagen 2 Jahre fahren und verkaufen, bezahlen Sie bei meinem Angebot nur das Benzin. Da kriegen Sie ein bildschönes Fahrzeug für Ihr Geld und einen speziellen Außenspiegel für optimales Einparken schenk ich Ihnen!" **Die Vorstellungen (Kleinwagen) werden relativiert**

Beim Reframing werden unsere Erfahrungen und Gefühle in einen neuen Zusammenhang gebracht. Diese neu gewonnene Erkenntnis lässt uns dann im Sinne des Kommunikators handeln (Leading).

Sicherlich bedarf es unsererseits einiger Aufmerksamkeit, Erfahrung sowie der Kenntnis der Techniken, um diese entlarven zu können. Dieses Buch möchte hierbei tatkräftig unterstützen.

Knallharte Business-menschen wenden „softe" Kommunika-tionstechniken an uns an

Die Anwender dieser so genannten soften Kommunikationstechnik sind knallharte Businessmenschen, die uns nur als eine unbekannte finanzielle Größe betrachten. Sie wollen uns nicht über ihre Techniken aufklären, denn dann wären diese ja wirkungslos. Allein die schonungslose Offenheit uns selbst gegenüber kann uns helfen. Jedes Mal wenn wir merken, dass uns geschmeichelt wird, kann es hilfreich sein, innezuhalten. Vielleicht gelingt es uns, einen Moment in uns zu horchen, was wir eigentlich wollen, damit wir unser Ziel beibehalten können.

Zusammenfassung

Sie konnten erfahren, dass durch das Herstellen von Rapport Leading herbeigeführt werden kann. Die einzelnen Schritte sind:

➜ Aufbau eines guten intellektuellen und emotionalen Kontaktes
➜ Verständnis für uns zeigen
➜ Vertrauen, Harmonie und „Wir-Gefühl" herstellen
➜ VAKO: Aufdeckung der Wahrnehmungswelt
➜ Kalibrieren: sich auf uns einstimmen
➜ Pacing: sich uns Schritt für Schritt angleichen
➜ Reframing: unsere Erfahrungen werden in einen neuen Zusammenhang gebracht

> → Leading: eine gewisse Zeit mit uns einen gemeinsamen geistigen Weg gehen, um uns dann in eine andere geistige Richtung zu bewegen

1. Es wird unsere Art des Ausdruckes (verbal und nonverbal) analysiert, um daraus Informationen über unsere Vorlieben und Werte herauszufinden. Anschließend werden wir in der Art und Weise angesprochen, die uns angenehm ist.
2. Es wird so getan, als ob ein persönliches Interesse an unserer Person besteht, um uns für den Kommunikator und seine Ziele einzunehmen.
3. Bestimmte Formulierungen stillen unser unbewusstes Geltungs- und Anerkennungsbedürfnis.
4. Wir werden gegen Kritik an dem Kommunikator und unserer Entscheidung immunisiert.
5. Uns wird bewusst ein neues geistiges Ziel gegeben, damit wir eine Entscheidung zu Gunsten des Motivveränderers fällen. Gleichzeitig wird in uns das Gefühl manifestiert, dass wir diese Motivveränderung freiwillig, ohne jegliche Beeinflussung vornehmen. Dem Anschein nach findet eine freie Entscheidung statt.

Diese Vorgehensweise wird in Seminaren gelehrt und trainiert. Durch die bewusste Analyse unserer Person wird uns vorgetäuscht, dass wir verstanden werden und einen Gleichgesinnten gefunden haben. Wie das am Besten funktioniert, wird in teuren Seminaren gelehrt und trainiert. Somit begegnen wir trainierten, menschlichen Wesen, die ihr freundliches Verhalten für Geld einstudiert haben. Jetzt stellt sich ganz klar die Frage: Verhält sich der geschulte Technikanwender uns gegenüber tatsächlich wertschätzend? Oder können wir von einer tiefen, unbewussten Missachtung unserer Person ausgehen?

Vielleicht sind Sie auf derartige Gesprächssituationen besser vorbereitet, wenn Sie von letzterem ausgehen - zu Ihrer eigenen Sicherheit. Bekanntermaßen tragen ja wir die Verantwortung und auch die Konsequenzen unserer Entscheidungen selbst - seien sie noch so sehr von anderen beeinflusst.

Psychische Voraussetzungen

Konditionierung

Konditionierung bedeutet, dass wir auf einen bestimmten Auslöser hin eine bestimmte Reaktion ausbilden. Wir üben eine bestimmte Reaktion auf einen anfangs neutralen Reiz bzw. Anlass ein. Nach einer gewissen Übung wird der eingangs neutrale Reiz zu einem bestimmten konditionierten Reiz, der die bestimmte konditionierte Reaktion auslöst. Reaktionen können sein: Gedanken, Gefühle, Handlungen oder eine Mischung aus den dreien.

Ein Beispiel für Konditionierung ist: Das Läuten der Kirchenglocken in Deutschland. Wir hören das Glockenläuten und wissen, dass uns damit die Zeit, der Beginn oder das Ende einer religiösen Veranstaltung mitgeteilt wird. Zusätzlich wissen wir, dass es sich bei dem Läuten um Kirchenglocken handelt. Die Kirche ist Symbol und Ort für religiöse Treffen. Die Glocken können auch als Aufforderung verstanden werden, in die Kirche zu kommen. Das Läuten kann uns gefühlsmäßig beispielsweise egal, wichtig oder unangenehm sein. Handlungen können sein: in die Kirche zu gehen, auf die Uhr zur Überprüfung der Uhrzeit zu blicken oder die Arbeit niederzulegen. Sind wir in Deutschland aufgewachsen, haben wir eine deutsche Konditionierung erhalten. In dieser Konditionierung ist auch eine innere Haltung zum Läuten von Kirchenglocken vorhanden. Wir kennen das Geräusch und wissen, was ausgesagt werden soll. Ein Mensch mit einer afrikanischen Konditionierung könnte mit dem Glockenläuten womöglich nichts anfangen. Ihm fehlt diese Konditionierung.

Konditionierung ist in unserem Unterbewusstsein verankert Je nachdem in welcher Umgebung wir aufwachsen, erhalten wir eine dementsprechende Konditionierung. Die Konditionierung ist tief in unserem Unterbewusstsein verankert. Auf Grund von Konditionierung ist es uns möglich, reflexartig zu reagieren. In vielen Situationen kann das sehr hilfreich sein: Wir passen auf, dass wir beim Umgang mit Geräten unverletzt bleiben. Wir achten darauf, dass wir eine Straße sicher überqueren.

Konditionierung umfasst jeden Bereich unseres Lebens: Umgangsformen, Glaubensvorstellungen, politische Einstellungen, Wertvorstellungen, Beziehungen, Geschmack, Ästhetik ...

Konditionierung in allen Lebensbereichen

Stellen wir uns vor, wir wären in einem afrikanischen Stamm geboren. Für uns würden vollkommen andere Umgangsformen, Denkungsarten, Glaubensvorstellungen, politische Einstellungen, Wertvorstellungen, Beziehungen, ein anderer Geschmack und eine andere Ästhetik von Bedeutung sein. Das Klima, das Essen, die Lebensformen und das Umfeld beeinflussen uns.

Im Umkehrschluss bedeutet das: unsere Umgangsformen, Glaubensvorstellungen, Wertvorstellungen und Beziehungsbilder wurden von unserer Umwelt geprägt. Wenn wir jedoch eine so tief greifende Konditionierung erhalten, wo bleibt da noch Raum für etwas eigenes?

Wären wir beispielsweise in Japan aufgewachsen, würde uns roher Fisch (Sushi) wahrscheinlich gut schmecken, wohingegen sich viele Menschen mit deutscher Konitionierung davor ekeln. In Frankreich und Spanien werden Schnecken als Speise zubereitet. Für einen Deutschen kann es Überwindung kosten, Schnecken zu probieren. Selbstverständlich können wir diese Beispiele auch auf die anderen erwähnten Bereiche, wie z. B. Beziehungsbilder, Glaubens- und Wertvorstellungen und Ästhetik übertragen. „Ein/e Deutsche/r" ist eine Sammlung vieler einzelner antrainierter deutscher Verhaltensweisen. Wir können weder sagen, dass der Franzose Recht noch Unrecht hat, Schnecken gerne zu essen. Genauso wenig können wir sagen, dass der Deutsche Recht oder Unrecht hat zu behaupten, Sauerkraut ist köstlich und roher Fisch widerlich. Der jeweilige Geschmack unterliegt in der Regel der Konditionierung. Wir verbinden mit dem Essen von rohem Fisch oder Schnecken bestimmte Vorstellungen. Diese Vorstellungen hindern uns möglicherweise, rohen Fisch oder Schnecken neutral zu kosten.

Wir sind eine Sammlung antrainierter Verhaltensweisen

Eigentlich könnten wir sagen, dass wir die Welt durch einen Filter wahrnehmen: den Filter unserer sozialen Konditionierung. Wir alle haben eine soziale Konditionierung erhalten. Die soziale Konditionierung kann für uns außerordentlich hilfreich sein. Sie macht uns aber auch berechenbar.

Im Berufsleben kommen wir vielleicht in Kontakt mit Menschen aus anderen Kulturbereichen. Damit die Geschäftsbeziehungen erfolgreich verlaufen, bemühen wir uns, die Gepflogenheiten des anderen Kulturkreises zu berücksichtigen. Der Geschäftspartner könnte sich sonst vielleicht von uns zurückgewiesen fühlen. Fühlt er sich zurückgewiesen, wird er unter Umständen den Kontakt abbrechen oder das Geschäft platzen lassen. Uns kann es jedoch genauso ergehen. Wir können gleichfalls auf eine uns unbekannte Verhaltensweise brüskiert reagieren, was zum Abbruch der Geschäftsbeziehungen führen kann. Deshalb informieren wir uns sicherheitshalber im Vorhinein über die Gepflogenheiten des anderen Kulturkreises. Dieses Wissen nutzen wir und servieren unserem Gast beispielsweise Speisen entsprechend seinem Geschmack, damit er sich bei uns wohl fühlt.

Nun gilt dies für unseren Kulturkreis ebenso. Auch wir reagieren auf bestimmte Reize in einer bestimmten Art und Weise. Beispielsweise verhalten wir Deutsche uns untereinander nach bestimmten Verhaltensregeln. Wir werden bereits im Kindesalter mit den Wertvorstellungen unserer Eltern konfrontiert. Unsere Eltern möchten aus uns liebenswürdige, sympathische und erfolgreiche Erdenbürger machen. So bemühen sie sich schon frühzeitig, pädagogisch auf uns einzuwirken. Wir werden darauf trainiert, positive Reaktionen von der Umwelt zu erhalten. Positive Reaktionen wie: Anerkennung, Aufmerksamkeit, Belohnung, Lob, Lächeln, Streicheln. Wir bekommen diese positiven Reaktionen für den Fall, dass wir uns wunschgemäß verhalten. Lob, Anerkennung, Aufmerksamkeit und Belohnung lösen in uns angenehme Gefühle aus. Diese angenehmen Gefühle beginnen wir zu begehren. Wir werden **Wir begehren** durch unsere Umwelt gelehrt, diese Gefühle zu erstreben. Wir be- **positive Gefühle** gehren als Erwachsene diese Gefühle in demselben Maße wie als Kind.

Wie kommt es dazu?

Ein Baby bewegt sich zum eigenen Vergnügen. Zwar können wir versuchen, es zu einem Verhalten anzuregen, beispielsweise zum Krabbeln. Das Baby wird auf unsere Bemühungen nur reagieren, wenn Krabbeln auch seinem Bedürfnis entspricht. Die Bedürfnisse eines Babys sind: Aufmerksamkeit, Liebe, Wärme, Schlaf, Körperkontakt, Essen, Trinken, Sauberkeit. Fühlt sich das Baby wohl, lacht es. Fühlt es sich unwohl, weint und schreit es. Wir können Babys nicht zu einer bestimmten Handlung bewegen, so wie es mit Erwachsenen möglich ist. Ein Baby wird nicht lächeln, weil wir **Babys können wir** ihm sagen, bitte lächle uns an. Ein Kind und ein Erwachsener aber **nicht zum Lächeln** können das. Einem Baby fehlt auch das Bewusstsein für richtiges **überreden** und falsches Verhalten. Wenn es z. B. den Brei ausspuckt, denkt es nicht über die Konsequenzen nach. Auch seine Gefühle drückt ein Baby unmittelbar aus.

Je älter das Baby wird, also zum Kind heranwächst, desto mehr wird es gelehrt, die Wertvorstellungen der Eltern zu übernehmen. Die Werte der Erwachsenen sind: Anerkennung, Liebe, Lob, Erfolg, Beziehungen, Status, Zugehörigkeitsgefühl. Erinnern Sie sich an die Bedürfnispyramide nach Maslow (s. S. 48)?

In wohlgemeinter Absicht setzen Eltern pädagogische Maßnahmen gegenüber ihren Kindern ein. Die Schule, Freunde, Medien und der Arbeitsplatz tragen ebenfalls zu unserer Konditionierung bei. Wir **Wir übernehmen** haben alle eine soziale und emotionale Konditionierung erhalten, **Wertvorstellungen** das heißt, wir haben Werte anderer übernommen und zu unseren **anderer** eigenen gemacht. Für den Fall, dass wir die Werte unserer Umwelt ablehnen, schaffen wir uns Anti-Wertvorstellungen. Es spielt keine Rolle, ob wir pro oder contra einer Sache gegenüber eingestellt sind. Letztendlich liegt unserer Einstellung immer ein Gedankenkonstrukt zu Grunde, das wir einmal von jemandem übernommen haben. Selbst wenn wir davon überzeugt sind, einen eigenen Weg für uns gefunden zu haben, befindet sich dieser innerhalb unseres bekannten geistigen Wissens. Wir könnten sagen, unser Gehirn hat mit den Jahren große Mengen an Wissen zusammengetragen. Dieses Wissen wird möglicherweise intellektuell von uns umgeschichtet, aber wir erfinden nichts neu.

Der Hirnforscher und Professor für Verhaltensphysiologie Gerhard Roth sagte in einem Interview, dass ungefähr 90 Prozent des Gehirns unbewusst sind. „Ich erlebe mich als denkend, fühlend, wahrnehmend oder entscheidend, und ich nehme die 90 Prozent des Gehirns, die mich dazu bringen, nicht wahr. ... Das Bewusstsein verleugnet seinen Produzenten, das Gehirn. Es tut so, als würde es in sich und aus sich selbst existieren." [11]

In Versuchen kann nachgewiesen werden, sagt Roth, dass Personen, die zu kurzen oder zu schwachen Sinnesreizen ausgesetzt werden, diese nicht bewusst wahrnehmen. Im Versuchsverlauf kann durch die der Sinnesreizung folgende Handlung überprüft werden, ob und wie die Sinnesreizung auf die Handlungsentscheidung einwirkt. „Dabei zeigt sich zum Beispiel, dass das Handeln **Wir werden von** massiv von so genannten maskierten, also unbewusst wahrgenom-**unbewusst wahrge-** menen Hinweisreizen beeinflusst wird. Die Versuchspersonen tun **nommenen Reizen** dann etwas und behaupten, sie hätten es aus sich selbst heraus ge-**gesteuert** tan oder aus für sie unerfindlichen Gründen. Aber aufgrund der unbewusst erfahrenen Hinweisreize kann der Experimentator vorhersagen, welchen Knopf die Versuchsperson drücken wird.[12]

Nun könnten wir salopp behaupten, das menschliche Gehirn gleicht der Festplatte eines Computers: Sie kann mit allen möglichen Daten gefüllt werden. Wissenschaftler konnten nachweisen, dass wir auch sozial und emotional konditioniert werden. So stellte der Psychologe Prof. Werner Kroeber-Riehl fest:
In diesem Zusammenhang „... müssen wir uns klar machen, dass die meisten Gefühle gelernt sind: Wir erwerben im Laufe unserer **Die meisten Gefühle** Erziehung, später durch soziale Lernprozesse und durch den Um-**sind gelernt** gang mit Gegenständen, emotionale Haltungen gegenüber unserer Umwelt." [13]
Somit wird unsere Festplatte, das Gehirn, auch hinsichtlich unserer Gefühle programmiert.

Wir lernen, dass ein Herz für Liebe steht. Tränen und Schwarz für Trauer, Lachen für Freude usw. Schickt uns jemand eine Karte mit einem großen roten Herz darauf, wissen wir „Westler", dass uns jemand seine Liebe ausdrücken möchte. Das löst bei uns ein Gefühl aus, welches wir früher im Zusammenhang mit Liebe kennen gelernt haben. So funktioniert die emotionale Konditionierung. Bestimmte Reize werden mit bestimmten Gefühlen verknüpft, was wiederum bestimmte Handlungen zur Folge hat, z. B., dass wir uns freuen, dabei lächeln oder eine ähnliche Karte zurückschicken. Die emotionale Konditionierung geschieht, ohne dass wir sie willentlich beeinflussen können.

Zurückkommend auf die soziale Konditionierung können wir auch hier die Abhängigkeit vom Umfeld nachweisen. In Japan steht die Farbe Weiß beispielsweise für Trauer. Schwarz bedeutet in Ägypten Wiedergeburt und Auferstehung. Naturvölker lächeln bei weitem nicht so oft wie wir westlichen Völker.

Der Professor für Hirnforschung Gerhard Roth deutet an, dass unsere Handlungen von äußeren Reizen ausgelöst werden, was uns nicht bewusst ist. Genau dieses Wissen wird auch in den Kommunikationstechniken genutzt, um uns zu bestimmten Handlungen zu bewegen. Wir erinnern uns an die Absicht der geschulten Kommunikatoren, uns davon zu überzeugen, dass wir die Entscheidung zu einer Handlung selbst getroffen haben. Professor Roth sagt ganz klar: „ ... aufgrund der unbewusst erfahrenen Hinweisreize kann der Experimentator vorhersagen, welchen Knopf die Versuchsperson drücken wird." [12]

Unsere Handlungen sind vorhersehbar

Das Ergebnis unserer Überlegungen zeigt uns, dass wir zwar davon überzeugt sind, eigenständig zu denken, zu fühlen und zu handeln. Erwiesenermaßen aber ist diese Überzeugung eine Illusion unseres Gehirns.

Diese wissenschaftliche Erkenntnis öffnet uns eine neue Sichtweise auf unser Fühlen, Denken und Handeln. Wir sind sozial und emotional konditionierte Wesen. Die Konditionierung erfolgt durch Lob, Anerkennung, Belohnung usw. Diese willkommenen Gefühle möchten wir wiedererleben. Deshalb sind wir zu erheblichen Anstrengungen bereit. Diese Anstrengungen sind eine Kompensation für unsere Minderwertigkeitsgefühle, die durch Vorstellungen oder Handlungen ausgeglichen werden, die beim Betreffenden das Bewusstsein der Vollwertigkeit erzeugen.

Bedürfnisse und Abhängigkeit

Lob und Anerkennung gelten nach Abraham Maslow als menschliche Bedürfnisse. Vielleicht könnten wir unser Streben nach Lob und Anerkennung als eine Art von Abhängigkeit interpretieren. Wir können uns vorstellen, dass wir uns unwohl fühlen würden, müssten wir ohne jegliche Anerkennung, ohne jegliches Lob und ohne jeglichen Status auskommen. Es ist sogar so, dass wir relativ viel unternehmen, um die erstrebenswerten Wohlgefühle von Lob, Status und Anerkennung zu erlangen. Diese Bedürfnisse sichern keinesfalls unser Überleben. Trotzdem kann das Gegenteil von Lob, also Tadel dazu führen, dass wir uns klein und elend fühlen. Sicherlich kennen wir das Gefühl, etwas falsch gemacht zu haben. Die Konsequenzen sind uns unangenehm. Vergessen wir eine Essenseinladung, verlegen wir ein wichtiges Dokument oder fahren wir bei Rot über die Ampel, verurteilen wir uns für dieses Verhalten. Wir bekommen ein schlechtes Gewissen. Spricht uns jemand auf den Fehler an, fühlen wir uns vermutlich richtig unwohl.

Lob lässt uns aufblühen

Woher kommt es, dass wir uns so unwohl fühlen bei Tadel, Kritik und Maßregelung, wohingegen Lob und Anerkennung uns aufblühen lassen? Im Folgenden gehen wir auf die Suche nach den psychologischen Wurzeln dieser Gefühle, in unsere Kindheit.

Kinder sind von ihrer Umgebung abhängig

Babys sind durch Lob zu keiner Handlung zu motivieren, es sei denn, sie selbst wollen es. In diesem zarten Alter beginnt die Umgebung mit der Einflussnahme. Das Kind lernt allmählich durch Lob und Tadel bestimmte Verhaltensweisen, Reaktionen und Gefühle. Die bereits erwähnte soziale und emotionale Konditionierung beginnt. Als Kind sind wir von unserer Umgebung abhängig. Wir sind auf die Unterstützung und das Wohlwollen der Eltern angewiesen. Eltern setzen pädagogische Maßnahmen ein, um ein Kind zu erziehen. So erfahren wir eine Konditionierung auf Lob und Anerkennung. Machen wir etwas gut, erhalten wir eine Belohnung, ein Lob, eine Anerkennung usw. Es versteht sich von selbst, dass dieses Lernen das Kind auch darin unterstützt, sich in seiner Umwelt zurechtzufinden. Gleichzeitig lernen wir jedoch uns so zu verhalten, dass wir Lob und Anerkennung von unserer Umwelt erhalten. Die Freude an Lob wirkt unterstützend bei der sozialen und emotionalen Konditionierung. Konditionierung ist grundsätzlich sinnvoll. Lernen wir doch durch sie, relativ unbeschadet durchs Leben zu kommen.

Kritik, Maßregelung und Ablehnung lernen wir zu vermeiden. Als Kind erfuhren wir Maßregelung zumeist in Zusammenhang mit einer Zurückweisung durch unsere Bezugsperson. Der Mensch, der für uns am wichtigsten war, wies uns zurück, lehnte uns ab, weil wir uns falsch verhielten. Eltern reagieren auf Fehlverhalten ihrer Kinder möglicherweise mit Liebesentzug. Dieser Liebesentzug ist variantenreich: Hausarrest, keinen Kuss, wegschieben, vernichtende Blicke, verächtliche Gesten, nicht mehr miteinander sprechen, nicht mehr anschauen, verbal verunglimpfen, Bestrafungen, Kopfnüsse, schubsen, schütteln, anschreien, vor anderen bloßstellen, auslachen, Ironie.

Als Kind fühlten wir uns in so einer Situation zurückgewiesen, in unseren Grundfesten erschüttert, haltlos. Den damit verbundenen tiefen Schmerz wollten wir vermeiden. Jeder von uns weiß, wie wir früher behandelt wurden. Oft beschlichen uns damals Gedanken wie z. B.: „So werde ich mich nie wieder behandeln lassen! Das werde ich später alles anders machen. Hoffentlich bin ich bald groß und stark." Derartige Verletzungen in jungen Jahren sind so tief, dass die erwähnten Gedanken wahrscheinlich irgendwann verdrängt werden. Im Unterbewusstsein arbeiten sie jedoch in uns weiter und beeinflussen unsere Sicht der Welt. Wie wir bereits wissen, stellte der Hirnforscher Professor Gerhard Roth fest, dass 90 % des Gehirns unbewusst sind, jedoch unsere Entscheidungen beeinflussen. Also beeinflussen auch unsere verdrängten, unbewussten Gedanken unsere Entscheidungen. Die Heftigkeit des subjektiv empfundenen Schmerzes ist ausschlaggebend für unseren späteren Umgang mit unangenehmen Situationen.

Zurückweisungen verletzen uns tief

Im Kindesalter haben wir kaum Möglichkeiten, die Vorgehensweise der Eltern in Frage zu stellen. Wir sind ihre Schutzbefohlenen. Die Eltern selbst handeln nach bestem Wissen und Gewissen – sie haben diese leidvollen Situationen selbst durchlebt. Sie geben

Eltern geben ihr Bestes

das an uns weiter, was sie erfahren haben. Häufig begegnen wir Erwachsenen, die die selbst erlebten Erziehungsmaßregeln im Nachhinein als richtig ansehen. Unsere Eltern vermitteln uns auch den Gedanken, dass sie uns erziehen, damit wir es später einmal leichter haben im Leben. Sie wollen uns nur Gutes tun: „Es ist alles zu deinem Besten. Glaube uns." Nachdem wir solche oder ähnliche Formulierungen tausendmal gehört haben, glauben wir sie. Diese Konditionierung bereitet den Boden für unser Verständnis von „richtiger" Erziehung, die wir dann modifiziert an unsere Kinder weitergeben.

Extrem verletzte, sensible Kinder können später besonders ehrgeizige, harte, perfektionistische und auf Unabhängigkeit abzielende Erwachsene sein.[14] Sie haben bereits im Kindesalter beschlossen, diese unerträgliche Ablehnung nicht mehr fühlen zu wollen und in der Konsequenz sich von ihren Gefühlen radikal abzuschneiden. Sie bauen sich eine prächtige Fassade aus Erfolg, Status und Unabhängigkeit auf, hinter der sie ihre Verletztheit, ihre Unsicherheit und ihre Gefühle verbergen. Diese Fassade bietet ihnen scheinbar

Eine Fassade bietet Schutz - aber auch emotionale Einsamkeit

Schutz, bedeutet jedoch gleichsam die emotionale Einsamkeit. Denn der Umwelt will das Kind seine Ängste nicht zeigen, weshalb es sich in sich zurückzieht. Es erlebt sich als unfähig. In der übermächtigen Elternwelt kann es nur überleben, wenn es sich dem Bild der Eltern anpasst. Das Kind bastelt sich ein Idealbild seiner Selbst und versucht diesem zu entsprechen. Dieses Ideal hat viel mit den Vorstellungen der Eltern zu tun. Die dem „Wahren Selbst" eigenen Gefühle, Bedürfnisse, ja die gesamte Identität wird verleugnet. Daraus entsteht für das Kind ein lebenslanger Kraftakt zwischen dem tatsächlichen „Wahren Selbst" und dem idealisierten

Das „Wahre Selbst" wird verleugnet

Selbst. Das Aufrechterhalten der prächtigen Fassade kostet uns Menschen viel Kraft. Die Angst vor schmerzvollen Gefühlen treibt uns zu diesem Kraftakt an. Der Grund dafür ist, dass uns ein einfühlsamer Mensch fehlte, der uns um unserer Selbst willen liebte. Denn dann hätten wir uns nicht zu verstellen brauchen, um Zuneigung und Bestätigung zu bekommen. Eigentlich wünschen wir uns als Kind, dass uns Mama und Papa in den Arm nehmen und uns lieb haben.

Die Liebe, der wir begegnen, ist im Allgemeinen an Bedingungen geknüpft: Ist das Verhalten so und so, liebe ich sie/ihn. Verhält sie/er sich anders, liebe ich sie/ihn nicht mehr und will nichts mehr mit ihr/ihm zu tun haben. Liebe, die das Gegenüber ausdrückt, weil es sie/ihn um seiner Selbst willen liebt, gibt es selten. Es wird so viel von Liebe geredet, gesungen und berichtet. Das sind nur Worte. Worte sind keine Taten. Hundertmal „ich liebe dich" gesprochen bringt weder das Frühstück auf den Tisch, noch finanziert es unser Leben. Im Leben zählen nur die Taten. Worte bringen uns nicht von A nach B. Schon in der Bibel steht „an den *Taten* werdet ihr sie erkennen". Da steht nichts von Worten.

Liebe ist im Allgemeinen an Bedingungen geknüpft

Heute sollen materielle Güter Liebe ersetzen. Kinderzimmer sind übervoll mit Spielsachen, aber eine einfühlende Bezugsperson, die sich auf die Belange des Kindes einlässt, angemessen auf das Kind reagiert, ist selten. Da verwundert es keineswegs, dass die unausgedrückten Gefühle sich im Unterbewusstsein ansammeln und unsere Gesellschaft an zunehmender Verrohung und Gefühlskälte leidet.

Heutzutage ersetzt Materie einfühlende Bezugspersonen

Natürlich leiden wir nicht ausschließlich während unserer Kindheit. Eltern weisen Kinder auch nicht ständig zurück. Je stärker wir als Kind unter Maßregelungen gelitten haben, umso mehr liegt uns an der Vermeidung solcher Situationen. Das bedeutet wiederum, dass wir später in stärkerem Maße nach Lob und Anerkennung streben. Unser Gehirn wird von klein auf trainiert, auf Lob und Tadel zu reagieren. Wir verbinden mit Lob angenehme Gefühle und Situationen. Wir erfahren bestimmte Handlungen als erstrebenswert, da sie uns das gewünschte Ergebnis (Lob) präsentieren.

Wir sind trainiert, auf Lob und Tadel zu reagieren

Die Diplom-Psychologin Dr. Bärbel Wardetzki schrieb zu diesem Thema:
„Wird ein Kind beispielsweise nur dann gelobt oder wahrgenommen, wenn es gute Leistungen erbringt wie frühes Sprechenlernen, besser malen können als die anderen, beste Leistungen in der Schule, dann wird es sich bemühen, seine Eltern mit herausragenden Erfolgen zu erfreuen, um dadurch die Zuwendung zu bekommen, die ihm eigentlich auch ohne Leistung zustehen würde. Seine Erfahrung über sich wird sein: Ich bin nichts wert, nur meine

Wir definieren unseren Selbstwert über Leistung

Leistungen zählen. Was es ist, was ihn als Mensch kennzeichnet, welche persönlichen Werte ihn auszeichnen, all das entgeht ihm. Seine Identität und seinen Selbstwert erhält es einzig durch Leistungen. Versagt es einmal, bricht sein Bild von sich zusammen, denn es hat ja dann nichts mehr, auf das es seinen Selbstwert aufbauen kann." [15]

Mit zunehmendem Alter wächst unsere Entschlossenheit, schmerzhafte Situationen bewusst zu vermeiden. Wir wollen uns beweisen, dass wir jemand sind, etwas darstellen, etwas können, etwas wert sind. Unbewusst werden hier die Weichen für die Stärke unserer Motivierbarkeit durch Lob und Anerkennung gestellt.

Wir suchen auch als Erwachsene in der Welt nach Lob und Anerkennung

Irgendwann verlassen wir die elterliche Umgebung. Die Welt öffnet sich uns. Wir beweisen uns in der Welt: Schule, Beziehungen, Beruf. Wie bereits bei den Eltern suchen wir in der Welt nach Lob und Anerkennung. Anfangs in der Schule, danach in der Universität, im Beruf und in unseren Beziehungen. Der Partner spendet uns Lob und Anerkennung für unser Verhalten. Der Chef äußert sich lobend über unsere Arbeit. Jeder von uns ist zufrieden, erhält er Lob und Anerkennung. Betrachten wir unser kindliches Verhalten, die Bemühung nach Lob und Anerkennung, und vergleichen dies mit unserem Verhalten als Erwachsene, stellen wir fest, dass es unterschiedliche Facetten in unseren Bedürfnissen nach Lob und Anerkennung gibt, das Bedürfnis jedoch existiert nach wie vor. Unbewusst erwarten wir für fast alles Lob und Anerkennung.

Warum soll ein erwachsener Mensch auf Lob und Anerkennung angewiesen sein? Haben wir nicht gelernt, etwas um einer Sache willen zu tun? Müssen wir wirklich für alles, was wir tun Bestätigung einheimsen? Ist das erwachsen? Was tun wir alles, um Lob und Anerkennung zu erhalten?

Natürlich leben wir ohne Lob und Anerkennung weiter, aber eben nicht so angenehm. Die Tatsache, dass wir Lob und Anerkennung für uns reklamieren, wird im gesellschaftlichen Umgang berücksichtigt. Wirtschaft, Politik und Werbung nutzen das von Psychologen erforschte Wissen über unsere Psyche zur Durchsetzung ihrer Interessen. Forschungsergebnisse, die uns Menschen mehr über uns zeigen, uns helfen sollten, werden dazu verwendet, uns besser beeinflussen zu können. Je stärker wir auf Lob und Anerkennung reagieren, desto leichter sind wir zu beeinflussen. Wir führen Handlungen im Sinne der Psychostrategen aus, da unser Verhalten aus einer einzigen Vermeidungsstrategie besteht (Vermeiden von Maßregelung, Kritik, Ablehnung). Wir werden die Mechanismen der Beeinflussung in den nachfolgenden Abschnitten detailliert besprechen.

Je stärker wir auf Lob und Anerkennung reagieren, desto leichter sind wir zu beeinflussen

Funktionsweise des Anerkennungsbedürfnisses

1. Kindliche Konditionierung auf Lob und Anerkennung

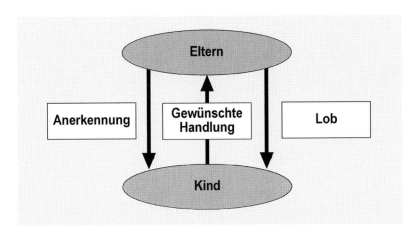

2. Folgen der Konditionierung auf Lob und Anerkennung

Narzissmus – eine Gesellschaftskrankheit

Narcissus hieß ein Jüngling in einer griechischen Sage, der sich in sein Spiegelbild verliebte. Davon leitet sich der Begriff Narzissmus ab. Im landläufigen Sinne verstehen wir darunter Ich-Bezogenheit, Selbstliebe und Selbstbewunderung. Das ist noch keine Krankheit. Wie Abraham Maslow herausfand, gehört es zum Grundbedürfnis des Menschen, seinen Selbstwert durch Anerkennung und Bestätigung zu erhöhen.

Wenden wir uns der Definition von Professor Dr. rer. nat. Dipl.-Psych. Dr. med. Jürgen Dahmer zu. Er definiert Selbstwertgefühl in folgender Weise:

„Selbstwertgefühl nennt man das Bewusstsein der eigenen Geltung. Sie beruht auf der Anerkennung, Zuneigung und Bewunderung durch andere oder auf der Meinung, die man von seinem eigenen Wert hat."[16]

Normal ist ein gesundes Selbstwertgefühl, das durch Bestätigung, Ermutigung und optimale Frustration wächst. Je gesünder das Selbstwertgefühl ist, desto geringer ist das Bedürfnis nach Anerkennung, Bewunderung, permanenter Bestätigung und Liebesbezeugungen.

Je gesünder das Selbstwertgefühl, desto geringer ist das Bedürfnis nach Anerkennung

Wie kommt es nun, dass Narzissmus zu einer Gesellschaftskrankheit geworden ist? Vielleicht können wir die Entwicklung unserer Gesellschaft zum Narzissmus besonders leicht nachvollziehen, wenn wir das Konzept des amerikanischen Psychoanalytikers Heinz Kohut zur Erklärung heranziehen. Er entwickelte bereits in den 70er Jahren des Zwanzigsten Jahrhunderts ein bekanntes und einflussreiches Konzept der psychoanalytischen Erfassung von Narzissmus. Sehen wir uns die sehr treffende Zusammenfassung von Kohuts Konzept an:
„Dieses Konzept zur psychoanalytischen Erfassung seelischer Tatbestände geht von der Grundannahme aus, dass es zwei voneinander relativ unabhängige psychische Entwicklungslinien gibt: Die narzisstische Entwicklungslinie führt zu Beziehungen, in denen andere als Selbst-Objekt erlebt werden, d.h. als Teil, als Stütze oder Vergrößerung des eigenen Selbst. Die ödipale Entwicklungslinie führt zur libidinösen Besetzung von Objekten, d.h. zur gestalteten Beziehung zu einem Partner, einem Gegenüber.

Am Beginn der kindlichen Entwicklung steht die Symbiose zwischen Mutter und Kind. Die frühe Einheit wird jedoch durch unabänderliche Grenzen in der mütterlichen Fürsorge und Betreuung gestört. Diese Störung, die die kindlichen Winzigkeits- und Insuffizienzgefühle ins Grenzenlose wachsen lassen kann, beantwortet das Kind – nach Kohut – mit dem Aufbau einer idealisierten Elternimago und eines Größen-Selbst. Die versorgenden Mächte, also Vater und Mutter, erscheinen übergroß bzw. unendlich und allumfassend ausgeweitet. Das Kind erlebt dann: ‚Weil ich ein Teil von ihnen – den Elternimagines – bin, also an ihrer Allmacht Anteil habe, muss ich keine Angst mehr haben.'

Zum anderen kann es angstmindernd wirken gegenüber allen andrängenden Nichtigkeitsgefühlen, wenn sich das Kind als ‚das Ganze' fantasiert, als ein alle einschränkenden Dimensionen sprengendes ‚Größenselbst', das unteilbar, allmächtig und von äußeren Umständen unabhängig ist.

Erfahrene Liebe sorgt für ein abnehmendes Bedürfnis nach Anerkennung

Je mehr dieser ursprünglich kindhafte und für die entsprechende Frühphase notwendige seelische Zustand im Laufe des Lebens durch Bestätigung und Ermutigung, aber auch durch optimale Frustration, zu Selbstwertzuwachs führt, desto weniger wird das Bedürfnis nach Bewunderung, Anerkennung, kontinuierlichem Geliebtwerden zur Selbst-‚Sucht', die immer neues Agieren fordert. Die natürliche Spannung zwischen dem, was ein Mensch ist, und dem, was er gerne sein möchte, wird immer weniger als unerträgliche Diskrepanz erlebt, eben weil das Größenselbst und die idealisierte Elternimago langsam abgebaut werden können.

Einerseits wird so das ‚innere Ziel' zum Motor für ein verbessertes Handeln, differenziertes Denken und Fühlen. Zum anderen können unvermeidliche Niederlagen auf diesem Weg mit Weisheit und Humor erlebt und aufgefangen werden. ...

Diese positive Entwicklung ist nicht selbstverständlich. Nur allzu oft bleibt mehr als der normale Rest an kindhafter Einstellung bzw. infantilem Verhalten quälend bestehen. Ein Mangel an empathischer Zuwendung beider Eltern macht es dem Kind fast unmöglich, ein kohärentes Selbst zu bilden, und das Größenselbst und die idealisierten Elternimagines aufzugeben."[17]

Modell der Phasen eines gesunden Narzissmus

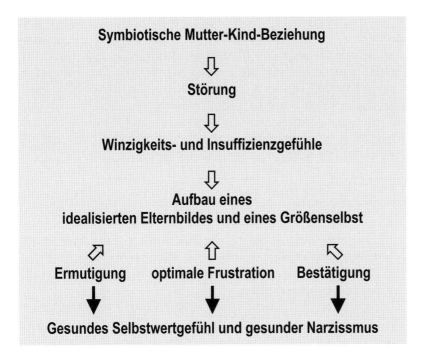

Wir haben nun von Kohut gelernt, dass wir als Kind eine symbiotische Mutter-Kind-Beziehung erleben. Irgendwann wird diese enge Beziehung gestört. Die Mutter kommt an ihre Grenzen, was unsere Fürsorge und Betreuung betrifft. Sie weist uns zurück (s. S. 103). Diese Störung der Beziehung kann in uns zu extremer Hilflosigkeit und zu starken Minderwertigkeitsgefühlen führen. Als Antwort, sagt Kohut, bauen wir ein idealisiertes Elternbild plus ein Größenselbst auf. Die Eltern erscheinen uns dann übermächtig, allumfassend. Das ist normal. Wir denken: „Ich gehöre zu ihnen, den Allmächtigen, deshalb muss ich keine Angst haben. Ich bin ein Teil von ihnen." Hinzu kommt die Fantasie, resultierend aus dem Gefühl extremer Winzigkeit, dass wir ein alle Einschränkungen überwindendes „Größenselbst" haben. Wir sind allmächtig und unabhängig in unserem „Größenselbst". Diese Gefühle sind notwendig für unsere frühkindliche Entwicklung. Im Laufe unseres Lebens wird dieser Zustand uns durch Bestätigung, Ermutigung und das optimale Maß an Frustration ein gesundes Selbstwertgefühl bescheren. Für diese gesunde Entwicklung unseres Selbstwertgefühles sind einfühlsame Eltern unumgänglich. Eltern, die sich in uns einfühlen, Empathie zeigen. Ihre Empathie ermöglicht eine passende Reaktion auf unser kindliches Unbehagen. Hilfreich ist für uns die liebevolle Umarmung durch Mutter und Vater. Dies vorausgesetzt, entwickeln wir unsere Bedürfnisse, Gefühle und unsere Identität unserem „Wahren Selbst" entsprechend. Sind wir erwachsen, können wir Fehler mit Weisheit und Humor beantworten; Kritik nehmen wir aufmerksam und gelassen entgegen, weil wir uns unseres Wertes sicher sind. So sieht der Idealfall aus.

Diese Darstellung mag den Anschein erwecken, als handle es sich um ein neuzeitliches menschliches Problem. Der Psychoanalytiker Sigmund Freud, Begründer der Psychoanalyse, hat sich mit dem Thema Narzissmus allerdings bereits Anfang des Zwanzigsten Jahrhunderts beschäftigt. So beschreibt der Psychoanalytiker Priv.-Doz. Dr. med. Wolfgang Zander die Bedeutung von Freud für die Erforschung des Narzissmus:

„Freud hat hierzu bereits einen wesentlichen Beitrag geleistet, wenn er davon sprach, dass der primäre Narzissmus, die erste Selbstliebe des Kindes in einen sekundären übergehen kann. Auf dem Boden der ersten Selbstliebe versucht ein Kind, sich die Welt und seine Objekte zu erobern. Stößt es dabei auf Ablehnung, erfährt es dadurch, wie wir auch sagen könnten, eine primäre Kränkung. Es zieht sich dann auf sich selbst zurück, und es kommt zur Ausbildung des sekundären Narzissmus. Als Ersatz für die eigene Person, der ehemals die Liebe galt, entwickelt das Kind nun als weiteres Liebesobjekt das so genannte Ideal-Ich, ein idealisiertes Bild seiner Selbst, das es in der Folgezeit zu erreichen anstrebt."[18]

Viele Menschen leiden unter ihrem Größenselbst

Wie wir durch den Psychologen Kohut bereits wissen, „bleibt nur allzu oft mehr als der normale Rest an kindhafter Einstellung bzw. infantilem Verhalten quälend bestehen." (s. S. 110) Ziehen wir den Umkehrschluss: Ein großer Teil der Menschheit leidet unter dem Narzissmus, dem Größenselbst, wobei die Ausformung des Narzissmus individuell ist. Der Narzissmus des Einen ist stärker ausgeprägt als der des Anderen. In gleicher Weise äußert sich der Psychoanalytiker Zander. Er geht sogar noch einen Schritt weiter:

„Es mag einige wenige ungewöhnliche Menschen geben, die sich ihrer Selbst sowohl äußerlich wie innerlich in Bezug auf ihre Werte so sicher sind, dass sie ohne Bestätigung, Lob und Anerkennung von anderen Menschen auskommen. Im Allgemeinen aber ist es eine Illusion zu glauben, unser Selbstwertgefühl, unsere Selbstachtung sei – auch wenn wir darin ‚ruhen‘ – nicht zu erschüttern, sei unabhängig davon, wie andere über uns denken, über uns reden, wie sie mit uns umgehen." [19]

Nur wenige Menschen können ohne Bestätigung, Lob und Anerkennung auskommen

Halten wir fest: Die Wirklichkeit präsentiert sich uns in Form der Überreste unseres kindlichen „Größenselbst" oder „Grandiositäten-Ichs". Angesichts unserer Minderwertigkeitsgefühle, Selbstzweifel und Hilflosigkeit nähren wir unser „Grandiositäten-Ich" - unseren Narzissmus. Auch Bärbel Wardetzki hat diese Sichtweise. Sie schreibt:

„Das heißt, der Betroffene hat seine Gefühle, Wünsche und Bedürfnisse zu Gunsten einer Fassade aus Selbstsicherheit, Leistung, Perfektionismus, Attraktivität und scheinbarer Unabhängigkeit aufgegeben. Er versucht, ein Ideal von sich zu erfüllen, das ihm genau vorschreibt, wie er zu sein hat: dynamisch, lebendig, fehlerlos, nicht traurig, unendlich leistungsfähig, schlank, immer gut drauf, keine Schwächen zeigend, sich keine Ruhe gönnend, ja er muss besser und schöner sein als alle anderen, einfach einzigartig.

Wir versuchen ein Ideal von uns zu erfüllen

Die Triebfeder für das Erreichen dieses Ideals sind starke Selbstzweifel und Minderwertigkeitsgefühle, die durch die perfekte Fassade ausgeglichen werden sollen. Das Gefühl, nicht gut genug zu sein, führt zu unermüdlicher Strebsamkeit und dem Druck, keine Fehler machen zu dürfen. ... Die Befürchtung, nicht richtig zu sein, erzwingt die Anpassung an die Erwartungen der anderen. Im Grunde geht es immer darum, unter allen Umständen die Minderwertigkeit zu verstecken und die Grandiosität, die perfekte Fassade zu erhalten. ... Aber nicht nur die Minderwertigkeit wird versteckt, es wird auch der lebendige Teil des Selbst, der ‚Lebensspender‘ abgespalten. Dadurch sind Gefühle, Wünsche und Bedürfnisse ebenso wenig zugänglich wie das Erleben von Identität im Sinne von ‚Die/der bin ich‘ und das Grundgefühl, auf dieser Welt einen Platz zu haben und willkommen zu sein. ... Narzisstische Menschen identifizieren sich im Laufe der Zeit immer mehr mit ihrem

Hinter der glänzenden Fassade verstecken wir unsere Minderwertigkeitsgefühle

Das falsche Selbst erhält einen höheren Stellenwert als die eigene Identität

‚falschen Selbst' und halten das für ihre Person. Wichtig ist nicht das, was sie wollen und fühlen (‚wahres Selbst'), sondern das, was sie darstellen müssen (grandioses Ideal), und das, was sie unter allen Umständen verbergen wollen (Minderwertigkeit)."[20]

Persönlichkeitsmodell

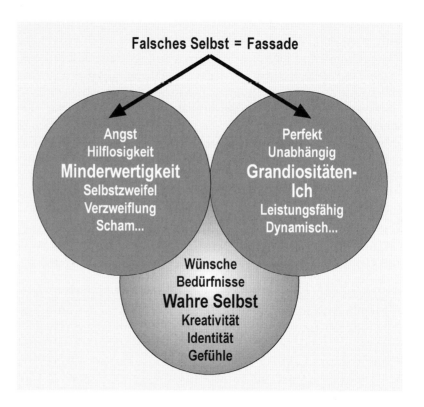

Wir betäuben unsere Gefühle durch eine perfekte Fassade. Alles, was wir unternehmen, um unseren Gefühlen von Minderwertigkeit, Angst, Scham, Verzweiflung und Hilflosigkeit zu entgehen, dient dem Aufbau unseres „Grandiositäten-Ichs". Dieses „Grandiositäten-Ich" entstand aus der kindlichen Allmachtsfantasie. Da wir unsere Verletzungen nicht durchfühlen konnten und wollten, schafften wir uns einen imaginären Schutz. Wie ein Theaterkostüm umgibt uns das „Grandiositäten-Ich", wird zu unserer zweiten Haut. Doch es ist eine Fantasie. Eine Fantasie, die nur durch unsere endlosen Bemühungen nach Anerkennung existiert, in die wir uns verlieben und die wir pflegen. Eine Fantasie, die für uns zur Realität geworden ist, nennt Wardetzki eine narzisstische Störung. Das „Grandiositäten-Ich" wird zu unserer zweiten Haut, die uns den direkten Kontakt mit unseren wirklichen Gefühlen und unserer Umwelt verwehrt. Wir haben diese Fantasie selbst geschaffen und leiden unter ihr. Denn wir sind gezwungen, unzählige Anstrengungen auf uns zu nehmen, um unserem Idealbild gerecht zu werden. Gehört ein sportliches Aussehen zu unserem Ideal, werden wir Sport treiben, Diät halten und ins Solarium gehen. Wir glauben, nur geliebt und anerkannt zu werden, falls wir es schaffen, unserem Ideal zu entsprechen. Wir bemühen uns dem „Grandiositäten-Ich" zu entsprechen, weil wir tief in uns überzeugt sind, ansonsten „nicht richtig" zu sein. Die Gefahr, dass jemand unseren Schwindel aufdeckt, ist groß. Deshalb reagieren wir heftig auf jeden vermeintlichen Angriff auf unser dünnhäutiges „Grandiositäten-Ich".

Wir glauben, nur unser Idealbild kann geliebt werden

Unser „Wahres Selbst" verbirgt sich hinter Minderwertigkeitsgefühlen und Selbstzweifeln. Um die psychischen Schmerzen von Zurückweisungen zu vermeiden, kreieren wir unser „Grandiositäten-Ich". „Grandiositäten-Ich" und Minderwertigkeit existieren nebeneinander. Kratzt jemand an unserem „Grandiositäten-Ich", fühlen wir uns unangenehm berührt. Die Ursachen für die Unwohlgefühle liegen in unserer Psyche verborgen, zumeist tief in unserem Unterbewusstsein abgespeichert.

Unser „Wahres Selbst", unser Quell für Lebensfreude, Wünsche, Gefühle und unsere Bedürfnisse, wird von uns verleugnet. Unsere Identität wird ersetzt durch unser „Falsches Selbst". Wir streben nach Erfüllung unseres Idealbildes. Der Psychologe Paul W. Pruysers, früherer Direktor der Menninger Foundation, eine der führenden amerikanischen Psychiatrischen Kliniken, vertritt folgenden Standpunkt: „Es gibt überzeugende empirische Beweise für die dynamische Wirklichkeit eines primären Narzissmus in jedermanns Leben, ja, die Jagd nach Selbstbewunderung, Selbsterhöhung oder Selbstversunkenheit kann so erbarmungslos sein, dass jemand aus reiner Erschöpfung stirbt."[21] (s. S. 201)

Unsere Identität ersetzen wir durch das „Falsche Selbst"

Er sagt, dass jeder narzisstisch ist, also auch wir. Narzissmus ist demgemäß, wie eingangs angedeutet, eine moderne Gesellschaftskrankheit. Seine Ausprägung in uns ist je nach Kindheit unterschiedlich.

Wie wir inzwischen wissen, hat eine Störung der Mutter-Kind-Symbiose das „Grandiositäten-Ich" zur Folge. Dies gehört zur frühkindlichen Entwicklungsphase. Später kann es dazu kommen, dass es während des Erwachsenwerdens nicht oder nicht vollständig verschwindet.

Wir tragen Masken

Was wir nun aufgrund unseres Wissensstandes nicht mehr von der Hand weisen können, ist folgende Tatsache: Wir Menschen bilden ein „Grandiositäten-Ich" aus. Dieses dient der Abwehr von als negativ empfundenen Gefühlen. Das Vorhandensein des „Grandiositäten-Ichs" bedingt das „Falsche Selbst". Also könnten wir sagen, dass wir alle eine mehr oder weniger große Maske tragen, hinter der wir uns verstecken.

Die von vielen Psychologen zusammengetragenen Erkenntnisse über unsere Psyche stehen der Wirtschaft zur Verfügung, da hier oft unternehmensinterne Psychologen beschäftigt werden oder auf Forschungsergebnisse der Wirtschaftspsychologen zurückgegriffen wird. Bedauerlicherweise bietet die Kenntnis der Existenz unseres „Grandiositäten-Ichs" Psychologen, Marketingstrategen und psychologisch geschulten Menschen die Möglichkeit, uns nicht zu unserem Vorteil zu beeinflussen.

Marketing soll unseren Selbstwert scheinbar erhöhen

Sie wissen um unsere heimlichen Ängste, unser Ideal nicht erfüllen zu können. Deshalb nutzen sie unsere Verletzbarkeit durch Zurückweisungen respektlos aus, um ihre Geschäfte zu machen. Wie? Aufgrund des von Abraham Maslow erforschten Bedürfnisses nach Selbstwerterhöhung soll Marketing unseren Selbstwert scheinbar erhöhen. Alles, was Marketing will, ist unseren Selbstwert scheinbar zu erhöhen. Denn dann sind wir zufrieden. Das Bedürfnis nach Selbstwerterhöhung ist befriedigt. In welchem Bereich wir unseren Selbstwert erhöhen möchten, ist individuell verschieden. Grundsätzlich gibt es neun unterschiedliche Motivationstypen. Wir erinnern uns an „BUGGIWÄGS" aus dem Abschnitt über Motivfindung (s. S. 80 ff). Bei der Motivfindung geht es darum, herauszufinden, was wir schätzen. Anders ausgedrückt: Es geht darum zu entdecken, wodurch wir glauben, unseren Selbstwert am geeignetsten erhöhen zu können. Zur einfacheren Demonstration nochmals die Übersicht für uns:

B equemlichkeit: Das Produkt/die Dienstleistung erleichtert die Lebensumstände.

U mweltbewusstsein: Das Produkt/die Dienstleistung entspricht den persönlichen Vorstellungen von Umweltschutz.

G ruppenzugehörigkeit: Das Produkt/die Dienstleistung wird von einer bestimmten Bevölkerungsschicht anerkannt.

G ewinnstreben: Das Produkt/die Dienstleistung verspricht finanzielle Gewinne.

I nformation: Das Produkt/die Dienstleistung bestätigt die Person als informiert und intellektuell.

W ertschätzung: Das Produkt/die Dienstleistung erhöht oder bestätigt das Ansehen.

Ä sthetik: Das Produkt/die Dienstleistung bestärkt den eigenen Stil.

G esundheit: Das Produkt/die Dienstleistung stellt die gesundheitlichen Aspekte in den Vordergrund.

S icherheit: Das Produkt/die Dienstleistung unterstützt das Sicherheitsdenken.

Marketingstrategen wollen unsere Motive nur aufdecken, um uns zu beeinflussen. Unsere Motive dienen dem punktgenauen Aufbau einer Beeinflussungsstrategie. Diese Strategie veranlasst uns Geld für die offerierte, scheinbare Selbstwertsteigerung auszugeben. Wir wollen unser Bedürfnis nach Selbstwertbefriedigung stillen. Das funktioniert nur, weil in uns Reste eines kindlichen Verhaltens **Wir sind froh, wenn** existieren: Wir fühlen uns minderwertig und haben Selbstzweifel. **unser Selbstwert** Daher sind wir froh, wenn uns jemand hilft, unser Selbstwertgefühl **erhöht wird** zu erhöhen, sei es auch nur zum Schein. Das Bedürfnis nach der Erhöhung des Selbstwertgefühls hat seine Wurzeln in unserem oft unerfüllten kindlichen Bedürfnis in den Arm genommen zu werden.

Der Kommunikator beispielsweise hat kein Interesse, unsere Ängste und unsere Minderwertigkeit zu heilen. Sein vordringlichstes Interesse gilt seinem finanziellen Profit.

Unsere verborgenen Gefühle finden in einem Kommunikator keinen für uns positiven Widerhall. Er möchte uns keineswegs „helfen", wie es uns gerne glauben lässt. Vielmehr zieht die Wirtschaft aus unseren Minderwertigkeitsgefühlen und unseren Selbstzweifeln ihre Gewinne. Die Wirtschaft hat keinerlei Interesse, uns zu selbstbewussten Kunden zu machen, denn dann wären wir ja nicht mehr für ihre Marketingmethoden erreichbar.

Die Wirtschaft will keine selbstbewussten Kunden

Die Marketingstrategen wissen, wie sie uns durch die scheinbare Selbstwerterhöhung beeinflussen können. Sie setzen ihr Wissen bewusst für ihre Zwecke ein.

Zurückweisung, Verletzung, Kränkung

Werden wir zurückgewiesen, führt dies zu einer Kränkung. In diesem Kapitel analysieren wir systematisch den Prozess, der von der Zurückweisung zur Kränkung führt. Dieser Prozess läuft unbewusst in uns ab. Wir spüren oft nur ein leises, unangenehmes Gefühl in uns, das wir nicht so recht zuordnen können. Das könnte auf eine Kränkung hinweisen.

  Zurückweisung ➝ **Verletzung** ➝ **Kränkung**

Was wir unter Zurückweisung verstehen können, fasst Wardetzki folgendermaßen zusammen:

> „**Zurückweisungen** umfassen all das, wodurch wir uns nicht bestätigt, angenommen, wertgeschätzt und aufgehoben fühlen und in unserem Selbstwert missachtet werden."[22]

Voraussetzung für eine Zurückweisung ist, dass persönliche Werte vorhanden sind. So schätzen wir es, wenn jemand liebevoll, familiär, beliebt, intelligent und erfolgreich ist. Auch der Glaube, die Moral, die politische Gesinnung usw. zählen zu unseren Werten. Die Konditionierung, die wir erfahren, gibt uns viele Verhaltensmuster und Werte vor. Wie wir im letzten Abschnitt gelernt haben, statten wir selbst unser „Grandiositäten-Ich" mit exakt definierten Eigenschaften und Werten aus. In ihm legen wir fest, was für uns wichtig ist, wie wir nach außen wirken und was wir erreichen wollen. Demnach sind unsere Wertvorstellungen eng mit unserem „Grandiositäten-Ich" verbunden. Wardetzki hat weiterhin über Zurückweisungen geschrieben:
„Zurückweisungen sind Auslöser für Kränkungsreaktionen, wenn sie als Entwertung unserer Person, unserer Handlungen oder unserer Bedeutung für einen anderen Menschen erlebt werden. Dabei müssen sie nicht direkt oder absichtsvoll erfolgen, indem jemand versucht einen anderen Menschen bewusst zu verletzen. Es kann sich auch um beiläufige Bemerkungen und Gesten handeln, die gar nicht auf den anderen bezogen sind. ... So gesehen kann jedwede Reaktion aus der Umwelt Kränkungsreaktionen auslösen."[23]

Wolfgang Zander meint darüber hinausgehend: „Außerdem sind wir um so tiefer gekränkt, je sicherer wir erwarteten, Anerkennung zu finden. ... Die Erwartung ist demnach vom Grad unserer Identifizierung mit den entsprechenden Werten abhängig. Wir sind um so stärker identifiziert, je mehr wir an Opfer, Verzicht und Einsatz zur Realisierung der Werte geleistet haben."[24]

Wir sind umso tiefer gekränkt, je sicherer wir Anerkennung erwarten

Erinnern wir uns an eine Situation, in der wir eine Zurückweisung erlebten. Eine Zurückweisung fühlt sich unangenehm an. In der Situation fühlen wir uns von unserem Gegenüber abgelehnt, entwertet, zurückgewiesen. Grundsätzlich gibt es drei Arten von Zurückweisungen: körperliche, geistige und emotionale. Die folgenden Beispiele sind zur Verdeutlichung gedacht:

z.B.

→ Unser Freund lehnt zum dritten Mal unsere Einladung zum Essen ab. Wir fühlen uns **emotional zurückgewiesen.**

→ Auf einer Vernissage machen wir einen Witz über den Künstler; unsere Freunde finden das geschmacklos und lachen nicht. Wir fühlen uns **geistig zurückgewiesen.**

→ Wir halten einen Vortrag über unser Spezialgebiet. In der anschließenden Diskussionsrunde werden unsere Erkenntnisse von den Kollegen scharf angegriffen. Wir fühlen uns **geistig zurückgewiesen.**

→ Endlich können wir die hervorragenden Ergebnisse unseres Projektes unserem Vorgesetzten präsentieren; während unserer Präsentation liest er in seinen Unterlagen und gähnt. Wir fühlen uns **geistig zurückgewiesen.**

→ Bei einem gemütlichen Abendessen mit unserem Lebenspartner schwärmt sie/er von einem/r attraktiven/r Mann/Frau. Wir fühlen uns **körperlich zurückgewiesen.**

→ Wir wollen unseren Lebenspartner umarmen, er/sie schiebt uns weg. Wir fühlen uns **körperlich zurückgewiesen.**

z.B.

Unser bester Freund war für 6 Wochen in Amerika im Urlaub. Wir haben ihn vermisst, freuen uns sehr über seine Rückkehr. Außerdem sind wir neugierig, was er uns zu erzählen hat. Im ersten Telefonat laden wir ihn zu einem gemeinsamen Essen ein. Er lehnt ab, weil er viel zu tun hat. Das nächstemal ruft er uns an. Wir plaudern kurz miteinander. Wir laden ihn wieder zum Essen ein. Er lehnt ab, er habe keine Zeit. Am nächsten Tag sehen wir unseren Freund abends alleine in der Stadt in einem Café. Er trinkt genüsslich einen Cappuccino und liest Zeitung. Leider sind wir unterwegs im Auto zu einer Verabredung. Deshalb können wir ihn nicht ansprechen. Am nächsten Tag rufen wir ihn an. Wir sind sicher, dass er nun mehr Zeit haben wird. Daher stellen wir ihm gleich die Frage, wann er mit uns gemeinsam Essen gehen wolle. Er lehnt ohne Begründung ab.

Sein Verhalten empfinden wir beim dritten Mal als noch stärkere Zurückweisung, weil wir uns sicher waren, dass er jetzt mehr Zeit hat. Wir fühlen uns von ihm verletzt und reagieren gekränkt. Er verhält sich unserer Meinung nach vielleicht arrogant. Seine Zurückweisung trifft unser „Grandiositäten-Ich". Unser „Grandiositäten-Ich" fühlt sich in seinem Ideal „geliebt zu werden" verletzt. Dieses Ideal wird durch das Verhalten unseres Freundes weder gewürdigt noch wahrgenommen. Er lehnt unsere Einladung zum wiederholten Male ab. Er sagt nicht, dass er uns langweilig und nicht liebenswürdig findet. Er lehnt lediglich unsere Essenseinladung ab. Das ist uns unangenehm. Unser „Grandiositäten-Ich" soll unser Idealbild nach außen transportieren. Zu unseren Werten gehört vielleicht auch, keine Schwäche zu zeigen. Keinesfalls möchten wir unserem Freund unsere Verletzung aufgrund seiner Zurückweisung zeigen. Wir tun so, als wäre sein Verhalten für uns ok. Dennoch fühlen wir uns von ihm verletzt. Insgeheim sind wir enttäuscht und reagieren, indem wir uns von ihm etwas zurückziehen.

Nach außen zeigen wir unser Idealbild

Der Psychoanalytiker Wolfgang Zander erläutert diesen Vorgang wie folgt:
„Wenn ein Mensch die Kränkung bewusst erlebt, wird er versuchen, die Person, die ihn kränkte, vor sich selbst oder auch vor anderen im Wert herabzusetzen. Dadurch verliert die Kränkung an Gewicht. Oder aber der Mensch leugnet die Kränkung als solche, indem er sein Gefühl des Verletztseins negiert. Dies werden diejenigen tun, zu deren Idealbild, zu deren sekundären Wertvorstellungen es gehört, unkränkbar zu sein. Für solche Verdrängungen wird viel seelische Energie benötigt. Dies wirkt sich hinderlich aus, weil nicht mehr ausreichende Kräfte für positivere, aktive Lösungen, mit der Kränkung fertig zu werden, zur Verfügung stehen. Gelegentlich werden wir alle zu solchen Verdrängungen neigen, ohne dass wir damit nun gleich als seelisch krank zu bezeichnen wären. Erst wenn die Verdrängungen eine gewisse Toleranzgrenze überschreiten, wird es zu neurotischen Behinderungen kommen, zur Symptomatik." [25]

Verdrängungen kosten uns Kraft

„**Gekränkt** werden wir als Person, wenn die Menschen die Werte, die wir uns selbst zumessen, nicht würdigen, nicht wahrnehmen oder nicht beachten. **Kränkung** fühlen wir dadurch, dass der eigene, unbewusste Anspruch auf Achtung, Geltung, Wertschätzung, Eitelkeit, Ehrgeiz oder der Respekt, den wir von unserer Mitwelt erwarten, nicht beachtet oder nicht erfüllt wird."[26]

Betrachten wir unser Verhalten im obigen Beispiel differenzierter, stellen wir fest, dass Minderwertigkeit und Selbstzweifel parallell zum „Grandiositäten-Ich" existieren. Egal wie tief sie in uns versteckt sind, wir leiden unter ihren Auswirkungen. Wir haben Angst abgelehnt zu werden, schämen uns womöglich für unsere häufigen Einladungen und fühlen uns vom Freund ungeliebt. Das wollen wir durch unser „Grandiositäten-Ich" kaschieren. Das „Grandiositäten-Ich" können wir auch als eine Taktik ansehen, unangenehme Gefühle zu vermeiden. Kratzt nun aber jemand wie unser Freund durch seine Zurückweisung an unserem „Grandiositäten-Ich", sind wir „verletzt" und verspüren eine Kränkung. Dieses unangenehme Gefühl wollen wir vermeiden. Daher überspielen wir die Situation, was aber unseren Schmerz aufgrund der Zurückweisung nicht mindert. Aus Enttäuschung über seine Ablehnung entscheiden wir, den Kontakt mit unserem Freund zu reduzieren. Wir reagieren mit Rückzug. Das ist eine typische Reaktion auf eine Kränkung.

Kränkungen sind uns unangenehm

Es gibt viele Möglichkeiten auf eine Kränkung zu reagieren. „Wenn wir uns jetzt die Reaktionen auf das Gekränktsein etwas genauer ansehen, so können wir beobachten: diese Reaktionen haben immer das Ziel, das Kränkungsgefühl zu beenden bzw. es zu neutralisieren. Dabei ist es wichtig, darauf hinzuweisen, dass gesunde Möglichkeiten hier in der Regel in angemessenen aktiven Reaktionen bestehen."[27] Wardetzki hat hierzu etwas Entscheidendes festgestellt:

„Kränkungsreaktionen werden subjektiv als Ohnmacht, Wut, Verachtung, Enttäuschung und Trotz erlebt. Dahinter sind Gefühle von Schmerz, Angst und Scham verborgen, die oft weder gespürt noch ausgedrückt werden. Stattdessen wendet sich die Kränkung meist in Form von Gewalt gegen den ‚Täter'. Die Wut und Verachtung sind gleichsam Schutzreaktionen vor dem Schmerz der Verletzung. Ihr Ziel ist es, die schmerzliche Gekränktheit zu beenden und zu neutralisieren."[28]

Wie uns die Psychologin erklärt, erleben wir durch eine Kränkung Wut, Verachtung, Enttäuschung, Trotz und Ohnmacht. Diese Gefühle können dazu führen, dass wir folgende Reaktionen im Außen zeigen: Rache, Gewalt, Beziehungsabbruch, Suizid. Also können wir durch eine Zurückweisung zu einer Handlung (Beziehungsabbruch, Rache) veranlasst werden. Würde es jemandem gelingen, unsere Verhaltensmuster aufzudecken, wären wir für ihn lenkbar. Er könnte uns durch sein Verhalten gezielt dazu bringen, dass wir die Handlungen ausführen, die er sich wünscht.

Durch Wertschätzung werden wir beeinflussbar

Wir wissen bereits, dass es einem geschulten Gegenüber durch Rapport gelingen kann, unsere unbewussten Muster zu enttarnen. Mit dem Wissen um unsere Angst vor Zurückweisung arbeiten Psychologen, Marketingfachleute, Politiker und Kommunikatoren. Weil sie wissen, wie unsere Psyche funktioniert, wenden sie Methoden an, um uns wertzuschätzen und uns keinesfalls zurückzuweisen. Je erfolgreicher jemand heutzutage ist, desto besser beherrscht er die Wertschätzungstechniken. Wertschätzung dient der gezielten Beeinflussung des Gegenübers. Wir werden die Wertschätzungsmethoden später anhand von Beispielen für uns deutlich machen (s. S. 184 ff).

Wahrscheinlich hat jeder von uns manche der angeführten Kränkungsreaktionen schon erlebt. Entweder in der Rolle des Kränkenden oder in der Rolle des Gekränkten. Selbstverständlich gibt es weitaus mehr Möglichkeiten auf eine Kränkung zu reagieren (s. S. 136 ff).

Die folgende Texttafel möchte veranschaulichen, wie eine Zurückweisung in unserer Psyche durch Gedanken, Gefühle und Handlungen verarbeitet wird.

Kränkung / Zurückweisung

Zurückweisung entsteht durch Handlungen anderer, die unsere Werte, die wir uns selbst zumessen, nicht beachten oder nicht würdigen.

Verletzung

Diese Verletzung löst die unterschiedlichsten Gefühle aus wie Trauer, Schmerz, Verzweiflung, Angst, Scham, Enttäuschung. Diese werden meist unbewusst verdrängt.

Unangenehme Gefühle

Diese unangenehmen Gefühle wie Angst, Hilflosigkeit und Verzweiflung werden in der Regel durch uns abgewehrt.

Gefühle, die zugelassen werden

Die Gefühle, die zugelassen werden, sind: Enttäuschung, Wut, Verachtung, Trotz, Depression.

Handlungsreaktionen

Die Handlungsreaktionen von uns sind in der Regel Rache, Beziehungsabbruch, Gewalt, Aggressionen, Ignorieren, Gegenkränkungen in jeder Form.

Da zwischen Zurückweisung und Kränkungsreaktion oft nur Bruchteile von Sekunden liegen, bemerken wir die Aufgliederung in die angeführten Einzelschritte nicht. Wir nehmen nur wahr, was von uns bewusst gefühlt wird.

Einen besonderen Stellenwert nimmt die Selbstkränkung ein. **Selbstkränkung**
Selbstkränkung entsteht bei einer Entwertung durch uns selbst. Erkennbar wird eine Selbstkränkung nach außen dadurch, dass wir unsere Wichtigkeit für uns und andere herunterspielen.

> Stellen wir uns vor, wir treffen uns mit unserer Familie. Es wird **z.B.** darüber gesprochen, in der folgenden Woche einen gemeinsamen Ausflug mit Freunden in die Berge zu unternehmen. Falls das Wetter schlecht wird, soll es in einen Erholungspark gehen. Alle sind begeistert. Unsere Tante will sich um die Organisation der Mitfahrgelegenheiten kümmern. Sie geht im Laufe des Treffens von einem zum anderen, um abzustimmen, wer mit wem mitfahren kann. Uns vergisst sie zu fragen. Als wir sie darauf ansprechen, entschuldigt sie sich und nimmt uns in den Arm. Wir sagen: „Na ja, ich bin ja auch nicht so wichtig." Während wir dies sagen, kränken wir uns durch diesen Ausspruch selbst.

Ursache für Selbstkränkungen können hochgeschraubte Ansprüche an uns selbst sein. Können wir diese nicht erfüllen, leiden wir unter dem Gefühl, nicht gut genug zu sein.

Selbstkränkungen können wir auch dadurch hervorrufen, dass wir zu hohe Erwartungen an unsere Umwelt stellen. Werden diese nicht erfüllt, fühlen wir uns zurückgewiesen und gekränkt.

> Abends wollen wir mit unserem Lebenspartner ins Kino gehen. **z.B.** Zufälligerweise haben wir 1 Stunde länger arbeiten müssen, weil eine Präsentation für den nächsten Tag aktualisiert werden musste. Wir beeilen uns, um pünktlich zur Straßenbahn zu kommen, damit uns noch Zeit zum Umziehen bleibt. An der Straßenecke sehen wir die Straßenbahn ankommen. Sie hält an

> der Haltestelle. Wir sind noch 50 m von der Bahn entfernt, als sie die Türen schließt. Winkend und rufend laufen wir auf die Bahn zu und berühren den Türöffner. In dem Moment fährt sie ab. Auch hier fühlen wir uns zurückgewiesen. Wir sind wütend, dass die Bahn ohne uns davonfährt.

Die Reaktion auf eine Selbstkränkung richtet sich gegen uns selbst. Selbstbeschimpfungen und selbstzerstörerische Handlungen wie Selbstverletzungen gehören zu derartigen Reaktionen.

Auswirkungen von Kränkungen Die Zeitungen berichten täglich über die schlimmsten Auswirkungen von Kränkungen.

> → Ein erfolgreicher Arzt erschießt Frau und Kinder, weil seine Frau sich von ihm trennen wollte. Der Auslöser für die Tat: Eifersucht, Rache.
> → Eine Mädchenbande fällt über eine 15-Jährige her und quält das Mädchen. Die 15-Jährige hatte mit einem Freund eines der Mädchen aus der Bande geflirtet. Der Auslöser für die Tat: Rache, Eifersucht.
> → Ein 40-Jähriger springt vom Hochhaus. Der Grund: Er konnte seine Miete nicht mehr bezahlen, weil er arbeitslos war. Der Auslöser für die Tat: Selbstkränkung.

Wir sind ungeübt im richtigen Umgang mit Zurückweisungen Unsere Gesellschaft leidet extrem unter Zurückweisungen. Wir haben nicht gelernt, mit Zurückweisungen erwachsen umzugehen. Abends in der Diskothek prügeln sich junge Männer, weil der eine die Freundin des anderen angesprochen hat. Der junge Mann fühlte sich in seinen Werten verletzt und reagierte mit Gewalt.

Zurückweisungen sind für Teenager eine psychische Belastung In der Schule fühlen sich Schüler zurückgewiesen und reagieren mit Destruktivität. Das übliche Hänseln der Schüler untereinander überfordert die Psyche manches Schülers. Die Reaktionen auf derartige, permanente Zurückweisungen können zu Gewaltakten führen. Verfolgen wir die Entwicklung der Kinder, fällt auf, dass ihre Gewaltbereitschaft stetig ansteigt.

Das Fehlen einer emphatischen Bezugsperson in der Kindheit ist die Voraussetzung für unser späteres Gefühl der Zurückweisung. In der heutigen Zeit, in der jede dritte Ehe geschieden wird, beide Eltern arbeiten und elektronische Medien Ablenkung bieten, ist dies nur allzu verständlich. Das bedeutet aber für uns, dass wir es in Zukunft mit immer leichter zurückweisbaren Menschen zu tun haben werden.

Zurückweisung

Wir alle haben sicherlich bereits die Erfahrung gemacht, dass das, was uns an einem Tag völlig kalt lässt, uns an einem anderen Tag auf die Palme bringt. Mit Zurückweisungen ist es ähnlich. Befinden wir uns in einem psychisch labilen Zustand, da wir beispielsweise überarbeitet oder krank sind, kann selbst das Rascheln einer Zeitung störend sein. Wir empfinden das Geräusch als rücksichtslos: eine Zurückweisung unseres Wertes „Ruhebedürfnis".

Es gibt noch zwei weitere wesentliche Faktoren, die die Stärke unserer Zurückweisung bestimmen. Den ersten Faktor haben wir im vorigen Kapitel kurz erwähnt. Wolfgang Zander hat festgestellt: „Außerdem sind wir um so tiefer gekränkt, je sicherer wir erwarteten, Anerkennung zu finden. Solche Sicherheit der Erwartung kann uns einmal aus der Zugehörigkeit zu einer Gruppe Gleichgesinnter zufließen, oder auch durch die Festigkeit unserer eigenen Überzeugung. Die Erwartung ist demnach vom Grad unserer Identifizierung mit den entsprechenden Werten abhängig. Wir sind umso stärker identifiziert, je mehr wir an Opfer, Verzicht und Einsatz zur Realisierung der Werte geleistet haben.

Unsere Identifizierung mit Werten macht uns verletzlich

Darüber hinaus wird der Grad der Verletzbarkeit auch abhängig sein von der Person, die tadelt oder mich bzw. meine Leistung nicht achtet. Habe ich z. B. mit großem Engagement eine Forschungsarbeit abgeschlossen, wird mich eine Abwertung weniger berühren, wenn ich der fachlichen und menschlichen Kompetenz der urteilenden Person wenig Bedeutung zumesse. Negative Kritik von einem Menschen, der mir viel bedeutet und dessen fachliche Qualitäten ich schätze, wird mich dagegen besonders treffen."[29]

Wir legen unsere Werte fest

Die Feststellungen Zanders sind deshalb so bedeutend, da hier deutlich wird, wie wir das Maß der Werte, die wir Dingen und Taten beimessen, festlegen. Wir bestimmen für uns den Wert einer Angelegenheit. Wir erinnern uns, dass viele unserer Werte durch unsere sozialen Kontakte geprägt sind. Somit könnten wir eigentlich auch entscheiden, wann uns etwas kränkt und wann nicht. Die Diplom-Psychologin Dr. Bärbel Wardetzki schreibt:

„Denn die Tatsache, dass wir uns gekränkt fühlen, hat mehr mit *uns* zu tun, als mit der Kränkungstat an sich. ... Nur wenn wir den Mut aufbringen, uns den Realitäten zu stellen und konstruktiv mit ihnen umgehen, können wir unsere Be- und Getroffenheit verändern und dadurch verhindern, dass Kränkungen unser Leben vergiften."[30]

Ansprüche auf Würdigung sind oft unbewusst

Was kann alles eine Zurückweisung hervorrufen? Prinzipiell fast alles. Denn laut der Definition von Kränkung (s. S. 122) messen wir uns die Werte selbst zu. Wir können uns praktisch jeden Wert zumessen, der vorstellbar ist. Darüber hinaus sind uns unsere Ansprüche auf Würdigung häufig unbewusst. Demzufolge können wir relativ schnell von jemandem unbeabsichtigt zurückgewiesen werden. Lachen, Stirnrunzeln oder Gähnen können für uns bereits eine Zurückweisung sein. Unser Gegenüber merkt vielleicht bewusst oder unbewusst an unserem Verhalten, dass er uns gekränkt hat. Es ist jedoch wahrscheinlich, dass er nicht weiß, womit er uns gekränkt hat. Beide Seiten fühlen sich in der Situation unwohl.

Die folgende Liste gibt Ihnen einen Überblick, was alles als Zurückweisung empfunden werden kann. Vielleicht haben Sie Lust, beim Lesen der Liste gleichzeitig eine Übung zu machen? Schreiben Sie einfach in das rechte Kästchen eine Zahl von 0-10. 10 steht für die schlimmste Zurückweisung, 1 für die geringste und 0 dafür, dass die Situation für Sie keine Zurückweisung darstellt.

z.B.

Zurückweisungen	Wert
➔ Abfällige Bemerkungen	
➔ Abfälliger, zweifelnder Gesichtsausdruck	
➔ Ablehnung	
➔ An der falschen Stelle lachen	
➔ Anrempeln, Schubsen	
➔ Anschreien	
➔ Argumente des Gesprächspartners ignorieren	
➔ Auslachen	
➔ Ausschluss aus einer Gemeinschaft	
➔ Autoritäres Verhalten	
➔ Autoritäten untergraben	
➔ Befehlston	
➔ Beiläufige Bemerkungen und Gesten	
➔ Belehrungen	
➔ Beleidigungen	
➔ Bewusste oder unbewusste Wünsche/Vorstellungen werden nicht erfüllt	
➔ Blickkontakt meiden	

→ Das Fehlen von erwarteten Höflichkeitsritualen: Grüßen, Lächeln, ...

→ Diskriminierungen

→ Drohungen

→ Entwertungen verschiedenster Art (unsere Werte werden nicht anerkannt oder respektiert):

- An der eigenen Treue wird gezweifelt

- Das Familienbild wird als falsch angesehen

- Der Glaube wird abgelehnt

- Die eigene Beziehung wird kritisiert

- Die spirituelle Entwicklung wird angezweifelt

- Die politische Meinung wird angegriffen

- Geschick wird nicht gelobt

- Gutes Aussehen wird nicht wahrgenommen

- Ihre Freundschaft wird als unangenehm dargestellt

- Intelligenz wird nicht gewürdigt

- Liebevoll/gläubig sein wird in Frage gestellt

- Wissen wird nicht anerkannt

→ Erhobene Stimme

→ Falscher Ton in der Stimme: barsches Wort

→ Gähnen

→ Gestik

→ Herablassend sprechen

→ Heruntermachen

→ Ignoriertwerden (als Person)

→ Indirekte Ansprache in der 3. Person: Er kann die Unterlagen besorgen, anstelle von: Sie können die Unterlagen besorgen.

→ Ironie

→ Konfrontation mit Tatsachen

→ Körperhaltung, z. B. abgewendet

→ Kritik

→ Lachen

→ Laute Stimme

→ Andere Meinung

→ Mimik

→ Nachahmen von Verhalten, z. B.: Lächeln kopieren

→ „Nein" antworten

→ Nicht ausreden lassen

→ Permanentes, aufdringliches Nachfragen

→ Sarkasmus

→ Schadenfreude

→ Strenger Blick

→ Taktlosigkeit

→ Überheblich sein

→ Ungerechtigkeit

→ Unterstellung: Du wolltest mich ärgern.

→ Vor anderen bloßstellen

→ Zurückweisung: körperlich, emotional, geistig

→ Zuschreibung negativer Eigenschaften: faul, dumm

Diese Übung vermittelt Ihnen einen Eindruck Ihrer Zurückweisbarkeit: Wodurch Sie sich wie stark zurückgewiesen fühlen (s. S. 134). Da ich nicht in Ihr persönliches Wertesystem eingreifen möchte, wird hier keine Lösung der Übung nach Punkten aufgezeigt.

Erinnern wir uns, der Psychoanalytiker Priv.-Doz. Dr. med. W. Zander (s. S. 113) stellte klar, dass jeder Mensch kränkbar ist. Jeder, bis auf sehr seltene Ausnahmen. Seine Aussage lässt vermuten, um welch heikles Thema es sich handelt. Seelische Verletzbarkeit macht uns hilflos. Die meisten Menschen möchten sich stark fühlen. Wir ziehen es vor, dieses Gefühl von Hilflosigkeit aus unserem Leben auszugrenzen. Da unsere Angst vor Zurückweisungen sehr groß ist, können Marketingstrategien funktionieren. Deshalb schenken wir Zurückweisungen in diesem Buch so viel Aufmerksamkeit. Marketingstrategien wollen uns eine künstliche Selbstwerterhöhung verschaffen. Als Mittel zum Zweck gilt die Wertschätzung. Wir wollen Zurückweisungen vermeiden. Dafür sind wir bereit, viel zu tun, dessen sind sich die Marketingstrategen bewusst. Allerdings lassen sie unberücksichtigt, dass sie selbst genauso zurückweisbar sind. Insofern könnten wir mit ihren eigenen Strategien auf sie einwirken.

Selbstwerterhöhung durch Wertschätzung

Auf den vorangegangenen Seiten konnten Sie eine Übung bezüglich der Zurückweisungen machen. Sie legten fest, welchen Wert jede der Zurückweisungen für Sie hat. Durch Befragungen in meinen Seminaren entstand das folgende Diagramm (s. S. 134). Es zeigt, mit welch großen Unterschieden die einzelnen Zurückweisungen bewertet werden.

Wie wir anhand des Diagrammes erkennen können, sind Menschen mit geringem Selbstwertgefühl leicht zurückweisbar. Oft scheinen Menschen mit geringem Selbstwert zu einem übergroßen „Grandiositäten-Ich" zu neigen.

Wird ein fester Wert wie die Ehe angegriffen, kommt es fast immer zu einer starken Zurückweisung. Eine Scheidung bedeutet für die Betroffenen zumeist eine starke Zurückweisung auf allen drei Ebenen: emotional, geistig und körperlich. Nur ein Mensch mit stabilem Selbstwertgefühl kann mit solch einer Situation einigermaßen gut fertig werden. Scheidungen können Menschen in tiefe Sinnkrisen stürzen.

Zurückweisung ist auf emotionaler, geistiger und körperlicher Ebene möglich

Wenden wir uns einem anderen Beispiel im Diagramm zu: dem fehlenden Gruß. Vielleicht möchten Sie sich eine Situation an Ihrem Arbeistplatz vorstellen. Ein Kollege läuft täglich morgens an Ihnen vorbei. Er grüßt Sie nie. Sie haben allerdings täglich mit ihm zu tun. Sein Verhalten ist für uns in der Regel eine Zurückweisung. Falls nicht beim ersten mal, so doch durch die Permanenz. Viele Menschen leiden unter Zurückweisung, sobald jemand autoritär auftritt. Erinnert dieses Verhalten doch an die Eltern, die Übermacht, der wir immer entrinnen wollten. Deshalb wird autoritäres Verhalten selbst von Menschen mit stabilem Selbstwertgefühl als eine mittlere Zurückweisung empfunden.

Zurückweisungsdiagramm

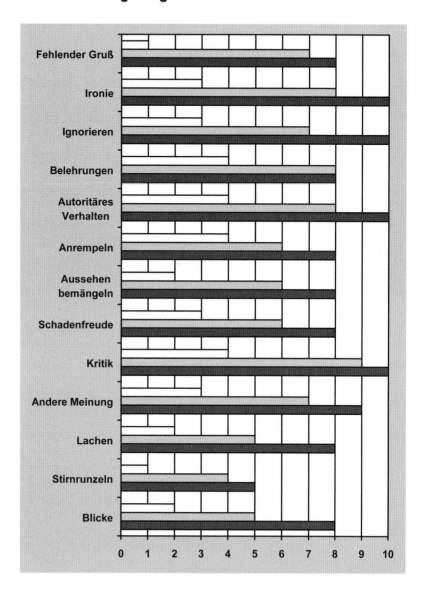

Ein Mensch, der sich weder durch einen herabwürdigenden Blick noch durch einen fehlenden Gruß, durch eine Drohung, durch Liebesentzug etc. zurückgewiesen fühlt, ist äußerst selten. Wer diesen Zustand erreicht hat, ist von außen wahrscheinlich nicht mehr beeinflussbar.

In diesem Diagramm unterscheiden wir drei Typen:

a)   ■■■   Schwaches Selbstwertgefühl
b)   ▨▨▨   Mittleres Selbstwertgefühl
c)   ☐   Stabiles Selbstwertgefühl

Reaktionen auf Zurückweisung

Betrachten wir den Zurückweisungsprozess differenzierter, stellen wir fest, dass es unterschiedlich stark kränkbare Menschen gibt. Je instabiler das Selbstwertgefühl ist, desto eher wird eine Zurückweisung empfunden. Die Reaktion auf eine Zurückweisung erfolgt umgehend. Manche Reaktionen sind von Außenstehenden nicht sogleich erkennbar. Der empfundene Schmerz durch die Verletzung kann so heftig sein, dass wir es ablehnen, weiter über das Thema zu sprechen. Die Psychologen kamen zu dem Schluss: erst **Wir wollen die** das bewusste Durchfühlen der schmerzhaften Situation lindert die **Situation wieder in** Verletzbarkeit. Der peinigende Prozess der Kränkung wird von uns **den Griff bekommen** oft an einer schmerzhaften Stelle abgebrochen. Wir bemühen uns, die Situation wieder in den Griff zu bekommen und wollen uns vor anderen keine Blöße geben. Denn sonst könnten wir uns erneut zurückgewiesen fühlen.

Insbesondere sind die durch die Zurückweisung aufgewühlten Gefühle indifferent. Sie können für uns schwer erfassbar sowie unverständlich sein. „Ein Therapeut oder Psychologe könnte hier behutsam an unserem versteckten, dahinterliegenden Erfahrungsschatz arbeiten. Seine Aufgabe besteht darin, uns dazu zu verhelfen, dass wir erst einmal wieder Zutrauen zu uns selbst, zu unserem `Sosein` entwickeln. Darauf aufbauend können Kränkungen bewusst durchlebt werden. Hierbei ist es fast immer unumgänglich, dass der schmerzvolle Aspekt zur Gänze nacherlebt wird. Dieses Durchleben und -fühlen setzt in uns neue Kräfte frei."[31] Wie wir in den vorigen Abschnitten bereits gelernt haben, kostet uns das Aufrechterhalten des „Falschen Selbst", des „Grandiositäten-Ichs" immens viel Kraft. Diese Energie, die wir benötigen, um unser „Grandiositäten-Ich" aufrechtzuerhalten, könnten wir anderweitig für uns nutzen. Vielleicht, um unser Leben zu genießen.

Grundsätzlich ist Wie W. Zander (s. S. 113) ausführte, ist grundsätzlich jeder *jeder* **Mensch** Mensch kränkbar, wenn auch in unterschiedlichem Maße. Jeden **kränkbar** Tag haben wir mit Zurückweisungen zu tun: in der Arbeit, in der Familie, in der Beziehung, mit unseren Freunden, mit Arbeitskollegen. Insofern sind wir nun alle bereits zurückweisungserfahren.

Wir haben im Laufe unseres Lebens gelernt, mit bestimmten Zurückweisungen umzugehen. Es bestehen in uns festgelegte Muster, mit denen wir Zurückweisungen verarbeiten. Manchmal können diese Muster widersinnig sein: beispielsweise, sobald sie uns selbst schädigen. Der Verstand, der eigentlich die Funktion des Schutzes unserer Person innehat, präsentiert uns als Ausweg Handlungen, mit denen wir uns selbst das Leben schwer machen. Beinahe jede Reaktion auf eine Zurückweisung kann im Gegenüber eine erneute Zurückweisung provozieren. Selbstverständlich ist die Gegen-Zurückweisung abhängig von der Zurückweisbarkeit des Gegenübers.

Zurückweisungen provozieren Gegen-Zurückweisungen

Nehmen wir einmal an, unser Gegenüber hätte ein sehr stabiles Selbstwertgefühl. Diese Person würde in einer Situation, in der wir mit Rückzug reagieren, offen auf uns zugehen können. Er sagt: „Ich habe das Gefühl, dass ich dich mit meinem Verhalten verletzt habe. Das wollte ich nicht. Vielleicht magst du mir sagen, womit ich dich verletzt habe. Ich habe dich gerne, du bist mein Freund. Bitte lass uns darüber reden." Unser Freund reicht uns sozusagen eine helfende Hand. Sofern es uns gelingt, unserem Freund unsere Gefühle zu zeigen, kann die Beziehung weiter wachsen. Im anderen Falle verschließen wir uns ein Stückchen mehr vor uns selbst und unserem „Wahren Selbst", unserer Identität.

z.B.

Wie bereits angedeutet, gibt es auch bei den Reaktionen auf Zurückweisungen eine gewisse Vielfalt.

Es bietet sich an, mit dem Lesen der Reaktionsliste eine Übung zu verbinden. Vorausgesetzt, Sie möchten mehr über sich erfahren, überlegen Sie beim Lesen, welche Verhaltensweise Sie bei sich als Reaktion auf eine Zurückweisung bereits feststellen konnten. Schreiben Sie ein „Ja" in das Feld, sofern Sie die jeweilige Verhaltensweise von sich kennen, ein „Nein" für den Fall, dass die Reaktion für Sie unzutreffend ist.

z.B.

Reaktionen auf Zurückweisungen	Ja/Nein
→ Aggression	
→ Beleidigt sein	
→ Den anderen geistig abwerten	
→ Depression	
→ Destruktivität	
→ Drohungen jeglicher Art	
→ Eifersucht	
→ Eingeschnappt sein	
→ Enttäuschung	
→ Gnadenlosigkeit	
→ Hass	
→ Ignorieren	
→ Intrigieren	
→ Ironie	
→ Kälte	
→ Kontaktabbruch	
→ Körperliche Reaktion: Schubsen, Wegschieben ...	

→ Lachen (ironisch)

→ Lästern

→ Neid

→ Ohnmacht

→ Rache

→ Rückzug

→ Sarkasmus

→ Schimpfen

→ Sich dumm und taub stellen

→ Trotz: Dann eben nicht!

→ Überspielen der Situation

→ Verachtung

→ Verleumdung

→ Verteidigen

→ Wut

Jeder von uns hat seine eigene Strategie, um mit einer Zurückweisung umzugehen. Wir können die oben aufgeführten Reaktionen auch in unserer Umgebung beobachten: bei unserem Lebenspartner, unseren Freunden, Eltern, Kollegen oder Vorgesetzten. Wir wissen, dass jeder unter Zurückweisungen leidet, deshalb können wir Zurückweisungsreaktionen sowohl bei uns als auch bei anderen Menschen beobachten.

Wie Bärbel Wardetzki und Wolfgang Zander sagten, neigen wir zu den angeführten Reaktionen, weil wir unsere schmerzlichen Gefühle nicht fühlen wollen (s. S. 122 f). Der Schmerz der Zurückweisung soll möglichst unverzüglich beendet werden. Deshalb reagieren wir auf Zurückweisungen unmittelbar.

Wir lassen uns möglicherweise vollkommen unreflektiert und unbewusst zu einer Handlung verleiten. Eine Handlung im Affekt, die wir hinterher bedauern. Wer kennt das nicht? In einer hitzigen Diskussion lassen wir uns zu einer Äußerung hinreißen, die wir hinterher gerne wieder ungeschehen machen möchten. Das geht leider nicht. Egal wie sehr wir es bereuen, diese Aussage getroffen zu haben, sie ist nicht wieder rückgängig zu machen. Die Konsequenzen für unsere Handlung können weit reichend sein.

z.B.

In vielen Fällen reagieren wir auf eine Kränkung mit einer Gegen-Kränkung. Vergegenwärtigen wir uns folgende Situation: Es ist 18:00 Uhr. Wir kommen von der Arbeit nach Hause. Unser Freund Michael wird in einer Stunde nach Hause kommen. Bis dahin bereiten wir ein kleines Abendessen vor. Der Tisch ist nett gedeckt, Musik spielt im Hintergrund, wir freuen uns auf einen netten Abend zu zweit. Michael weiß Bescheid, dass wir etwas vorbereitet haben. Um 19:00 Uhr ruft er an, dass er einen geschäftlichen Termin wahrnehmen muss. Er bedauere es, aber er müsse seinen Chef in einer wichtigen Angelegenheit vertreten. Wir sind maßlos enttäuscht, dass Michael nicht kommen kann. Wir erleben aufgrund seiner Absage eine Enttäuschung. Beleidigt sagen wir: „Du hättest deinem Chef doch auch sagen können, dass du mit mir verabredet bist! Immer ist dir die Arbeit wichtiger. Du liebst mich nicht mehr."
Mit dieser Aussage weisen wir unseren Freund wiederum zurück. Zum einen unterstellen wir ihm, dass er uns nicht liebt. Zum anderen behaupten wir, dass ihm seine Arbeit wichtiger ist als die Verabredung mit uns. „Hör doch auf mit dem Quatsch. Du weißt genau, dass das nicht stimmt. Immer gibt es Theater mit dir. Jedes Mal. Wenn du mich doch nur verstehen würdest, aber du willst ja gar nicht", antwortet er ebenfalls zurückwei-

send. Er wirft uns vor, dass wir ihn nicht verstehen wollen. Somit ist sein Wert „verstanden zu werden" von uns nicht gewürdigt worden. Er fühlt sich zurückgewiesen. So gibt ein Wort das andere.

Wir neigen dazu, unsere Konflikte so auszutragen, dass wir auf eine Zurückweisung mit einer Gegen-Zurückweisung reagieren, das Gegenüber ebenfalls usw. Offensichtlich lösen diese verbalen Dispute unangenehme Gefühle auf beiden Seiten aus. Häufig enden solche Dispute damit, dass sich beide Parteien gekränkt zurückziehen. Nach einer großen Zahl an gegenseitigen Zurückweisungen kann es dazu kommen, dass die Beziehung auseinander geht.

Wie eingangs in diesem Abschnitt erwähnt, tendieren wir dazu, das Gespräch mit unserem Gegenüber zu beenden, falls es sich für uns zu heikel entwickelt. Uns mangelt es an positiver Erfahrung im Umgang mit Zurückweisungen. Da wir auf Freude und Spaß konditioniert sind, weisen wir Gefühle, die dieser Konditionierung nicht entsprechen, zunächst von uns. Unsere Psyche lässt sich nur eine gewisse Zeit von uns in Schach halten. Irgendwann wird sie jedoch möglicherweise versuchen, sich z. B. durch Krankheitsbilder Raum zu schaffen.

Wir könnten unseren Gefühlen vielleicht in einer geschützten Umgebung gestatten, aus dem Unterbewusstsein aufzusteigen. Das Schöne an so einem Prozess ist, dass er eine reinigende Wirkung auf uns haben kann. Was im ersten Moment erstaunlich klingen mag, beschreibt Dr. Bärbel Wardetzki treffend:
„Nach einer Weile spürt sie ihre ohnmächtige Wut auf die Eltern und Großeltern und beginnt, sie lauthals anzuklagen. Sie endet mit einem Lachen, das zeigt, dass sie durch den gefühlsmäßigen Prozess durchgegangen ist. Sie wirkt erleichtert, ihre Augen strahlen, und sie kann wieder tief durchatmen. Ihre Verlassenheitsangst, unter der sie in Beziehungen immer leidet, hat einen ihrer Ursprünge in diesem Erlebnis, das sich bis heute gut gehütet in der Seele eingenistet hatte." [32]

Das Aufarbeiten von Zurückweisungen wirkt befreiend

Hintergrund der Zurückweisung

Mittlerweile wissen wir sehr viel über Zurückweisung, Verletzung und Kränkung. Die Hintergründe von Zurückweisungen sind ebenfalls an diversen Stellen des Buches angesprochen worden. Wir können offen darüber reden, dass wir in uns Gefühle verbergen. Gefühle, die uns verunsichern, die an elementare Erlebnisse in der Vergangenheit geknüpft sind: Zurückweisungen, die wir unverarbeitet, verdrängt in uns schlummern lassen. Zudem haben wir erfahren, dass es beinahe ausnahmslos jedem Menschen so geht - egal ob es sich um Pfarrer, Politiker oder Psychologen handelt. Jeder Mensch erhält eine Konditionierung, die ihm bestimmte Verhaltensweisen nahe legt. Wir bewegen uns geistig im Rahmen dessen, was wir erlernt haben und was uns ankonditioniert worden ist. Während wir erwachsen werden, durchlaufen wir einen Prozess, in dem wir uns von kindlichen Vorstellungen lösen. Diese

Die Ablösung kindlicher Vorstellungen geschieht unvollständig

Ablösung erfolgt, wie wir von dem Psychoanalytiker Heinz Kohut gelernt haben, keineswegs vollständig. Überreste der kindlichen Vorstellungswelt integrieren wir in unser Verhalten. Leiden wir stark unter Zurückweisungen, empfiehlt es sich mit einem Psychotherapeuten die Ursprünge zu ergründen.

Vielleicht stellen wir uns ein Gefäß mit Flüssigkeit vor. Ist es voll, und wir gießen weiter Flüssigkeit nach, läuft das Gefäß über. So ähnlich ist es mit unserer Psyche. Wir werden täglich von einer großen Anzahl an Gefühlen überschwemmt. Mit allen Kräften bemühen wir uns, diese Gefühle einzuordnen und sie abzulegen. Wir

Wir wollen Teil der Spaßgesellschaft sein

wollen in unserer Gesellschaft funktionieren und an dieser Spaß- und Leistungsgesellschaft teilhaben.

Irgendwann kann es dazu kommen, dass unser Maß voll ist. Die berühmte „Fliege an der Wand" kann das Fass zum Überlaufen bringen. Wir reagieren auf einen nichtigen Anlass unangemessen heftig. Die Umwelt kommentiert derartiges Verhalten mit: „Was ist denn mit ihr los? Der Herr Winterstein bat sie doch nur, die Tür zu schließen. Warum geht sie denn da so in die Luft?"

z.B.

Die Vorgeschichte könnte folgendermaßen aussehen: Sibylle ist eine erwachsene Frau von 45 Jahren, die als Abteilungsleiterin im Controlling arbeitet. Sie wirkt auf ihre Kollegen ruhig und kompetent. Als Kind musste Sibylle, sobald ein wichtiges Thema besprochen wurde, das Zimmer verlassen und die Türe schließen. Sie fühlte sich damals zurückgewiesen. Ihre Winzigkeitsgefühle, die Ohnmacht und das Gefühl ausgeschlossen zu werden, waren für sie ein Schock. Zusätzlich sagte ihre Mutter ihr jedes Mal, wenn sie gehen musste: „Das verstehst du nicht, davon hast du keine Ahnung. Jetzt verhalte dich nicht wie ein kleines Kind. Geh und mach dic Tür zu." Im Erwachsenenalter reagierte Sibylle jedes Mal mit Depression, wenn ihr gesagt wurde, dass sie etwas nicht verstünde. Die Situation mit dem Geschäftsführer Herrn Winterstein ließ sie wieder den Schmerz von damals fühlen, als sie sich ausgeschlossen fühlte. Herr Winterstein beabsichtigte nicht, Sibylle zurückzuweisen. Er wollte nur, dass der erwartete Kunde nicht das Gespräch zwischen ihm und seinen Mitarbeitern mithört. Zudem war Sibylles Thema abgehandelt. Außerdem war Herr Winterstein etwas nervös, da im nachfolgenden Termin eine komplizierte Verhandlung anstand. Deshalb bat er Sibylle sehr bestimmt, beim Verlassen des Zimmers die Tür zu schließen.
Sibylle tat, was ihr gesagt wurde. Gleichzeitig fühlte sie sich wie damals als Kind ausgeschlossen, ohnmächtig und hilflos. Statt wie sonst mit Depression zu reagieren, machte sie ihrem Unmut bei einer Kollegin Luft. Sie beschwerte sich über das aus ihrer Sicht rücksichtslose Verhalten von Herrn Winterstein. Der subjektiv empfundene Schmerz war so groß, dass sie ihre Gefühle nicht mehr kontrollieren konnte.

Als Kleinkind besitzen wir weder die Möglichkeit noch die Fähigkeiten, das Verhalten unserer Umwelt zu hinterfragen. Wir „schlucken" die Informationen. „Ein kleines Kind glaubt, was es erfährt: So, wie seine Umwelt auf es reagiert, so wird es sein Bild von sich und der Umwelt formen. Je positiver die äußeren Umstände sind, in die es hineingeboren wurde und in denen es aufwächst, umso bejahender und vertrauensvoller werden sich sein Selbstbild und sein Bild über die Welt entwickeln können. ... Sind die Einflüsse dagegen schädigend, wird es eher Selbstzweifel ausbilden und dem Leben gegenüber eine vorsichtige oder angstbesetzte Haltung zeigen."[33]

Im Beispiel von Sibylle sagte die Mutter wiederholt: „Jetzt verhalte dich nicht wie ein kleines Kind." Sibylle beschloss daraufhin, ihre eigenen, spontanen Gefühle zu unterdrücken. Sie wollte nicht kindisch sein, sondern erwachsen. So entfernte sie sich von ihrer eigenen Identität und ihren Gefühlen. Die Entwicklung von einem lustigen, lebensfrohen Kind zu einer zu Depressionen neigenden Frau erstreckt sich über einen langen Zeitraum. Viele Zurückweisungen müssen einer solch starken Reaktion vorausgehen. Als Kind hätte sich Sibylle lediglich gewünscht, von ihrer Mutter liebevoll umarmt zu werden. Da sie stattdessen herabgewürdigt und des Zimmers verwiesen wurde, war ihre empfundene Zurückweisung groß.

Kinder sehnen sich nach liebevollen Umarmungen

Interessant ist die Feststellung von Dr. Wardetzki: bei einer Kränkungsreaktion geht es um unsere eigene tiefe Sehnsucht nach Liebe und Anerkennung samt unserem Entbehrungsschmerz. Antriebsmotor für unser Handeln sind unsere Sehnsucht nach Liebe und Anerkennung. Dieses kindliche Bedürfnis wurde nicht ausreichend befriedigt. Deshalb streben wir auch als Erwachsene unbewusst nach Lob und Anerkennung.[34]

Eine ankonditionierte Verhaltensweise bestimmt unser Kränkungsverhalten

Die Problematik an unseren Reaktionen auf Zurückweisungen liegt darin, dass wir unsere Reaktionen nicht als ein Konzept erkennen. Dieses Konzept, eine ankonditionierte Verhaltensweise, wird so sehr zu einem Teil von uns, dass wir glauben, wir *sind* das Konzept (s. S. 124). Tatsächlich ist das Konzept ein Teil unseres „Grandiositäten-Ichs". Das „Grandiositäten-Ich" wird, wie wir von Kohut lernten, teilweise in unser Erwachsensein übernommen.

Der Hirnforscher und Verhaltensphysiologe Prof. Dr. Dr. Gerhard Roth sagt: „Am Anfang ist das Gehirn sehr plastisch, was Charakter und Persönlichkeit betrifft, später – besonders nach der Pubertät – wird es immer weniger plastisch, wenngleich zum Glück nicht völlig starr. Das ist auch der Grund dafür, dass Menschen sich nach der Pubertät in ihren Grundstrukturen nicht mehr wesentlich ändern, dass sie ‚zu sich gefunden haben', es sei denn, sie haben ganz starke emotionale Erlebnisse."[35] Weiter bestätigt Roth, dass vieles, worunter wir als Erwachsene leiden in der frühen Kindheitsphase angelegt ist. Uns wird nicht allein dadurch geholfen, dass uns jemand zuhört; vielmehr müssen wir massive emotionale Zustände durchleben. „Menschen ändern sich nur, wenn sie sich emotional erschüttern lassen, wenn sie in emotionale Aufruhr versetzt werden."[36] Allerdings können wir uns nicht selbst von unseren Schmerzen befreien. Da die Auslöser für unsere Kränkungsreaktionen in unserem Unterbewussten liegen, bedarf es der Hilfe eines Dritten. „Ich selbst kann mich mit meinem reflexiven Ich nicht therapieren, ich kann keine Einsicht über die Grundlagen meines Denkens und Handelns gewinnen, so dass ich imstande wäre, mich aus eigener Kraft zu ändern."[37]

Menschen ändern sich nur unter massivem emotionalen Druck

Psychologen empfehlen, Situationen, die uns leiden lassen, therapeutisch aufzuarbeiten und beispielsweise den Schmerz erneut zu durchfühlen, der damals als Kind so unerträglich war. Dadurch wird die Psyche erleichtert. Prof. Dr. Dr. Roth hingegen ist der Ansicht, dass nicht das bewusste Durchleiden das Entscheidende ist. Vielmehr sei von Bedeutung, was in unserem limbischen Netzwerk (das limbische System steuert das emotionale Verhalten) verändert wird. Die Verknüpfungen des limbischen Netzwerkes verändern sich nur durch heftige emotionale Zustände. Vor heftigen Emotionen haben die meisten Menschen Angst, ebenso wie vor den Gefühlen, die in Bewegung gebracht werden könnten. Deshalb ist es verständlich, dass sie sich lieber mit ihrem Leiden arrangieren, als zum Therapeuten zu gehen. Die Angst vor dem, was da in Bewegung versetzt werden könnte, ist groß.

Stellen Sie sich vor, Sie bekämen Zahnschmerzen, die immer heftiger werden und die Sie nächtelang schlaflos machen. Irgendwann werden Sie sich, sei Ihre Angst auch noch so groß, zum Zahnarzt begeben. Ängstlich auf dem Stuhl sitzend, lassen Sie die schmerzhafte Behandlung über sich ergehen, weil Sie wissen, dass es Ihnen irgendwann wieder gut gehen wird. Einen Therapeuten aufzusuchen und ihn um Hilfe zu bitten, ist gewiss nicht leicht, bedarf es doch der Überwindung unseres Stolzes. Das Eingeständnis, dass wir Hilfe benötigen, mag für manchen wiederum eine so große Kränkung darstellen, dass die Hürde unüberwindlich scheint. Ein großer Schritt zu einem erwachsenen Verhalten ist, sich die eigene Zurückweisbarkeit bewusst zu machen. Möglicherweise können wir auch die mit der Zurückweisung in Zusammenhang stehenden Gefühle in unser Bewusstsein zurückholen.

Die Liste der Gefühle, die wir gerne verbergen wollen, bietet sich für eine Übung an. Möglicherweise bekommen Sie über diese Übung einen Einblick in Ihre unbewussten, verborgenen Gefühle. Eventuell öffnet sich die Schatzkiste Ihrer Gefühle für Sie. Falls Sie sich berührt fühlen, nehmen Sie sich die Zeit für sich, um die Emotionen auszukosten.

Lesen Sie sich die Liste in Ruhe durch. Anschließend fühlen Sie in sich nach, welches Gefühl Sie am meisten beunruhigt. Je aufrichtiger Sie mit sich umgehen, desto mehr können Sie über sich selbst erfahren. Welches von diesen Gefühlen wollen Sie nie mehr erleben? Anschließend bewerten Sie die Gefühle in einer Skala von 1-14. 14 ist das für Sie schmerzlichste Gefühl.

z.B.

Unbewusste, verborgene Gefühle	Wert
→ Angst:	
• Abgelehnt zu werden	
• Nicht dazu zu gehören	
• Nicht gut genug zu sein	
• Nicht verstanden zu werden	
• Vor dem Alter	
• Vor dem Alleinsein	
• Vor dem Leben	

- Vor dem Sterben

- Vor Verlust

- Wertlos zu sein, sich schuldig zu machen

→ Gefühl von Anziehung und Liebe

→ Hilflosigkeit

→ Minderwertigkeit

→ Nicht vorhandenes oder nur geringes Selbstwertgefühl

→ Scham

→ Schmerz

→ Selbstzweifel

→ Tränen, Traurigkeit

→ Verletztes Selbstwertgefühl

→ Verunsicherung unseres Identitätsgefühles

Diese Übung ermöglicht Ihnen den Kontakt mit längst vergessenen Gefühlen, mit Situationen, die Ihnen nicht mehr bewusst sind, in denen Sie für sich Entscheidungen getroffen haben. Das könnten grundlegende Entscheidungen sein, die Ihr Leben von da an in eine bestimmte Richtung gelenkt haben.

So erging es beispielsweise dem ehrgeizigen 35-jährigen Rechtsanwalt Gregory. Im Alter von 5 Jahren wurde er im **z.B.**

Beisein seiner älteren Schwester von der Mutter für ein Verhalten heftig gemaßregelt. Der Schmerz, seine Hilflosigkeit, die Ungerechtigkeit waren für ihn unerträglich. In dem Moment beschloss Gregory sich emotional von seiner Mutter zu lösen. Eigentlich hätte er sich gewünscht, dass seine Mutter ihn in den Arm nimmt und einfach lieb hat. Gregory hat bis heute ein äußerst kompliziertes, von Zurückweisungen geprägtes Verhältnis zu seiner Mutter. Seine damalige Entscheidung beeinflusste auch die spätere Wahl seiner Lebensgefährtin. Unbewusst suchte er sich eine Partnerin aus, die ihm die Zurückweisung gibt, die er von seiner Mutter kennt. Das wiederum gibt ihm die Gelegenheit, seinerseits mit Zurückweisung zu reagieren. Es ist unschwer zu erkennen, dass er mit seiner Partnerin nicht glücklich werden kann. Selbst die Wahl seines Berufes ist auf das Ereignis in seiner Kindheit zurückzuführen. Er beschloss im Alter von 5 Jahren, sich für Gerechtigkeit einzusetzen. Heute arbeitet Gregory 7 Tage in der Woche in seiner Anwaltskanzlei. Dort will er sich unbewusst die Liebe holen, die ihm seine Mutter verweigerte. Natürlich bekommt er keine Liebe im Job, aber Anerkennung. Er engagiert sich bis an seine körperlichen Grenzen im Beruf, damit er dort Anerkennung und Aufmerksamkeit findet. Seine Mutter zweifelt noch heute an den Fähigkeiten ihres angesehenen Sohnes und weist ihn dadurch wieder zurück. Nach wie vor wünscht er sich unbewusst sehnlichst die Liebe und die zärtliche Umarmung seiner Mutter.

Zurückgewiesene Kinder sind als Erwachsene leicht beeinflussbar

Ein Mensch wie Gregory ist für Marketing- und Psychostrategen ein willkommenes Opfer. Denn gerade verletzte und zurückgewiesene Kinder sind als Erwachsene besonders leicht beeinflussbar. Ihr Bedürfnis nach Erhöhung des Selbstwertgefühles ist beträchtlich. Ihnen verkauft man besonders leicht exklusive und teure Autos, Bekleidung, Häuser ... Sie glauben insgeheim, dass sie mit diesen Käufen ihren Selbstwert erhöhen können. Menschen wie Gregory sind nicht um ihrer Selbst willen geliebt worden, sondern für das, was sie taten. Sie sind es gewohnt, für Liebe viel „tun" zu müssen. Mit dieser Konditionierung sind sie auch später schnell bei ihrem Ehrgeiz zu packen.

Gregorys Leben hätte einen anderen Verlauf nehmen können, hätte die Mutter ihn damals liebevoll in die Arme geschlossen. An diesem Beispiel können wir erkennen, dass Gregory eine ganze Reihe von Entscheidungen von seiner damaligen Situation als Fünfjähriger abhängig macht. Jede seiner Entscheidungen wird ihm möglicherweise weiteres seelisches Leid produzieren. Seine schmerzliche Situation als Fünfjähriger kann dadurch keinesfalls aufgelöst werden. Vielmehr verstrickt sich Gregory in seinem Gedanken- und Glaubenskonzept, das auf seinen Erfahrungen als Fünfjähriger beruht. Gregory hat zu seinen Entscheidungen keinen bewussten Zugang mehr. Seit dem Ereignis mit der Mutter basieren seine Handlungen auf seinem unterdrückten Schmerz und seiner unterdrückten Hilflosigkeit. Inzwischen ist Gregory 35 Jahre alt, entscheidet und handelt aber aufgrund einer Entscheidung, die er als Fünfjähriger getroffen hat. Das geschieht unbewusst. Somit können wir sagen, das Gregory zwar körperlich 35 Jahre alt ist, allerdings in seiner emotionalen Entwicklung im Alter von 5 Jahren stehen geblieben ist. Er wird sein ganzes Leben unter einem immensen, selbsterschaffenen Druck stehen, „es" sich und seiner Umwelt zu beweisen. Sein Verhältnis zu Frauen beruht ebenfalls auf der ungeklärten Situation mit Mutter und Schwester. Eine einzige, in frühen Jahren unbewusst getroffene Entscheidung, kann unser gesamtes Leben beeinflussen.

Kindliche Konzepte bestimmen Entscheidungen im Erwachsenenalter

Linda, eine 14-jährige Gymnasiastin, fühlt sich von ihren Eltern vernachlässigt. Beide Elternteile sind berufstätig. Die Mutter arbeitet als Betriebsärztin für ein Kaufhaus, der Vater ist Programmierer in einem Softwareunternehmen. Finanziell geht es der Familie sehr gut. Sie haben ein eigenes Haus sowie zwei Autos und sind Mitglieder im Golf- und Tennisclub. Linda hat ein sehr schönes Zimmer mit Fernseher, Stereoanlage, MP3-Player, Computer und eigenem Telefon. Selbstverständlich hat sie ihr eigenes Handy, sogar mit eigenem Vertrag. Ihre Freizeit verbringt Linda in ihrer Mädchen-Clique. Diese Clique bedeutet Linda alles. Sie ist ihre „Familie". Unbewusst erhofft sie, hier die Liebe zu finden, die ihre Eltern ihr nicht geben können. Die Eltern verbringen viel Zeit auf dem Tennis- und Golfplatz. Linda bleibt oft sich selbst überlassen. Sie sehnt sich nach

z.B.

Zärtlichkeit, Aufmerksamkeit und Liebe. In der Clique bemüht sie sich um Aufmerksamkeit und Zuneigung von den anderen Mädchen. Sie bemüht sich, durch ihre Kleidung aufzufallen. Die Mädchen bevorzugen Markenjeans, Marken-T-Shirts, Tattoo, Piercing und teure Kosmetika. Linda versucht überall, wo sie nur kann, die anderen zu übertrumpfen. Sie glaubt, dass sie anerkannt wird, wenn sie die tollsten Klamotten, die abgefahrenste Frisur und das ausgefallenste Make-up trägt. Würden wir ihr sagen, dass sie den ganzen Aufwand betreibt, um geliebt zu werden, würde sie sagen: „Nein, die Sachen sehen doch voll fett und krass aus." Die traurige Wahrheit ist: Eigentlich möchte sie nur die Liebe und Aufmerksamkeit der anderen Mädchen erhalten. Sie wetteifern und konkurrieren untereinander. Die Mädchen geben Unsummen von Geld für materielle Güter aus, das ihre Eltern ihnen anstelle von „Liebe" geben. Den anderen Mädchen in der Clique geht es genauso wie Linda. Auch sie möchten Liebe und Anerkennung. Alle sind sie auf der Suche nach Aufmerksamkeit und Liebe.

Wie können sie sich Liebe und Aufmerksamkeit gegenseitig geben? Jede von ihnen hält bildlich gesehen ihre Arme auf und bittet um Liebe. Sie können sich diese Liebe untereinander nicht geben, da keine von ihnen wirkliche Liebe erfahren hat. Die Hilflosigkeit dieser jungen Menschen ist bestürzend. Genau diese wunden Punkte nutzt die Werbung aus. Da wird den Teenies vorgegaukelt, dass sie toll sind, dass sie geliebt werden. All die Konsumgüter, die den Mädchen vortäuschen, durch sie Liebe und Aufmerksamkeit zu erhalten, bräuchten sie nicht. Ob es der Lippenstift mit dem verführerischen Glanz ist, oder das Bonbon mit der atemberaubenden Frische oder die Jeans, die zu dir passt, spielt keine Rolle. Der Besitz dieser Dinge stillt die emotionalen Bedürfnisse der Mädchen nicht. Werbung will mittlerweile Emotionen wecken, da sich das beworbene Produkt dadurch besser verkauft. Der bekannte Musikfernsehsender VIVA wirbt unverhohlen um die Gunst der jungen Zuschauer mit dem Slogan „VIVA liebt dich". Mit „Liebe" wirbt es sich gut, weil alle Menschen sich nach ihr sehnen. Linda und ihre Freundinnen sind mit ihren unerfüllten emotionalen Bedürfnissen im Visier der Marketing- und Psychostrategen. Werden die

Konsumgüter sollen emotionale Bedürfnisse stillen

Mädchen später berufstätig, können sie durch Lob und Anerkennung mühelos für die Ziele anderer motiviert werden. Denn sie haben den Zugang zu ihrem inneren Wahren Selbst verloren.

Vielleicht können uns diese Beispiele verdeutlichen, welchen enormen Einfluss Zurückweisungen auf unser Leben haben können.

> Unser Leben wird durch Zurückweisungen bestimmt. Da wir sie vermeiden wollen, fassen wir bestimmte Entschlüsse, die auf unser gesamtes Leben Einfluss nehmen können. Diese Entscheidungen kosten uns sehr viel Kraft und entfernen uns von unserer Identität. Weil wir keinesfalls wieder für unser „Sosein" bestraft werden wollen, verändern wir uns. Wir leiden möglicherweise unser Leben lang unter unserer Entscheidung. Sie ist in unser Unterbewusstsein verdrängt und damit für uns ohne fremde Hilfe kaum nachvollziehbar. Erst wenn uns unsere Entscheidung bewusst ist, können wir sie emotional durchfühlen, uns von dem Schmerz lösen.

Mehr oder weniger vermeiden wir alle in gewissen Situationen zu fühlen. Das ist auch vollkommen in Ordnung. Grundsätzlich bevorzugen wir die positiven Gefühle. In ein Bild umgesetzt: Wir öffnen unsere Arme weit, um die schönen Gefühle zu empfangen. Hingegen verschränken wir unsere Arme, kommen uns negative Gefühle entgegen, bzw. wir schieben die negativen Gefühle gezielt weg. Unaufhörlich sind wir bemüht, die eigene Persönlichkeit gegen unangenehme Einflüsse aus der Umwelt, insbesondere vor Zurückweisungen, zu schützen – eine unmögliche Aufgabe. Die permanente, unbewusste Angst vor dem Erleben der verdrängten Schmerzen, lässt uns in ständiger unbewusster Achtsamkeit, Konkurrenz und ständigem Misstrauen durchs Leben gehen. Wir fühlen uns getroffen, wenn der Andere genau das in uns anspricht, was wir nicht hören wollen und zu fühlen vermeiden. Das Verstecken unserer wahren Identität ist mit einem enormen Kraftaufwand verbunden. Es ist kaum vorstellbar, welche Energien uns zur Verfügung stünden, hätten wir unser „Grandiositäten-Ich" abgelegt.

Leistungsgesellschaft

Inzwischen wissen wir aufgrund empirischer Forschung, dass unser Verhalten durch unsere Erfahrungen in unserer Kindheit geprägt ist. Wir haben alle ein mehr oder weniger stark ausgeprägtes Defizit an Liebe erfahren. Jetzt, als Erwachsene, sehnen wir uns noch immer nach Liebe und Anerkennung. Da wir Liebe – oder vielmehr Anerkennung – häufig nur in Verbindung mit Leistung erfahren haben, bemühen wir uns, gute Leistungen zu erbringen. Bereits im Elternhaus finden Vergleiche mit Mitschülern, Geschwistern und Nachbarskindern statt. „Der Helmut von nebenan hat viel bessere Noten als du! Du könntest dich wirklich mal etwas mehr bemühen." Wir spüren, dass wir bei diesem Vergleich negativ abschneiden und keine Liebe erfahren. Das Gefühl von Konkurrenz und Neid gegenüber Helmut wird in uns genährt. So beginnen wir schon in jungen Jahren mit einem ungesunden Wettbewerb. In unserer Gesellschaft zählt die messbare Leistung, nicht die Individualität. Wir lernen schon früh die Bedeutung von Leistung kennen.

Konkurrenz, Neid

Somit trainieren wir im heimlichen Kampf um Liebe und Anerkennung auch unsere Ellenbogen. Doch dabei bauen wir ein falsches Selbst auf, die wahre Individualität, unsere Ursprünglichkeit muss weichen. Geld, Konsum, Macht, Ruhm, Sex und Status sollen unser Wahres Selbst, unsere Gefühle und unsere echten Bedürfnisse ersetzen. Allein unsere Leistung zählt.

Im Teenager-Alter findet die Konkurrenz oft verdeckt statt. Hier geht es um Markenklamotten, Handys, SMS, Markenschuhe und PCs. Mit diesen Statussymbolen konkurrieren die Teenies untereinander. Die menschlichen, seelischen sowie die emotionalen Aspekte verlieren zunehmend an Bedeutung. Der Einfluss der Statussymbole auf die Bewertung des Gegenübers nimmt ständig zu. Womöglich ist dies einer der Gründe, warum dem Markenimage so große Bedeutung zugemessen wird. Derjenige ist „angesagt", der die teuersten Marken im Schrank hat und den schnellsten PC sein Eigen nennen kann.

Auf RTL II sollen in einer Castingsendung Musiktalente zwischen 14 und 19 Jahren als zukünftige Popstars ausgewählt werden. Die Castingteilnehmer weinen sich die Augen aus, wenn sie abgelehnt worden sind. Obwohl eine solche Absage nichts über das Wohl und Wehe in ihrem Leben aussagt, werden heftige Emotionen an die Oberfläche gespült, wie dies auch bei einem schwerwiegenden Problem geschehen kann.

z.B.

Natürlich erhoffen sich die Teenies von einem „Popstarsein" viel Liebe, Anerkennung und Aufmerksamkeit. Überzeugt, nur geliebt werden zu können, wenn sie etwas leisten. Auch für uns Erwachsene spielt diese Sehnsucht eine große Rolle in der Entwicklung des Ehrgeizes. Wären wir mit uns selbst zufrieden, würde man uns kaum zu Handlungen bewegen können, die wir nicht vornehmen wollen. Je geringer unser Selbstwertgefühl ist, desto leichter werden wir zu Opfern von Marketing- und Psychostrategen. Mit verschiedenen Techniken können sie unseren Ehrgeiz anstacheln. Wir haben von Kindesbeinen an gelernt, dass wir für Leistung das Lob und die Anerkennung unserer Eltern erhalten. Ziehen wir den Umkehrschluss: Werden wir als Erwachsene gelobt, führen wir noch effizienter die geforderten Aufgaben aus. Wir werden durch Lob und Anerkennung zu menschlichen Höchstleistungen motiviert. Ob diese Leistungen jedoch auch für uns von Vorteil sind, spielt für den Lobenden keine Rolle. Er sieht seine Interessen gewahrt und spendet uns das sehnsüchtig erwartete Lob.

Ehrgeiz

Lob und Anerkennung motivieren uns zu Höchstleistungen

Ausblick

Wie wir nun wissen, leben wir in einer narzisstischen Gesellschaft. In dieser Gesellschaft ist wenig Platz für echte Emotionen. Wir sollen funktionieren und ein glückliches, zufriedenes Leben führen. Der schöne Schein unseres „Grandiositäten-Ichs" spiegelt sich in den Fassaden unserer Mitmenschen wider. Wir kreieren ein Ideal unserer Person, welches wir unbewusst von unserer Umwelt gewürdigt sehen möchten. Hinter diesem Ideal verbirgt sich unser Wahres Selbst: unsere Bedürfnisse, Gefühle, Kreativität, Wünsche. Besorgt schützen wir unser „Grandiositäten-Ich" vor störenden Einflüssen. Dabei werden wir mit Zurückweisungen konfrontiert, die uns unsere Verletzlichkeit unmittelbar spüren lassen. Die Zurückweisung trifft auf einen wunden Punkt in uns. Wir wollen uns schützen, den Schmerz beenden und reagieren in uns bekannter Weise auf die Zurückweisungen. Mit jeder erfolgten Zurückweisung bemühen wir uns noch stärker, das „Grandiositäten-Ich" unangreifbar zu machen. Es wird uns nicht gelingen. Das alles läuft unbewusst in uns ab. Umso dankbarer sind wir, wenn jemand wie die Marketingstrategen unser Selbstwertgefühl scheinbar erhöhen.

Das „Grandiositäten-Ich" verdeckt unsere eigentlichen Gefühle, Wünsche, Bedürfnisse und die Kreativität: unser Wesen

Die Marketingstrategen verwenden die Erkenntnisse der Psychologie, um uns – für uns in der Regel unbewusst - besser in ihrem Sinne beeinflussen zu können. Psychologen nutzen ihre Kenntnisse der menschlichen Psyche, um Geld zu verdienen. Entweder sie vermarkten ihr Wissen an die Politik und das Marketing oder sie tragen zur psychischen Gesundung ihrer Patienten bei. Wie der Hirnforscher und Verhaltensphysiologe Prof. Dr. Dr. Gerhard Roth klarstellt, sind wir auf die Hilfe Dritter angewiesen, um an unsere unbewussten Gefühle zu gelangen. Nur durch massive emotionale Erlebnisse können wir unser Verhalten nachhaltig verändern. Das wird unter Umständen in der Psychotherapie möglich.

Massive emotionale Erlebnisse öffnen den Blick auf unser Wesen

Unser Gesellschaftsproblem ist die tiefsitzende Angst vor Zurückweisung. Diese Angst macht uns berechenbar und beeinflussbar. Was in diesem Zusammenhang erstaunlich klingen mag, in anderen Kulturen und Traditionen beschäftigt man sich seit vielen Jahrhunderten mit dieser Problematik. Das Freiwerden von Zurückweisungserlebnissen wird dort geübt, beispielsweise durch Meditation und Selbstbeobachtung. Ziel ist das Freiwerden von jeglicher Beeinflussung.

Wir sehen, es gibt Möglichkeiten, unsere Abhängigkeit von Lob und Anerkennung abzustreifen. Der erste Schritt ist die Bewusstwerdung folgender Tatsache: wir alle haben ein „Grandiositäten-Ich" aufgebaut, um uns vor dem schmerzhaften Gefühl der Zurückweisung zu schützen. Unsere Bereitschaft uns einzugestehen, dass wir in uns Ängste verbergen, kann schon der nächste Schritt in die richtige Richtung sein. Vielleicht können wir in verbalen Auseinandersetzungen beobachten, wo wir gekränkt auf eine subjektiv empfundene Zurückweisung antworten. Je mehr wir über unsere eigene Kränkbarkeit erfahren, desto weniger werden wir anderen gestatten, uns durch Lob und Anerkennung zu beeinflussen.

Anerkennung des „Grandiositäten-Ichs" als Schutz vor schmerzhaften Gefühlen

Strategien des Marketings

Einleitung

Die menschliche Psyche ist das Ziel von subtilen Marketingstrategien. Nachdem wir in Kapitel 6 Grundlegendes über die Funktionsweise unserer Psyche gelernt haben, gehen wir hier näher auf die Strategien des Marketings ein. Die Marketingstrategien bauen auf den mit Hilfe der Psychologie gewonnenen Erkenntnissen auf. Wie wir bereits wissen, bedient sich das Marketing unserer seelischen Verletzbarkeit. Das mag sich für uns ziemlich degoutant anhören, ist aber für die Marketingfachleute vollkommen normal. So schreibt der uns bereits bekannte „Marketing-Papst" Philip Kotler:

„Gelegentlich wird dem Marketing auch vorgeworfen, dass mit zu viel Nachdruck, Überredungskünsten und Druck auf den Kunden verkauft würde und dass Kunden zum Kauf verleitet würden, obwohl sie gar nichts kaufen wollen. Ein Beispiel für diese Praktiken ist der Bustourismus in Zusammenhang mit Verkaufsveranstaltungen für Allerweltsartikel (Bettdecken usw.) zu überhöhten Preisen, der sich gezielt an gut situierte, gelangweilte und vermeintlich unkritische Personen (Pensionäre) wendet. Oft wird behauptet, dass große Enzyklopädien, Lebensversicherungen, Zweitgrundstücke oder Juwelen verkauft und nicht gekauft werden. Die Verkäufer dieser Branchen gelten als geschult, den Interessenten mit psychologisch ausgeklügelter Argumentation dahin zu bringen, dass er kauft, ob er will oder nicht. Das lässt erahnen, wie raffiniert Marketing sein kann.

Fachleute wissen, dass es kaum Probleme bereitet, einem Interessenten nicht benötigte oder nicht gewünschte Produkte aufzuschwatzen." [38]

Ansatzpunkte der Strategien

„Werbung zielt überwiegend darauf ab, uns zu einem bestimmten Verhalten zu bewegen, z. B. ein Produkt zu kaufen, eine Partei zu wählen oder ein Museum zu besuchen. Manchmal sollen auch Meinungen und Einstellungen beeinflusst werden, die sich in einer Vielzahl verschiedener Verhaltensweisen niederschlagen (Beispiel: Werbung für einen bestimmten Glauben)."[39] Unsere Haltung zu einem bestimmten Thema wird mittels geeigneter Beeinflussungstechniken verändert. Im Marketing spricht man bevorzugt von „Sozialtechniken" anstatt von „Beeinflussungstechniken". Die Veränderung unserer inneren Einstellung lässt uns bestimmte Handlungen vollziehen. Wie diese Handlungen aussehen sollen, wird von den Marketingstrategen festgelegt. Natürlich gibt es erfolgreich und weniger erfolgreich umgesetzte Marketingstrategien.

Unsere innere Haltung wird verändert. Das führt zum Kauf

Elementar für die Entwicklung einer Strategie sind die Beeinflussungsansätze und die aktuelle Marktsituation. Heutzutage gelten 75 % der Weltmärkte als gesättigt.[40] Die Folge: eine Vielzahl gleicher Produkte in guter Qualität. Da die Nachfrage gesättigt ist, bemühen sich die Konkurrenten um größere Marktanteile. Der eine Produzent möchte dem anderen Marktanteile abnehmen. Auf diesem Wege kann eine Umsatzsteigerung herbeigeführt werden. Denn wir, die Kunden, kaufen nicht drei oder vier Autos auf einmal. Wir können uns aber für eine bestimmte Marke entscheiden.

Was verstehen wir unter einer Marke?

„Kennzeichnung einer Ware oder Dienstleistung eines Unternehmens, die der Unterscheidung von den Waren oder Dienstleistungen der Konkurrenten dienen soll. Marken können nicht nur aus Wortzeichen (z. B. Persil) oder Bildzeichen (z. B. der Kranich der Lufthansa), sondern auch aus Buchstaben, Zahlen, Hörzeichen (z. B. Melodie der Telekom), dreidimensionalen Gestaltungen einschließlich der Form einer Ware oder ihrer Verpackung (z. B. die besondere Form einer Flasche) sowie sonstigen Aufmachungen einschließlich Farben und Farbzusammenstellungen (z. B. die farbigen Embleme der Mineralölhersteller) bestehen."[41]

Aus diesem Grund hat die Positionierung eines Unternehmens an Bedeutung gewonnen. Das Image eines Unternehmens und seiner Produkte spielt bei unserer Kaufentscheidung eine wesentliche Rolle. Problematisch kann es für die Unternehmen werden, wenn sich bei ähnlichen Produkten dieselbe Verpackung oder dieselbe Werbebotschaft anbietet. Dadurch entsteht die Gefahr, dass sich die Produkte nicht mehr von ihrem Konkurrenzprodukt abheben. Somit werden die Produkte austauschbar. Die Effizienz der Marketingstrategie ist gering, da uns Kunden keine eindeutige Botschaft vermittelt wird, nach der wir anschließend handeln. Sehen wir die ähnlichen Produkte, können wir aufgrund ähnlicher Werbung keine Präferenz bei uns feststellen. Mit einem solchen Marketing wird es kaum gelingen, uns zum Kauf zu beeinflussen. Wir fühlen uns aufgrund der diffusen Werbebotschaften nicht zu einer ganz bestimmten Marke hingezogen. Deshalb kaufen wir auch nicht immer dieselbe Marke, sondern entscheiden uns jedes Mal neu. Für ein Unternehmen sind Stammkunden allerdings wichtig, garantieren sie doch einen gewissen Grundumsatz.

Vielleicht haben Sie beim nächsten Lesen Ihrer Lieblingszeitschrift Lust, auf die Uhrenanzeigen zu achten? Die Ähnlichkeit ist verblüffend. Immer ist die Uhr in Großansicht zu sehen, die Zeiger stehen aller Wahrscheinlichkeit nach auf ca. 10:10 Uhr oder 13:50 Uhr. Angeblich wirkt diese Zeigerstellung positiv auf uns, symbolisiert sie doch in gewisser Weise das Lächeln eines Gesichtes.

Auch die Autoanzeigen sind häufig vollkommen austauschbar gestaltet. Die Fahrzeuge sind sehr oft leicht schräg im Profil zu sehen. Ob nun ein Citroën, Audi oder Peugeot gezeigt wird, bedeutet kaum einen Unterschied.

Grundsätzlich gibt es nach dem bekannten Psychologen Prof. Werner Kroeber-Riehl vier marketingstrategische Ansätze für die zielorientierte Beeinflussung durch Werbung:

➔ durch Aktualität
➔ durch Information
➔ durch Emotion
➔ durch Emotion und Information [42]

Alle Strategien haben gemeinsam, dass sie unser Verhalten beeinflussen wollen. Als Erstes wird an eines unserer Bedürfnisse appelliert. Wir entsinnen uns der menschlichen Grundbedürfnisse nach Maslow (s. S. 48) als auch der „BUGGIWÄGS" – unserer Beweggründe für eine Entscheidung (s. S. 80 f).

Als Nächstes werden wir über die Eigenschaften des Produktes informiert, das unser Bedürfnis befriedigen soll. Die Marketingstrategen entscheiden sich beispielsweise für ein Bedürfnis, welches das Produkt zu erfüllen verspricht. Die Werbung wird es sich zum Ziel machen, uns davon zu überzeugen, dass wir mit dem Kauf des Produktes genau dieses Bedürfnis stillen können.

Nehmen wir an, es handelt sich um Vitamindragées. Sie sollen das Bedürfnis nach Gesunderhaltung unseres Körpers in uns ansprechen. Der TV-Spot könnte folgendermaßen aussehen:
Wir sehen eine in grau gekleidete, erschöpft wirkende Frau, die an einem grauen Morgen eine gefüllte Kaffeetasse fallen lässt. Fahrig und unkoordiniert bemüht sie sich, den Schaden zu beheben. Eine männliche Stimme sagt: „Sind Sie manchmal morgens auch etwas schwach auf den Beinen? Vitamin Z kann Ihnen helfen. Schon 2 Dragées täglich versorgen Sie mit dem Tagesbedarf an Vitamin Z. Nach kurzer Zeit werden Sie die positive Wirkung von Vitamin Z spüren. Ihre Gesundheit und Lebenskraft werden gestärkt." Während wir diese Stimme hören, sehen wir die Frau 2 Dragées schlucken. Ihre Kleidung wird farbig und sie selbst beginnt zu strahlen. Sie wirkt energiegeladen und gesund. Sie zwinkert in die Kamera und sagt:

z.B.

> „Die Vitamin-Z-Dragées von Leermann helfen auch Ihnen!"
> Dabei streckt sie die Verpackung der Vitamindragées der Kamera entgegen. Die zoomt auf die Verpackung. Schlussbild:
> Wir sehen, wie die Frau auf ihrem Fahrrad fröhlich, in strahlendem Sonnenschein, zur Arbeit fährt.

Wir erhalten in dem Spot die Information, dass wir das Produkt benötigen, um uns gesund zu fühlen. Zudem erfahren wir etwas über die Wirkung des Produktes.

Aktualität

Low-Involvement-Güter sind Güter des täglichen Bedarfs

Die Strategie der Aktualität kommt in der Werbung zum Einsatz bei so genannten Low-Involvement-Gütern. Damit sind Güter gemeint, über deren Kauf wir nicht lange nachdenken, die zum täglichen Bedarf zählen.[43] Dazu gehören: Papiertaschentücher, Toilettenpapier, Lebensmittel etc. Diese Strategie will einen guten Erinnerungswert an die Marke erreichen. Im Supermarkt entscheiden wir unbewusst, welche der angebotenen Taschentücher wir kaufen. Der Preis spielt bei den Meisten eine untergeordnete Rolle. Aktualisierungswerbung möchte eine Marke in unserem Gedächtnis verankern, damit wir uns später im Supermarkt unbewusst an diese Marke erinnern. Diese unbewusste Erinnerung führt dazu, dass wir die beworbene Marke kaufen. Genau das ist das Ziel von Aktualisierungswerbung: unsere unbewusste Produktentscheidung subtil zu beeinflussen.

Die Absicht von Aktualisierungswerbung ist,

➔ die Marke aus dem Konkurrenzfeld herauszuheben und damit ihre Identität sichtbar zu machen; sowie
➔ der Marke eine gedankliche Präsenz beim Konsumenten zu verschaffen, welche die Konkurrenzmarken nicht haben.[44]

Das erfordert eine Werbung, die

➔ stark auffällt,
➔ die Marke in den Mittelpunkt stellt sowie
➔ einprägsam und leicht zu erinnern ist.[45]

Bei der Kaufentscheidung dieser Low-Involvement-Güter sind wir gedanklich nur geringfügig beschäftigt. Deshalb muss bei der Strategie der Aktualität die Werbung oft wiederholt werden, damit wir die Marke hauptsächlich passiv und unbeabsichtigt lernen. Wir werden durch die Strategie der Aktualität weitgehend unbewusst und subtil im Sinne der Marketingstrategen beeinflusst.

Information

Die Strategie der Information will uns sachliche Werbebotschaften vermitteln. Wir sollen allein aufgrund sachlicher Hinweise eine Kaufentscheidung treffen. Auf den Verkäufermärkten, die noch wenig entwickelt sind, in denen wir Kunden ein starkes Bedürfnis nach bestimmten Produkten empfinden, ist die Strategie der Information angemessen. So war die Werbung in den 50er Jahren des vergangenen Jahrhunderts sachlich und informativ. In Europa bestand ein starkes Bedürfnis nach vielen Produkten: Hautcremes, Autos, Waschmittel etc. Wir entschieden uns zum Kauf eines Produktes, z. B. eines Autos, wegen der Sachinformationen.

Werfen wir einen Blick auf die heutige Werbung, können wir feststellen, dass eine rein sachliche Werbung nur noch selten zu sehen ist, es sei denn, es handelt sich um Investitionsgüter für die Industrie oder um eine Produktinnovation. In beiden Fällen könnte eine sachliche Werbung für eine Kaufentscheidung ausreichend sein. Aber selbst hier wird die reine Informationsstrategie nunmehr in Verbindung mit emotionalen Strategien eingesetzt.

Rein sachliche Werbung ist selten

Betrachten wir unser gedankliches Engagement bei der Kaufentscheidung aufgrund der Werbung mit der Strategie der Information: Nur sofern wir gedanklich stark in den Kaufentscheidungs-
prozess involviert sind, interessieren wir uns für sachliche und
produktbezogene Hinweise. Damit wir sachliche Informationen
aufnehmen können, müssen wir aufmerksam sein. Sind die sachlichen Produkthinweise logisch überzeugend, wird es zu einer Veränderung unserer Einstellung kommen. Unsere veränderte Einstellung kann dazu führen, dass wir das Produkt kaufen.

Also werden wir bei der Strategie der Information direkt beeinflusst. Die Beeinflussung wird durch eine ausschließlich logische, gedankliche Einwirkung vollzogen. Selbstverständlich geschieht das auch hier im Sinne des Marketing betreibenden
Unternehmens.

Emotion

Wie bereits erwähnt, sind zur Zeit 75 % der Weltmärkte gesättigt.
Die Erzeugnisse unterscheiden sich nur noch geringfügig voneinander. Die gute Qualität eines Produktes oder einer Dienstleistung
gilt als selbstverständlich. Heutzutage wird als kaufentscheidend
angesehen, ob oder in welchem Maß das Produkt uns sinnliche und
emotionale Erlebnisse vermitteln kann, und auch welchen Beitrag
es zur Steigerung des Lebensgefühls und der emotionalen Lebensqualität bieten kann, ist ausschlaggebend. „Die Schwerpunkte der
erlebnisbetonten Marketingmaßnahmen liegen auf der Werbung,
auf Design und Verpackung, auf Promotion und persönlichem
Verkauf sowie auf der Ladengestaltung."[46]

Im Erlebnismarketing will Werbung das Produkt in unserer emotionalen Erfahrungs- und Erlebniswelt verankern. Aufgrund von
austauschbaren Werbungen wird zur Abgrenzung von Mitbewerbern ein Erlebnisprofil für das Produkt geschaffen. In der großen
Werbeflut kann Werbung durch emotionale Reize herausragen.
Wie Werner Kroeber-Riehl bemerkt, gelingt die erlebnisbetonte

Positionierung hervorragend über Bilder. Bilder können emotionale Inhalte weitaus besser transportieren als Sprache. Aussagekräftige Bilder sind in der Lage, in uns „innere emotionale Bilder" zu erzeugen. Gerne verwendet das Marketing so genannte Schlüsselbilder zur Verankerung eines Produktes oder einer Marke in unserem Gehirn. Schlüsselbilder haben die Aufgabe, emotionale Aussagen zu transportieren.

Aussagekräftige Bilder erzeugen „innere emotionale Bilder" in uns

Gut gewählte Schlüsselbilder können über Jahre in verschiedenen Variationen im Rahmen der Marketingstrategie „Emotion" eingesetzt werden. Ein bekanntes Beispiel ist die Werbung für die Zigarettenmarke Marlboro. Der Cowboy lässt in uns individuelle, emotionale innere Bilder entstehen. Seit ungefähr 50 Jahren wird dieses Schlüsselbild erfolgreich in das Konzernmarketing integriert.

z.B.

Als besonders reizintensiv gelten erotische Abbildungen und das „Kindchenschema". Sie lösen bei uns biologisch vorprogrammierte Reaktionen aus. Diese visuellen Reize sollen bezwecken, dass wir der Werbung Aufmerksamkeit widmen. Das zeigt uns, dass Marketing sogar unsere angeborenen Instinkte dazu verwendet, finanziellen Gewinn zu realisieren.

Ist ein Schlüsselbild in unserem Gehirn gespeichert, entfaltet es einen starken Einfluss auf unsere Haltung dem Produkt gegenüber. Hat sich unsere innere Einstellung bezüglich des Produktes verändert, verhalten wir uns anders als vorher. Sobald ein emotionales Bild des Produktes in uns abgespeichert ist, haben wir eine „eigene Einstellung" zu dem Produkt. Diese Einstellung beeinflusst unbewusst unsere Handlungen. Da gleichzeitig eine gewisse Immunisierung gegen Kritik an dem Produkt eintritt, können wir in unserer neuen Meinung über das Produkt von einer anderen Person nur schwer umgestimmt werden. Es findet eine massive, subtile Beeinflussung unserer Person statt.

Bilder stellen eine Sicherheitslücke in unserem System der Beeinflussungsabwehr dar. Bilder gelangen ungefiltert in unser Gehirn.

Bildaussagen gelangen ungefiltert in unser Gehirn Wir kristallisieren das Thema und die Aussage eines Bildes in kürzester Zeit heraus. Es genügen hierfür 2-3 Sekunden. Wir nehmen das Bild emotional sowie gedanklich in uns auf. Das heißt: Sachinformationen können ebenfalls blitzschnell transportiert werden. Dies gilt zumindest, sofern sie visuell treffend präsentiert werden. Wollten wir die Aussage eines Bildes in Worten beschreiben, würden wir dafür eine wesentlich längere Zeit benötigen.

„Es ist also nicht übertrieben, Bilder als schnelle Schüsse in unser Gehirn zu bezeichnen."[47] „Durch den gezielten Einsatz von Bildern wird es der Werbung möglich, Gefühle für ein Produkt oder eine Dienstleistung in uns auszulösen."[48]

Marketing will uns emotional konditionieren Die Strategie der Emotion ist also eine besonders wirkungsvolle Beeinflussungsmethode. Marketing zielt sogar auf eine emotionale Konditionierung unserer Person ab. Wie wir bereits von Kroeber-Riehl und Esch wissen, sind Schlüsselbilder optimal geeignet, in uns Emotionen zu provozieren. Unsere geleitete, emotionale Konditionierung beginnt, indem zunächst die Marke mit Emotionen aufgeladen wird. Hierzu wird uns in einem Spot beispielsweise zuerst die Marke gezeigt. Anschließend sehen bzw. hören wir den emotionalen Reiz: ein Bild oder eine Musik. Diese Vorgehensweise hat sich als effizient erwiesen. Teilweise werden Marke und emotionaler Reiz auch gleichzeitig angeboten, mit demselben emotional konditionierenden Effekt. Je häufiger wir diese Werbung sehen, bewusst oder unbewusst, desto effektiver wirkt die emotionale Konditionierung.

Wir werden emotional durch Werbung konditioniert, egal ob wir sie bewusst oder unbewusst wahrnehmen. Es ist sogar so, dass die unbewusste Konditionierung wirksamer an uns vorgenommen werden kann. Denn nähmen wir die Werbung bewusst auf, könnten wir uns bewusst gegen eine Beeinflussung entscheiden.

Irgendwann ist die Werbung so erfolgreich, dass wir ein positives Gefühl verspüren, sobald wir an die Marke denken. Der Ursprung dieses Gefühles ist uns möglicherweise nicht bewusst zugänglich. Fragen wir uns, warum dieses Gefühl in uns aufsteigt, finden wir möglicherweise eine scheinbar logische Begründung, warum wir gerade dieses Produkt gut finden. Unser Gedanke wurde durch eine sorgfältig abgestimmte Marketingstrategie in unserem Gehirn abgesetzt. Dort kann der Gedanke nun in uns wirken. Marketingstrategen gelingt es, sich unser Gehirn für ihre Absichten zu öffnen.

z.B.

Damit die Konditionierung erfolgreich abläuft, ist es unabdingbar, dass wir die Werbung wiederholt sehen. Diese Vorgehensweise können wir in der Fernsehwerbung beobachten. Innerhalb eines Werbeblockes von ca. 5 Minuten können wir feststellen, dass etliche Werber zwei bis teilweise vier Spots senden. Dabei dauert der erste ca. 20-30 Sekunden, die nachfolgenden, das Gedächtnis auffrischenden Spots, nur 8-10 Sekunden. Besonders auffällig war die Werbung des Autoherstellers Toyota, der im Jahr 2002 für das Fahrzeug Corolla vier Spots in einem Werbeblock ausstrahlen ließ. In jedem der vier Spots wurde eine Geschichte erzählt, aber eben nicht vollständig. Als Zuschauer sind wir unweigerlich in eine Geschichte involviert worden, deren Ende wir wissen wollten.

Im Verlauf der Marketingstrategie dieser Werbung wurden nach einiger Zeit nur noch zwei Spots pro Werbeblock gezeigt. Wir hatten ja bereits gelernt, was die Spots vermitteln wollten. Das erspart dem Unternehmen teure Werbezeiten. Irgendwann ist es dann soweit: ein nur noch ganz kurzer Spot erinnert uns an den gesamten vierteiligen Spot. Das bedeutet, wir haben ein inneres Bild abgespeichert, welches jedes Mal durch den auffrischenden Spot in uns aktiviert wird. Das geschieht meistens unbewusst.

Vorteilhaft für die emotionale Konditionierung durch Marketingstrategien sind starke emotionale Reize, wie sie beispielsweise unsere Träume bieten. Der Psychologe und Psychiater Carl Gustav Jung beschäftigte sich mit unseren unbewussten biologischen Verhaltensmustern. Er fand heraus, dass in unseren Träumen allgemein menschheitsgeschichtliche Symbole und Verhaltensmuster vorkommen. Diese menschlichen „Urbilder" nannte er „Archetypen".

Archetypen lösen Emotionen aus Archetypen können nicht erklärt, sondern bestenfalls in eine Bildersprache transformiert werden. Sie lösen in uns Emotionen aus. Beispiele für Archetypen sind: der Clown, die Mutter, das Kind, der Held, der Weise, der Vater.

Dieses Wissen um die tiefenpsychologische Wirkung von Archetypen wird im Marketing eingesetzt. Archetypen stellen starke emotionale Reize für uns dar. Wir sind von unserem Unterbewusstsein gezwungen, darauf zu reagieren. In der Werbung können wir den Cowboy in der Marlboro-Werbung als Helden definieren. In einer Bonbon-Werbung wird der Großvater als der Weise eingesetzt, der dem Enkel ein Bonbon empfiehlt. Mit derartigem tiefenpsychologischem Wissen, das ursprünglich zu unserer Unterstützung erforscht worden war, werden wir nachhaltig durch Marketingstrategien beeinflusst.

Emotion und Information

Die Verbindung der Marketingstrategien Emotion und Information zu einer Strategie gilt derzeit als variabelste Taktik. Die Symbiose der beiden verspricht punktgenaue Werbung, zudem kann sie auf den meisten Märkten eingesetzt werden. Die beiden einzelnen Strategien wurden uns bereits vorgestellt.

Je nachdem, ob unsere innere Haltung durch eine stärkere emotionale oder informative Strategie erfolgreich beeinflusst werden kann, wird in diesem Bereich der Schwerpunkt gesetzt. Sind wir in unserer inneren Haltung beeinflusst, ist unsere Kaufentscheidung vorhersehbar. Selbstverständlich bemühen sich die Unternehmen, ihre Strategien vor dem Einsatz durch empirische Erhebungen zu optimieren.

„Strategen stellen sich bei der Positionierung der Produkte mittels Emotion und Information die Frage: Werden genau die Bedürfnisse angesprochen, die durch die sachlichen Produkteigenschaften befriedigt werden können?"[49]

Kommen wir in dem Zusammenhang auf das Beispiel mit den Vitamintabletten Z zurück. Das Bedürfnis nach Gesundheit wird durch die Produkteigenschaften erfüllt. Vitamine sind nachweislich für unsere Gesundheit elementar. Die Eigenschaft der Dragées soll laut Werbung sein: Förderung der Gesundheit und Lebenskraft. Die Frau im Werbespot sieht nach der Einnahme der Vitamine fröhlicher und vitaler aus als vorher. Folglich entspricht die Werbung des Vitamins Z der Positionierungsstrategie durch Emotion und Information.

Anmerkung

Marketingstrategen verwenden psychologische Erkenntnisse über unser Verhalten, um effektivere Beeinflussungsmethoden zu entwickeln. Unsere natürlichen, menschlichen und biologischen Verhaltensweisen werden ebenfalls herangezogen, um uns absatzfördernd zu beeinflussen (Erotik, Kindchenschema, Archetypen usw.).

Wenden wir uns dem Wirtschafts-Psychologen Prof. Detlev Liepmann zu. Er bestätigt unsere Erkenntnisse zum Thema Werbung in folgender Weise:
„Werbung müsse ... immer feiner auf Alter, Bildung und Einkommen der potenziellen Kunden abgestimmt werden. Mit Sprache und Bildern ziele Werbung darauf, Menschen an Produkte zu binden. Dabei wird voll in die Trickkiste der psychologischen Manipulation gegriffen. ‚Es werden Stimmungen aufgebaut, Sehnsüchte geweckt und Schuldgefühle hervorgerufen.‘ ... ‚Es wird beispielsweise das Gefühl eines Mangels und so indirekt eine positive Wunschwelt geschaffen.‘ ... Werbung könne besonders dann zu einer Gefahr werden, wenn die durch sie geschaffenen Wunschwelten dazu führen, dass Menschen sich verschulden.“ [50]

Eine Aufgabe von Bildern ist es, Atmosphäre zu schaffen. Durch stimmungsvolle Bildschemata werden Wunschwelten in uns aufgebaut. Beispiele sind: Sonnenuntergang, Tropenschema, Golf-schema, Familienschema, Wasser, Feuer etc. Diese Bilder stimulie-ren bestimmte innere Bilder, die wir dann unbewusst auf das dargebotene Produkt übertragen. Die Bilder haben zum Einen die Aufgabe, in uns Sehnsüchte zu wecken. Zum Anderen werden wir für die Botschaft aufnahmebereiter. Wir erinnern uns mittels der geschaffenen Atmosphäre positiv an diese Werbung. Zusätzlich möchte die Werbung uns suggerieren, dass wir unsere Sehnsüchte (die die Werbung weckt) durch das gezeigte Produkt befriedigen können. Werbung möchte uns verführen. Ein Lebensgefühl wird in uns angesprochen. Das Produkt kann laut Werbung dieses Lebens-gefühl vermitteln.

Werbung will uns durch emotionale Bilder verführen

Die Strategen wissen genau, was sie bei uns bewirken wollen: Un-sere innere Haltung zu einer Sache wird durch geschickt arran-gierte Bilder und Texte verändert. Es spielt keine Rolle, ob es sich um Produkte, Dienstleistungen, Politik oder Ästhetik handelt.

„Ohne dass es 'Manipulierte' merken (dürfen), werden sie - mit Hilfe moderner wissenschaftlicher Methoden - in ihrer Be-wusstseins- und Meinungsbildung soweit wie möglich von der (ihrer) Erkenntnis und dem (ihrem) Wissen getrennt und somit wird das Bewusstsein der Menschen deformiert. Sie werden - je nach Zielsetzung der Manipulation - in ihren Weltanschauun-gen, Denkgewohnheiten, Gefühlsregungen und ästhetischen Urteilen entscheidend (meist einseitig) beeinflusst."[51]

Strategen vermeiden direkte Appelle an uns, z. B.:
Geh in das Geschäft und kauf das Produkt!
Geh in das Wahllokal und wähl die Partei!
Wir sagen dir: Ab jetzt sind kurze Röcke modern!

Direkte Appelle sind Aufforderungen zu Handlungen. Dagegen würden wir uns sofort wehren. Das ist psychologisch erforscht.

Unsere Gedanken und Gefühle sind das Ziel der Strategen

Subtil, ohne dass wir es bewusst wahrnehmen, greifen Marketing-strategien in unser Leben ein. Unser Gehirn mit unseren Gedanken und Gefühlen ist das Ziel der Strategien. Hier werden gezielt Informationen abgesetzt. Dies geschieht über diverse, psychologisch gestaltete Werbeträger. Im Ergebnis werden wir unterbewusst beeinflusst mit der Zielsetzung, dem Marketing-Betreibenden, finanziellen Gewinn oder ein positives Image zu verschaffen. Das positive Image wird ebenfalls benötigt, um uns zu beeinflussen, ob zu einer Wahl, zur Hilfeleistung oder zu einer Spende.

Anzeigen

Werbeanzeigen sehen wir täglich. Wir überblättern sie, nehmen sie dabei jedoch für einen Moment wahr. Das ist für eine unbewusste Beeinflussung ausreichend. Beispielsweise kann unsere emotionale Konditionierung auf eine Marke durch eine Anzeige gefestigt werden. Wie wir wissen, ist eine häufige Wiederholung der Werbung für unsere emotionale Konditionierung unerlässlich.

Emotionale Konditionierung erfolgt durch häufige Wiederholung

„Es wurde getestet, wie groß eine Zeitungsanzeige sein sollte, um unsere optimale Aufmerksamkeit auf sich zu ziehen. Das Ergebnis war, dass eine zweiseitige Anzeige von uns am längsten beachtet wird. Wir betrachten eine beidseitige Anzeige durchschnittlich 2,8 Sekunden, wohingegen wir auf halbseitigen und kleineren Anzeigen nur 0,6 Sekunden verweilen. An farbige Anzeigen können wir uns drei Mal besser erinnern als an schwarz-weiße."[52]

Zweiseitige Anzeigen betrachten wir am längsten

Damit Zeitungsanzeigen effektiv sind, bemühen sich die Forscher darum, Gesetzmäßigkeiten in unserer Wahrnehmung aufzudecken. So existieren Formeln, anhand derer berechnet werden kann, wie oft ein Wort in einem Textfeld vorkommen muss, damit es wieder abrufbar in unserem Gedächtnis verankert ist. Grundsätzlich nehmen Bilder in Anzeigen eine dominante Stellung ein. Sie werden als Erstes und auch am längsten angesehen. Im Anschluss daran folgt die Headline.

In der Headline sollte möglichst die Werbeaussage enthalten sein. Das gewährleistet, dass wir selbst bei kurzem Kontakt mit der Anzeige die Hauptinformation aufnehmen. Die Marketingfachleute empfehlen, die Marke und die Werbebotschaft in 3–8 Worten in der Headline unterzubringen.

!

KISS ist die Abkürzung für „keep it simple and stupid". [53]

Was so viel bedeutet wie: Gestalte so einfach wie möglich. Dies gilt für Bild und Text gleichermaßen. Das KISS-Prinzip ist eine Methode, um möglichst viele Reaktionen auf eine Werbung zu erhalten. Slogans von Unternehmen werden ebenfalls nach dem KISS-Prinzip kreiert.

z.B.

Beispiele für KISS-Slogans:

→ BMW: Freude am Fahren.
→ HypoVereinsbank: Leben Sie. Wir kümmern uns um die Details.
→ Der Spiegel: SPIEGEL-Leser wissen mehr.
→ Mini Cooper: Is it love?
→ Volksbanken Raiffeisenbanken: Wir machen den Weg frei.

Das Bild soll idealerweise die Werbebotschaft verstärken. Je mehr die Bildbotschaft mit der Textaussage übereinstimmt, desto leichter können wir uns die Anzeige merken. Für den Fall, dass wir größeres Interesse an dem Inhalt der Anzeige haben, wird ein ausführlicheres Textfeld integriert. Der Text wird hierbei in kleinere Abschnitte unterteilt präsentiert. Er wirkt dadurch gegliedert und kann leichter von uns aufgenommen werden. Wichtige Aussagen werden beispielsweise durch Fettdruck hervorgehoben. Somit könnte auch ein wenig interessierter Leser einen schnellen Überblick gewinnen. Falls wir uns gerade in einer Kaufentscheidungsphase befinden, werden wir möglicherweise den gesamten Text lesen.

Werbung will sich in unserem Gedächtnis verankern. Das geschieht in einer Anzeige mit Hilfe von Bild und Text. Der Text soll anschaulich, bildhaft und konkret die Werbeaussage vermitteln.

Bevorzugt werden Worte gewählt, die wir positiv bewerten. Die gesellschaftliche Bewertung von Worten kann sich im Laufe der Zeit ändern. Somit wird darauf geachtet, zeitgemäße Formulierungen zu verwenden.

Worte, die wir positiv assoziieren sind: Fortschritt, modern, außergewöhnlich, zukunftsorientiert, Forschung, integrieren, Freizeit, Freunde, Familie, Liebe, individuell, Duft, Reinheit, Glück, Chancen, flexibel, dynamisch, Transparenz, ideal.

z.B.

Eine Anzeige, die alle gerade eben beschriebenen Kriterien erfüllt, spricht sowohl die weniger und mittelmäßig als auch die stark involvierten Kunden (uns) an.

Wir haben jetzt einen Einblick in die Gestaltung von Werbeanzeigen gewonnen. Betrachten wir künftig Anzeigen, kann es sein, dass wir uns noch mehr darüber bewusst sind, dass wir hier nach psychologischen Regeln beeinflusst werden. Information und Emotion verändern unsere Haltung dem beworbenen Produkt gegenüber.

Anzeigen sind nach psychologischen Regeln gestaltet

Brand, Branding und Rebranding

Brand ist der Marketingfachausdruck für Marke. Was eine Marke ist (vgl. S. 157 f), wissen wir inzwischen. Branding ist ebenfalls ein Begriff aus dem Marketing und bedeutet die Entwicklung von Marken. Rebranding steht für die Umwandlung einer bereits bestehenden in eine neue Marke mit neuen, aktuelleren Inhalten. Brand, Branding und Rebranding sind top aktuelle Marketingstrategien.

Brand und Branding

Kennen Sie die Namen IBM, McDonald's, Mercedes, Coca-Cola und Meister Proper? Verbinden Sie eine emotionale Vorstellung mit diesen Namen? Entstehen innere Bilder in Ihnen? Dann hat das Brand-Marketing bei Ihnen bereits gewirkt.

Experten des amerikanischen Unternehmens Brand Solutions Inc. definieren Brand folgendermaßen:

„Brand ist eine versinnbildlichte, emotionale, rationale und kulturelle Darstellung dessen, was der Betrachter mit einem Unternehmen bzw. einem Produkt verbindet."[54]

Das heißt, eine Marke soll in uns mit Leben gefüllt werden. Wünschenswert ist, dass wir Emotionen und Fantasien bezüglich der Marke entwickeln. Vorausgesetzt die durch Marketingstrategien heraufbeschworenen Werte der Marke, wie z. B. Zuverlässigkeit, Modernität und Fun werden in allen Bereichen des Unternehmens umgesetzt, erhält die Marke ein stabiles Image. Effektiv ist eine Marke, sofern sie durch die Corporate Identity (s. S. 40 ff) mit ihren Elementen Corporate Design, Corporate Behaviour und Corporate Communication unterstützt wird. Das heißt, die Werbebotschaft der Marke und die Realität müssen übereinstimmen. Wir verbinden die Marke unbewusst mit den vermittelten Eigenschaften, zu denen wir eigene innere Bilder schaffen. Es kommt zur Bildung eines Erlebnisprofils. Ein Erlebnisprofil wird in unserem Gehirn besser abgespeichert als eine sachliche Information.

Marken verkörpern ein Image, mit dem wir uns identifizieren

In unserer Zeit wird Marken ein immer größerer Wert beigemessen. Es genügt nicht mehr, nur gut gekleidet zu sein. Auf die Marke kommt es an. Die Marke verkörpert ein Image. Wir bevorzugen es, Marken zu tragen, die unseren Wertvorstellungen entsprechen bzw. unseren Selbstwert scheinbar erhöhen. Möglicherweise gehen wir sogar so weit, dass wir uns mit einer Marke identifizieren. Das geschieht unbewusst durch emotionale und informative Positionierungsstrategien des Brand-Managements.

Der Name einer Marke wird, fällt das Produkt in den Kosmetikbereich, bevorzugt französisch klingen. Bei einem Lifestyle-Produkt wird ein englischer Name gewählt und die Artikel des täglichen Bedarfs dürfen deutsche Namen tragen. „Eine Marke übermittelt den Kaufinteressenten eine spezifische Vorstellung über Produkteigenschaften, Produktnutzen und günstige, mit dem Produkt verbundene Dienstleistungen. Die besten Marken sind zu dem geworden, was sie sind, weil sie für Qualität, hohen Gegenwert und hohe Produktzufriedenheit stehen." [55] Marken, die dieser Vorgabe entsprechen sind z. B. Mercedes-Benz, IBM, BMW und Heinz-Ketchup.

Marken stehen für Qualität, Gegenwert und Produktzufriedenheit

Wir möchten nun anhand der Marke Mercedes die Wirkungsweise einer Marke verdeutlichen. Jeder von uns hat eine Assoziation zu Mercedes-Benz. Die Assoziation könnte Folgendes beinhalten:

→   gut durchkonstruiert
→   guter Service (Werkstatt, Garantie, Kundendienst)
→   sorgfältig gebaut
→   dauerhaft und langlebig
→   hohes Ansehen
→   schnell und sicher
→   teuer
→   hoher Wiederverkaufswert

Diese Vorstellungen sind durch Brand-Marketing in uns verankert worden. Wenn unsere Vorstellung mit der Wirklichkeit übereinstimmt, ist die Marke zu dem geworden, was sie verspricht: ein Symbol für Qualität, hohen Gegenwert und Produktzufriedenheit.

Vorteile einer Marke

Eine stabile Marke ist für ein Unternehmen Geld wert. Für den Umsatz auf einem gesättigten Markt ist der Bekanntheitsgrad einer

Der Bekanntheitsgrad einer Marke ist wichtig

Marke wichtig. Entspricht die Qualität des Produktes unseren Vorstellungen, ist das wiederum ein Anreiz für uns, das Produkt erneut
zu kaufen. Verkörpert die Marke ein bestimmtes Image, das unseren Selbstwert scheinbar erhöht oder unseren Wertvorstellungen
(„BUGGIWÄGS") entspricht, werden wir sie ebenfalls wieder
kaufen. Wir entwickeln Markentreue. Wird ein neues Produkt mit
einer bekannten Marke auf dem Markt platziert, werden wir geneigt sein, dieses ebenfalls zu kaufen. Die positiven Erfahrungen
mit der Marke werden wir auf das neue Produkt übertragen.

Philip Kotler fasst die Funktionsweise einer Marke für uns zusammen:

„Eine Marke wird immer diejenigen Leute anziehen, deren Persönlichkeit oder deren angestrebtes Wunschbild von sich selbst
dem Ansehen und Image der Marke entsprechen.
Aus all dem geht hervor, dass die Marke als umfassendes Symbol für all das steht, was Hersteller oder Anbieter und Produkt
für den Käufer und Nutzer in Bezug auf Funktion, Nutzen, Wert
und Persönlichkeit darstellen wollen. ... Aufgabe und Heraus-
forderung der Markengebung bestehen darin, ein positives und
umfassendes Meinungsbild über das Produkt und den Anbieter
entstehen zu lassen und es bei den Kaufinteressenten im wei-
testen Sinne und in der öffentlichen Meinung zu verankern."[56]

Ranking der Top-10-Brands

Der Wert einer Marke lässt sich einschätzen. Die Interbrand Inc.
gilt als führendes Unternehmen für das Branding. Die FIFA z. B.
ließ sich zur Fußballweltmeisterschaft 2002 von Interbrand Inc.
eine neue Marke sowie eine Markenstrategie kreieren.

Im Folgenden ein Ausschnitt aus der Liste „The 100 Top
Brands"[57] der Interbrand Inc., veröffentlicht in der „Business
Week" im Jahr 2002:

Rang	Unternehmen	Wert in Milliarden US $
1	Coca-Cola	69,64
2	Microsoft	64,09
3	IBM	51,19
4	GE (General Electric)	41,31
5	Intel	30,86
6	Nokia	29,97
7	Disney	29,26
8	McDonald's	26,38
9	Marlboro	24,15
10	Mercedes	21,01
20	BMW	14,43

z.B.

Die Top-Ten der Marken sind bis auf das finnische Unternehmen Nokia und das deutsche Unternehmen Mercedes in amerikanischem Besitz.

Celebrity-Marketing: der Mensch als Marke

Der Einsatz von prominenten Persönlichkeiten in der Werbung wird Celebrity-Marketing genannt.

Thomas Gottschalk, Verona Feldbusch, Arnold Schwarzenegger, Boris Becker und Günther Jauch arbeiten als Showmaster,

Quizmaster, Schauspieler oder Sportler. Sie sind Personen von öffentlichem Interesse. Ihre Namen finden wir täglich in den Medien. Sie selbst sind beliebt, begehrt und berühmt. Kurzum:

Prominente erhalten die Aufmerksamkeit, die wir uns wünschen

prominent. Unsere Sehnsucht nach Aufmerksamkeit sehen wir bei den Prominenten verwirklicht. Das Gefühl, allseits beliebt und geschätzt zu sein, möchten wir auch erleben. Diese Sehnsucht beruht auf unseren als Kind erfahrenen Defiziten. Außerdem wird in der Welt des Schauspiels, des Showbusiness und des Sports Glanz, Gloria und vor allem Spaß vermittelt – Ziele, die in unserer Spaßgesellschaft fast jeder anstrebt.

„Mit einer Zustimmung von 84 % ist Günther Jauch der beliebteste TV-Moderator. Er wirkt auf uns glaubwürdig und authentisch. Was er sagt, scheint mit seinen Handlungen übereinzustimmen. Durch seine ständige Medienpräsenz wird uns seine Person dauerhaft in Erinnerung gehalten. Dabei spielt es keine Rolle, ob wir uns für ihn interessieren oder nicht. Wir werden mit seinem Bild, seinem Namen und seinem Image konfrontiert, weil er schlichtweg fast überall erscheint oder genannt wird. Im April 2002 war Jauch z. B. acht Stunden pro Woche auf dem Bildschirm.“ [58] Seine Person ist kontinuierlich über Jahre hinweg in den Medien zu sehen. Sein Image ist unverändert: jungenhafter Charme, Bodenständigkeit, Intelligenz und Wissen. Er gilt als der ideale Schwiegersohn. Die moralischen Werte, die er in seinen Sendungen vertritt, fügen sich in unsere Vorstellungswelt glatt ein. Jauch bemüht sich, sein „Schwiegersohn-Image“ aufrechtzuerhalten, beschert es ihm doch konstant hohe Einschaltquoten. Je höher die Quoten, desto höher ist auch seine Gage. Für eine Quizshow bezieht er eine Gage von 87.000 €. Er gibt vor, wie der nette Mann von nebenan zu sein. Tatsache ist, dass er 7-8 Millionen Euro im Jahr durch seine Sendungen und durch Werbung verdient. Sehr wahrscheinlich wird er anders leben als der durchschnittliche Zuschauer seiner Sendungen. Aufgrund seiner vielfältigen Medienpräsenz kann er sein Image pflegen und aufbauen.

Wenden wir uns in diesem Zusammenhang erneut dem Begriff der Marke zu. Eine Marke verkörpert für uns ein Image, eine Persönlichkeit. Wir identifizieren uns mit der Marke. Da wir glauben, dass die Marke bestimmte Eigenschaften erfüllt, kaufen wir sie. Das Image von Prominenten soll sich verstärkend auf das Image des beworbenen Produktes auswirken und umgekehrt. Wir sollen durch den Prominenten beeinflusst werden, das Produkt zu kaufen. Der Prominente steht als Garant für die Qualität des Produktes. Ziel des Celebrity-Marketings ist eine Umsatz- oder Imagesteigerung.

Bei der Auswahl seiner Werbepartner entscheidet sich Jauch für ein Unternehmen, falls er damit Benefits (Wohltätigkeitszwecke) verbinden kann. Diese Haltung fördert sein positives Image. So warb er für die SKL-Lotterie und moderierte die Sendung „Millionär gesucht!", die Fernsehshow der SKL-Lotterie. Jauch verkaufte sein Image für Beton- und Bierwerbung. Beides in Verbindung mit Benefits.

Jauch äußerte sich zum Thema Celebrity-Marketing:
„Wenn entsprechend hochkarätige Prominente zum Einsatz kommen, erzielt Testimonialwerbung (= Celebrity-Marketing) sicherlich eine sehr hohe Aufmerksamkeit. Wahrscheinlich hat man sogar eine Garantie für Aufmerksamkeit. Vorausgesetzt, es handelt sich wirklich um die erste Garde von Prominenten. Der zweite entscheidende Faktor ist sicherlich, dass Produkt und prominenter Werbeträger zusammenpassen müssen. Ein Prominenter kann, wenn der Spot stimmt und zu ihm passt, das Produkt-Image, das die Leute im Kopf haben, sicherlich stark beeinflussen."[59]

Produkt und Prominente müssen zusammenpassen

Je bekannter Jauch ist, desto höher liegt auch seine Werbewirksamkeit. Selbstverständlich sollte sich sein Image mit dem des zu bewerbenden Produktes vorteilhaft verbinden. Seine Authentizität und die Konstanz des Auftrittes tragen zum positiven Image der mit ihm werbenden Marken bei. Aufgrund häufiger Medienpräsenz steigt sein Bekanntheitsgrad weiter.

Medienpräsenz steigert den Bekanntheitsgrad des Prominenten

z.B.

Verona Feldbusch inszeniert sich ebenfalls als Marke. Sie benutzt das von ihr gepflegte Image für Marketingzwecke. Frau Feldbusch gibt vor, ein bisschen blöd, hübsch und sexy zu sein. Sie wirkt, laut einer Umfrage unter Marketing-Leitern, sehr sympathisch, lustig und authentisch. In unsere Spaßgesellschaft passt ihr Image hervorragend hinein. Im Jahr 2001 führte Verona Feldbusch die Hitliste der beliebtesten Werbeprominenten an.[60] Sie warb unter anderem für Telegate, Schwartau, Smart und Iglo. Der Telegate-Spot blieb durch den Slogan „Hier werden Sie geholfen!" und die tollpatschige Art von Verona Feldbusch im Gedächtnis hängen. Der zweite sehr populäre Spot gelang mit der Spinatwerbung für die Fa. Iglo. In diesem Spot wirbt sie etwas naiv für den Spinat „mit dem Blubb". Dieser Spot bescherte Iglo beim Spinat ein Absatzplus von 12,5 %.[61] Der Iglo-Spot verhalf sowohl Verona Feldbusch als auch dem Iglo-Spinat zu größerer Aufmerksamkeit.

z.B.

Ein weiteres eindrucksvolles Beispiel, wie man aus seiner Person eine Marke, eine „Werbesäule" machen kann, sehen wir im „Jahrbuch der Werbung 2000". Dort prangt auf der Innenseite des Buchdeckels ein ganzseitiges Bild von Harald Schmidt.[62] Schmidt trägt ein weißes Hemd mit Kragen, eine Krawatte und ein Sakko. Von seinem Mund weg führt eine Linie mit der Beschriftung „SAT.1". Er wirbt also verbal für SAT.1. Auf den weißen Hemdkragen deutet eine Linie mit der Bemerkung „Hier könnte Ihr Name stehen". Zur gut sichtbaren Krawatte weist eine Linie mit der Anspielung „Hier ist Platz für Ihr Logo". Im unteren Viertel der Anzeige steht groß und fett: „Werbesäule". Etwas kleiner darunter geschrieben die Erläuterung zur Werbesäule: „Schwäbisch: kleines Ferkel, wo Reklame macht."

Harald Schmidt, derzeit en vogue, präsentiert in seinen Sendungen sehr leichte Unterhaltung. Durch seine öffentlichen Auftritte kann er sich nun selbst als „Werbesäule" anpreisen.

Rebranding

Hat eine Marke ein gutes Image, kann dies zu hohen Absatzzahlen führen. Aber irgendwann kann es dazu kommen, dass die Positionierung durch das bestehende Image nicht mehr optimal gelingt. Die Umsatzzahlen sinken. Die bestehende Marke kann beispielsweise einen Imageverlust erleiden, der nur durch ein Rebranding behoben werden kann. Ein Rebranding bedeutet, dass die bisherige Marke in eine neue Marke, mit einer neuen, passenderen Positionierung, überführt wird. Dadurch finden wir die Produkte der entsprechenden Marke wieder ansprechend.

Rebranding wird bei Imageverlust eingesetzt

In der Vergangenheit geschah dies mit dem Mineralölkonzern EXXON. 1989 kam es nach einem Tankerunglück der „EXXON Valdez" an der Pazifikküste Alaskas zu einer Ölkatastrophe. Hunderttausend Tiere kamen ums Leben. Das Ansehen der Tankstellen der Marke TEXACO, die zum EXXON-Konzern in Deutschland gehörten, sank rapide. Im selben Jahr kam es dann zu einer Übernahme durch RWE AG Essen. Außerdem wurde die DEA Mineralöl AG gegründet. Aus TEXACO wurde DEA. Der Slogan von DEA: „Die bei DEA. Wir tanken Sie auf." Das Rebranding gelang.

z.B.

Auch die British Telecom sorgte für ein Rebranding. Sie überführte ihre Mobilfunksparte – einschließlich ihrer Tochtergesellschaft VIAG-Interkom – in ein neues Unternehmen mit dem Namen mmO_2plc. Um den Verbund eines großen Unternehmens zu unterstreichen, heißen alle Tochtergesellschaften nun O_2. Das Unternehmen verspricht sich eine Verbesserung für die Entwicklung neuer Produkte, für den Einkauf und für ihre Vermarktungschancen.[63]

z.B.

Relaunch

Eine sehr populäre Marketingstrategie ist der Relaunch. Relaunch bedeutet:

„Eine Verbesserung in Technik, Stil oder Mode und häufig auch in der Qualität als Antwort auf drohende oder bereits eingetretene Marktanteilsverluste an dynamische Wettbewerber.

„Ein sich zum Ende neigender Produktlebenszyklus eines Produktes oder einer Dienstleistung wird häufig durch einen hoffentlich rechtzeitig geplanten und vorbereiteten Relaunch (Verbesserung) angehalten. Verliert ein Artikel unvorhergesehen an Attraktivität und ist die Vorbereitung des betreffenden Neuproduktes noch nicht ausgereift und getestet, dann ist ein Schnellschuss als Relaunch angeraten. ... Ein Relaunch verlangt, soll er eine realistische Chance zum Erfolg haben, außerordentlich intensive Bemühungen im Merchandising, in (argumentativer) Werbung und in der PR-Arbeit, um Absatzmittler und besonders Ge- oder Verbraucher nicht durch den Markenwechsel zu verlieren."[64]

Ein Beispiel für einen gelungenen Relaunch ist der Schokoriegel Twix. Vor Jahren war er unter dem Namen Raider im Handel. Das Design und das Produkt blieben unverändert. Lediglich der Name wurde verändert.

Dieser sehr bekannte Relaunch wurde in Deutschland zu einem geflügelten Wort: „Wenn aus Raider Twix wird". Das bedeutet: Der Inhalt ist der gleiche, nur der Name ist anders.

CRM

CRM steht für Customer Relationship Management und bedeutet: Kundenbeziehungsmanagement. In der Praxis sieht das so aus, dass ein Unternehmen Datenbanken über seine Kunden anlegt. Die dort abgespeicherten Informationen sollen die Beziehung zum Kunden und potentiellen Kunden verbessern. Jeder Kontakt zum Kunden wird in der Datenbank festgehalten: Anrufe, Bestellungen, Briefe, Einladungen, Serviceleistungen, Reklamationen. CRM wendet sich gezielt an den einzelnen Kunden. So wird eine persönlicher wirkende Kundenbeziehung erreicht.

!

Die Mitarbeiter aus Marketing, Vertrieb und Kundenservice nutzen die Daten, um den Kunden zufriedenzustellen. Das Marketing verschickt beispielsweise automatisch Einladungen zur nächsten Produkteinführung an die dafür in Frage kommenden Kunden. Welche Kunden vom Marketing eingeladen werden, entscheidet das Marketing auf der Basis der vorhandenen Kundendaten. Auf diese Weise werden Marketingstrategien auf spezielle Zielgruppen hin ausgerichtet.

Ein Zahnarzt schreibt seine Patienten im halbjährlichen Rhythmus an, um an den Vorsorgetermin zu erinnern. Zu den Geburtstagen werden automatisch Glückwunschbriefe ausgedruckt. Der Patient freut sich über die scheinbare Aufmerksamkeit und vereinbart einen Termin.

z.B.

CRM begegnet uns auch in der KFZ-Werkstatt: Rechtzeitig zum nächsten TÜV erhalten wir ein Erinnerungsschreiben von der Werkstatt, zur Einführung der neuen Modellserie erhalten wir eine exklusive Einladung.

Weitere interessante Beispiele zu CRM finden Sie auf S. 191 f im Kapitel „Freundlichkeit".

ERM

Das ERM ist eine Weiterentwicklung des CRM und steht für Employee Relationship Management, zu Deutsch: Mitarbeiterbeziehungsmanagement.

!

Laut Aussage von ERM-orientierten Personalmanagern verfolgt ERM das Ziel, die Produktivität und die Effektivität bei den Mitarbeitern eines Unternehmens zu steigern. Hieraus könnte resultieren, dass die Mitarbeiter des Unternehmens zu einer intensiven Unternehmensidentifizierung und zur vollsten Zufriedenheit mit ihrem Arbeitsplatz gelangen. Das in den letzten Jahren häufiger auftretende Mobbing am Arbeitsplatz könnte durch ERM eingedämmt werden.

z.B.

Unterstützend werden Veranstaltungen, Qualifizierungsmaßnahmen, und Wissensmanagement angeboten. Wie im CRM werden die Mitarbeiterdaten erfasst und ausgewertet. Daraufhin können dem Mitarbeiter geeignete Fortbildungsmaßnahmen und/oder interne Stellen angeboten werden. Der Mitarbeiter kann durch zusätzliche Qualifikationen seine Leistung und seine Zufriedenheit steigern. Für das Unternehmen heißt ERM: geringer Krankenstand, hohe Arbeitsqualität, besseres CRM.

Veranstaltungen der Mitarbeiter zur Teambildung werden organisiert, damit die Mitarbeiterfluktuation niedrig bleibt. Jeder Mitarbeiter sammelt im Laufe der Jahre firmeninternes Wissen an, das bei einem Arbeitsplatzwechsel verloren geht. Ein neuer Mitarbeiter muss sich dieses Wissen erst erarbeiten. Ein weiterer Punkt des ERM ist der einfache Zugriff der Mitarbeiter auf Daten, das so genannte Wissensmanagement. So können über das Intranet Daten abgefragt und Kontakte geknüpft werden. Dort findet der Angestellte beispielsweise günstige Angebote externer Anbieter für einen Leihwagen.

8 Beeinflussung durch gezielte Anwendung von Soft Skills

Soft Skills begegnen wir in fast allen Bereichen unseres Lebens. Im Beruf, beim Einkaufen, im Privatleben. Mittels Soft Skills werden wir wertgeschätzt. Nach dem, was wir von den Psychologen über uns erfahren konnten, sind wir alle froh über Wertschätzung. In uns schlummern, egal wie stabil unser Selbstwertgefühl ist, Reste unserer kindlichen Minderwertigkeitsgefühle. Minderwertigkeitsgefühle, Ängste und Hilflosigkeit möchten wir ungern fühlen. Deshalb schufen wir unser „Grandiositäten-Ich". Soft Skills sind dazu da, uns ein gutes Gefühl zu vermitteln.

> Zu den Soft Skills zählen - außer den gesellschaftlichen Umgangsformen - sämtliche Fähigkeiten, die über eine berufliche Qualifikation hinausgehen (s. S. 56 f). Soft Skills sind Persönlichkeitsmerkmale, die nicht im Kern unserer Persönlichkeit liegen. Sie sind veränderbare und anwendbare Fertigkeiten (Techniken). Die Basis der Soft Skills stellt die Wertschätzung des Gegenübers dar.

Ob wir jemandem unsere Kritik mitteilen oder ein Kompliment machen, wir versuchen unser Gegenüber wertzuschätzen. In großem Stil werden Soft Skills im Marketing eingesetzt. Mitarbeiter, Kollegen, Vorgesetzte, Kunden und Lieferanten sind die Zielpersonen. Wir werden mit Soft Skills behandelt, weil wir dadurch motiviert sind, bestimmte Handlungen zu vollziehen: wir arbeiten mehr, geben beeinflusst unser Geld aus und übernehmen fremde Meinungen. Durch das Anwenden von Soft Skills sind wir bereit Dinge zu tun, die wir eigentlich nicht tun wollen. Soft Skills untergraben unsere eigene Meinung, unsere Gefühle und unsere Entscheidungen. Soft Skills sind eine psychologische Methode, mit der wir von unserem Gegenüber „geöffnet" werden können.

Soft Skills motivieren uns, Handlungen zu vollziehen

Wertschätzung

Im Duden finden wir unter dem Begriff Wertschätzung: Ansehen, Achtung. Jemanden wertschätzen heißt, ihn hoch zu achten. Genau das möchte Marketing uns suggerieren, dass wir eine wertgeschätzte Persönlichkeit sind. Wir können gar nicht anders, da wir hierauf tief gehend konditioniert worden sind: Wir reagieren auf Wertschätzung.

Als Wertschätzung kann Folgendes angewendet werden:

→ Lob, Anerkennung, Bestätigung und Beifall geben
→ Bewunderung und Respekt zollen, die Ehre erweisen
→ Lächeln, bejahen, bestärken
→ Sich bedanken und entschuldigen
→ Hervorheben besonderer Eigenschaften und positiver Leistungen
→ Willkommen heißen, begrüßen
→ Namentliche Ansprache
→ Worte wie: wir, uns, unsere, Ihr, Sie, Ihnen verwenden
→ Den anderen um seine Meinung bitten
→ Keine Dominanz zeigen
→ Komplimente machen
→ Die Argumente des Gesprächspartners wiederholen

Wir wissen, wie gerne wir Lob, Anerkennung und Bestätigung erhalten. Wir fühlen uns alle besser, sobald wir wertgeschätzt werden. Hier ein Beispiel für Wertschätzung:

Das Unternehmen „Softpresent" entwickelte eine Lagerhaltungssoftware, die an die Bedürfnisse des jeweiligen Kunden angepasst werden kann. Heute besucht Softpresent einen potenziellen Kunden, das Auktionshaus „Mary Ann". Dort soll das Produkt dem Kunden vorgestellt werden. An dem Termin teilnehmen wird von Softpresent: der Techniker Herr Baumgarten, der Programmierer Herr Munter und die Verkaufsleiterin Frau Dr. Seitz. Herr Baumgarten und Herr Munter bringen ihre Laptops sowie weiteres nötiges technisches Equipment zur Präsentation mit.

Das Auktionshaus wird vertreten durch den Eigentümer Herrn von Anselm, den Geschäftsführer Dr. Reinhardt und die Chefbuchhalterin Frau Matz.

Die Präsenz vieler Personen trägt zur höheren Wertung des Termines bei. Die Leitung des Auktionshauses fühlt sich wertgeschätzt durch die Präsenz von drei kompetenten Mitarbeitern der Firma Softpresent.

Der Termin findet im Besprechungszimmer des Auktionshauses statt. Softpresent kommt zum Zeichen der Wertschätzung des Kunden in dessen Unternehmen, um die Präsentation durchzuführen.

Softpresent hat für den Termin Frau Dr. Seitz eingeteilt. Sie ist eine attraktive Frau mit gepflegtem Äußeren. Zu dem Termin trägt sie ein figurbetontes Kostüm mit kurzem Rock. Ihre Bluse gibt einen Blick ins Dekolleté frei. Eine Kette betont den Ausschnitt. Die beiden Herren sind mit Anzug und Krawatte bekleidet. Anzüge vermitteln Seriosität und Respekt. Die Kleidung von Frau Seitz betont ihre weiblichen Aspekte. Sie wurde gelehrt, dass Männer auch in der Verkaufsverhandlung für weibliche Reize empfänglich sind. Diese können unter Umständen verkaufsfördernd wirken.

Kleidung kann auch wertschätzend sein

Die Empfangssekretärin nimmt den Gästen die Mäntel ab und führt sie in das Besprechungszimmer. Das Abnehmen der Mäntel und die Begleitung in das Besprechungszimmer sind Wertschätzungen für die Gäste.

Im Besprechungszimmer warten die Vertreter des Auktionshauses. Den Gast stehend zu begrüßen, ist Ausdruck dessen Wertschätzung. Bei der Begrüßung werden die Beteiligten sich mit

Namen vorstellen und Visitenkarten austauschen. Eine persönliche Begrüßung mit Namensnennung wirkt respektvoll und wertschätzend. Zudem können die Visitenkarten eine Gedächtnisstütze für die Namen sein. Die Beteiligten nehmen Platz.

Vor ihnen stehen Getränke, Gläser und Tassen. Die Empfangssekretärin fragt zuerst die Gäste, was sie gerne trinken möchten. Anschließend wird sie die Vertreter des Auktionshauses nach ihren Wünschen fragen. Während sie die Getränke einschenkt und noch etwas Gebäck auf den Tisch stellt, wird geplaudert. Es werden Fragen gestellt wie: „Sind Sie gut hergekommen?" „War viel Verkehr?" „Wie war Ihr Wochenende?" „Finden Sie es nicht auch ziemlich heiß heute?" Alles scheinbar unwichtige Themen, so genannter Small Talk. Small Talk erfüllt den Zweck eines Gesprächsöffners. Oft gewählte Themen sind: Anfahrt, Urlaub, Familie, Kinder, Wetter, Uhren, Autos, Nachrichtenthemen, aktuelle Ereignisse, Kleidung, Gesundheit, technische Neuerungen. Small Talk enthält normalerweise keinen Konfliktstoff, sondern erzeugt eine entspannte Gesprächsatmosphäre. Dem zuträglich sind die Getränke und die Kekse.

Small Talk erzeugt eine entspannte Gesprächssituation

Nun wird versucht einen persönlichen Kontakt aufzubauen. Haben Sie die Unterlagen von uns erhalten? Durch offene Fragen wie z. B. was für eine Ausgangssituation liegt vor, wie arbeitet Ihre Software, wird ein Informationsaustausch ermöglicht. Das Auktionshaus möchte wissen, welche Möglichkeiten die Software bietet. Das Softwareunternehmen will die benötigten Zusatzanwendungen eruieren. Während des Gespräches wird immer darauf geachtet, dass die Atmosphäre möglichst entspannt bleibt. Die Präsentation ist modern und ansprechend gestaltet. Sie wird mittels Beamer auf einer großen Leinwand eindrucksvoll demonstriert. Die Verwendung von innovativen Präsentationsmitteln kann auch als eine Wertschätzung für den Kunden angesehen werden. Denn, arbeitet der potenzielle Kunde mit diesem innovativen Softwareunternehmen zusammen, wird auch er daran teilhaben. Unbewusst oder bewusst gehen diese Gedanken den Verantwortlichen des Auktionshauses durch den Kopf. Die Charakteristika, die Softpresent durch Unterlagen,

Personal, Equipment und Software in den Augen des Kunden repräsentiert, sollten so konzipiert sein, dass sie zur Wertsteigerung des Auktionshauses beitragen könnten. Abhängig davon, in welchem Bereich die Verantwortlichen eine Wertsteigerung erzielen wollen, kann das entsprechende Verkaufskonzept greifen. Hier wird wieder das „BUGGIWÄGS-Prinzip" (s. S. 80 ff) angewendet.

Frau Seitz hat als geschulte Kommunikatorin während des Small Talks die Zeit genutzt. Sie wandte die Technik des Rapports an (s. S. 71 ff). Sie hörte aufmerksam zu, zeigte Verständnis, entwickelte ein Wir-Gefühl und erzeugte eine Atmosphäre der Harmonie. Natürlich machte sie sich ihre VAKO-Kenntnisse zu Nutze, kalibrierte ihre Geschäftspartner und setzte auch Pacing ein. Aufgrund ihrer Erfahrung kann Frau Seitz schnell das Motiv des Auktionshauses für deren Interesse an ihrer Software herausarbeiten. Ihre Verkaufsstrategie baut sie auf diesem Motiv auf: Überschaubarkeit der Abläufe zu jedem Zeitpunkt sowie schnellere Abrechnung der Provisionen der Auktionatoren. Die Vorstellungen ihrer Gesprächspartner teilt sie und stimmt ihnen zu, damit sie mittels Reframing bei ihnen innere Haltungen (Vorstellungen, Bedenken, Wünsche) beeinflussen kann. Letztendlich ist ihr Ziel das Leading (s. S. 92 ff).

Small Talk ermöglicht das Herstellen von Rapport

Die perfekt ablaufende Präsentation beeindruckt die Vertreter des Auktionshauses. In ihnen wächst die Hoffnung, endlich eine optimale Lösung für ihr Problem gefunden zu haben. Frau Seitz präzisiert die Vorstellungen ihres potenziellen Kunden: „Herr von Anselm, Herr Reinhardt und Frau Matz, was würden Sie sich von uns noch wünschen?"
Die namentliche Anrede stellt wieder eine Wertschätzung dar.

„Wo liegt Ihr Schwerpunkt: beim Preis oder bei der optimalen Lösung?"
Die letzte Frage ist speziell. Erinnern wir uns an die richtungsweisende Frage (s. S. 77 f): bietet uns jemand eine Wahl zwischen zwei Möglichkeiten an, entscheiden wir uns in der

Regel für die zweite. Somit hat Frau Seitz schon indirekt dem Kunden eine Antwort vorgegeben. Ganz subtil beeinflusst sie ihn in ihrem Sinne. Solche Feinheiten entgehen uns meist im Gespräch. Das ist der Vorteil von geschulten Kommunikatoren, die uns mit derartig subtilen Tricks zu Aussagen und Handlungen verleiten.

Im weiteren Verlauf des Gespräches wird Frau Seitz die Aussage des potenziellen Kunden zusammenfassen. Damit verifiziert oder falsifiziert sie die vom Kunden erhaltenen Informationen, um Missverständnisse zu vermeiden. „Ich fasse zusammen, was wir bisher gemeinsam erarbeitet haben ..."

Am Ende des Gespräches werden verbindliche Aussagen getätigt. Eine konkrete Vorgehensweise wird vereinbart. „Wir melden uns nächste Woche Donnerstag bei Ihnen, Herr Dr. Reinhardt. Bis dahin sind wir mit unseren Lösungsvorschlägen für Ihr Auktionshaus fertig. Ich werde mich persönlich für eine optimale Lösung einsetzen. Was halten Sie davon, vielleicht können wir gleich einen Termin vereinbaren, wann wir Ihnen das Erfolgskonzept für Ihr Auktionshaus präsentieren sollen?"

Freundlichkeit

Ein wichtiges Element für Wertschätzung ist Freundlichkeit. Werden wir freundlich behandelt, fühlen wir uns wertgeschätzt und sind gerne bereit etwas zu tun: wir kaufen ein Produkt, arbeiten länger, bemühen uns verstärkt um Erfolg, geben Geld aus, helfen jemandem oder ändern unsere Meinung.

Freundlichkeit steigert unsere Leistungsbereitschaft Diese einfache Methode „Freundlichkeit" eröffnet dem geschulten Anwender effektive Wege in unser geistiges System. „Gerne" sind wir bereit länger zu arbeiten, lächelt der Chef uns gewinnend an. „Gerne" kaufen wir die teure Kleidung, weil der Verkäufer so freundlich ist und uns geschickt schmeichelt. Wir merken oft nicht, dass eine Technik an uns angewendet wird. Allerdings wissen wir eins mit Sicherheit: wir reagieren auf freundliche Behandlung. Psychologen erforschten, wie wir funktionieren und verkauften ihr Wissen an die Wirtschaft. Die Beeinflussungsmethoden werden in teuren Seminaren weitergegeben an Personalmanager, Marketingmanager, Soziologen, Pädagogen, Personaltrainer, Salesmanager, Politiker, Professoren, Beamte, Firmenbosse, Apotheker, NLP-, Esoterik- und spirituelle Trainer.

Die Teilnehmer solcher Seminare wenden ihre gekauften und erlernten Wertschätzungstechniken an ihren Zielobjekten an. Die Zielobjekte sind wir. Wir werden „freundlich" behandelt, weil man uns zu etwas bewegen will. Wir gestatten demjenigen unsere emotionale, geistige, psychische und körperliche Ausbeutung, der uns „freundlich" behandelt. Diese „Freundlichkeit" ist synthetisch und professionell, es ist eben eine Technik. Wie künstlich sie ist, davon können wir uns im Folgenden selbst überzeugen:

Trainierte Freundlichkeit ist synthetisch

Die Wichtigkeit von Freundlichkeit hat man auch in Japan erkannt. In Japan erwarten die Kunden inzwischen ein Mehr an Service. Dazu zählen Freundlichkeit und Lächeln. Dort gibt es beispielsweise Kurse für das richtige Lächeln. Denn nicht jedes Lächeln wirkt echt. Damit das Lächeln überzeugend und aufrichtig wirkt, werden Japaner in „die Schule des Lächelns" geschickt. Ein Kurs dauert beispielsweise zwei Tage und kostet mindestens 1.000 €. [65]

Der Lächeltrainer Akio Emi unterrichtet in Tokio an „der Schule des Lächelns" Japaner in der Kunst des richtigen Lächelns. Die optimale Lächelzeit, die Höhe der Mundwinkel beim Lächeln, der passende Augenausdruck und die Art des Lächelns wird gelehrt: devot, charmant, verständnisvoll, liebenswürdig, mitfühlend. Zum Üben wird ein Hölzchen zwischen die Lippen gepresst. Es liest sich wie ein Scherz, ist jedoch die knallharte Realität. Wir reisen nach Japan und sehen die vielen lächelnden Gesichter und berichten womöglich begeistert unseren Freunden über diese „freundlichen" Menschen.

In Wahrheit haben sie einen 1000 €-teuren Kurs des Lächelns absolviert. Es stellt sich die Frage, ob ihr Lächeln vielleicht so synthetisch ist wie das Lächeln von Plastikpuppen?

z.B.

Nachdem die Verkaufszahlen lächelnder Filialleiter 30-40 % höher liegen als die ihrer griesgrämigen Kollegen, werden die teuren Lächel-Kurse gebucht. Unternehmen in Japan lernten schnell, dass wir Kunden durch Lächeln dazu bewogen werden, unser Geld gerne auszugeben. Je höher die Mundwinkel, desto höher der Umsatz. Ob Boutique, Kaufhaus oder Hotel - überall wird uns das „richtige Lächeln" gezeigt.[66]

Der japanische Unternehmensberater Minoru Tominaga gibt diese Devise auch an deutsche Unternehmen weiter: „Lächeln ist ein Muss!"[67] „Um die Stirn zu runzeln, erklärt er, müsse der Mensch 30 Muskeln betätigen, zum Lachen reichen schon 13.

Er empfiehlt, bevor ein Kunde angesprochen wird, zuerst in einen Spiegel zu blicken. Dort kontrolliert man seinen Gesichtsausdruck, lächelt und sieht anschließend den Kunden an. Tominaga sagt auch, dass das Lächeln nichts kostet." [68] Das ist wohl wahr. Derjenige, der sein Lächeln bewusst an uns zum Einsatz bringt, den kostet es ein paar Muskelbewegungen – mehr ist es nicht. Uns, die Angelächelten kann es viel kosten.

Zum Thema Lächeln hier ein Zitat von dem Verkaufsprofi und -trainer Rainer Westphal:
„Eine Gruppe von Menschen, die besonders gerne sprechen, sind unsere Politiker. Besonders dann, wenn Fernsehkameras in der Nähe sind, wird das schönste Lächeln aufgesetzt und dann losgelegt." [69] Auch die Politiker wenden Lächeln als eine Technik an.

In der Politik wird Lächeln als Technik eingesetzt

Tominaga empfiehlt westdeutschen Unternehmen mehr Übung mit der Freundlichkeit: „Im Westen herrscht professionelle Höflichkeit, die nicht von Herzen kommt." [70]
Ziel von Tominaga ist es, dass die Mitarbeiter eines Hotels den Gast, also uns, sich wie zu Hause fühlen lassen. Dazu gehört die namentliche Begrüßung bei der Ankunft und die außergewöhnliche Aufmerksamkeit unseren Wünschen gegenüber. Der Gast soll begeistert sein. Das hört sich nett an. Tatsächlich ist es lediglich eine Technik zur Steigerung des Umsatzes.

z.B.

Begeisterung als Mittel zur Umsatzsteigerung

Erreicht wird ein „begeisterter Kunde" mit Maßnahmen wie diesen:

- der Portier lernt unseren Namen auswendig
- beim Ein- oder Auschecken müssen wir nicht warten
- permanentes geschultes Lächeln des Personals
- wertschätzen unserer Persönlichkeit
- unsere geäußerten Wünsche werden sofort erfüllt

Von einem sehr guten Beispiel für die Technik der Freundlichkeit berichtet Tominaga:

„Im Imperial Tokio kam ein Hotelmanager bei meiner Ankunft auf mich zu und fragte, ob wir den Bogen (die Gästebefragung) zusammen ausfüllen könnten. Welche Zeitungen lesen Sie? Rauchen Sie? Welchen Blumenduft mögen Sie? Ganz komische Fragen. 'Damit wir Ihren Aufenthalt so angenehm wie möglich machen', erklärte der Manager. Dann zückte er eine Kamera und fragte, ob er ein Polaroid von mir machen dürfe. Am nächsten Morgen werde ich im Coffee-Shop begrüßt: 'Guten Morgen, Herr Tominaga. Wie geht es Ihnen?' Jeder kannte mich, die hatten das Polaroid in den Computer eingescannt. Im Frühstücksraum sagte der Kellner zu mir: 'Ich habe extra eine rauchfreie Ecke für Sie ausgesucht und hier habe ich Ihnen die Zeitungen mitgebracht.' Es waren zwei japanische und die ‚FAZ', die ich alle drei bei der Befragung genannt hatte. Sie müssen wissen, dass die ‚FAZ' in Tokio kaum erhältlich ist. Das Hotel hatte überall angerufen, die deutsche Botschaft, die Lufthansa. Dort im Flughafenbüro hatte man genug Zeitungen, also ist da eigens ein Mann hingefahren." [70]

Vielleicht stellen wir uns vor, selbst an der Stelle von Tominaga in einem Hotel derart behandelt zu werden. Wir fühlen uns geschmeichelt, wenn wir mit Namen gegrüßt und unsere Wünsche erfüllt werden. Kurzum: Uns wird eine große Portion professioneller Aufmerksamkeit zuteil, die wir selbstverständlich bezahlen. Für so einen freundlichen Service bezahlen wir gerne ein bisschen mehr. Je mehr Aufmerksamkeit unserer Person gewidmet wird, desto geschmeichelter fühlen wir uns. Das hängt wiederum mit unserem Selbstwertgefühl zusammen. Psychologen haben herausgefunden: Menschen mit geringem Selbstwertgefühl sind nicht nur leichter zurückweisbar (s. S. 133 ff), sondern auch leichter zu motivieren. Sie sind besonders empfänglich für Aufmerksamkeit, Lob und Anerkennung. Dadurch ist es relativ einfach – vor allem für geschulte Personen – Einfluss auf sie auszuüben. Die erfolgreiche Kommunikationstrainerin Vera F. Birkenbihl fasst das wie folgt zusammen:

Professionelle Aufmerksamkeit schmeichelt uns

„Solche Menschen sind von innen her motiviert. Solange man sie für ihre Leistung streichelt, kann man von ihnen viel verlangen und erwarten. Motivation wird also durch Lob erhalten; ... Gerade sol-

che Menschen sind für jede Streicheleinheit dankbar, wenn wir sie richtig einsetzen." [71]
Wir sehen, das Wissen der Psychologen wird von Kommunikationstrainern an das interessierte Publikum weitergegeben.

Geringes Selbstwertgefühl bedingt leichte Motivierbarkeit

Wenden wir uns wieder Minoru Tominaga zu. Er ist ein Unternehmensberater, dessen Aufgabe es ist, Unternehmen Hinweise und Strategien zu vermitteln, damit sie ihren Umsatz steigern können. Es geht um Geld und nicht um ehrlich gemeinte Freundlichkeit, die Hoteliers zu solchen Verhaltensweisen anregen.

Ein populäres Wörterbuch[72] sinnverwandter Ausdrücke führt 42 Worte als Synonyme für den Begriff „freundlich" auf:

z.B.

→ angenehm	→ anmutig	→ artig
→ aufmerksam	→ barmherzig	→ befreundet
→ brüderlich	→ charmant	→ duldsam
→ einig	→ einnehmend	→ ergeben
→ formgewandt	→ freundschaftlich	→ friedlich
→ galant	→ gefällig	→ geneigt
→ gnädig	→ gönnerhaft	→ gütig
→ herzensgut	→ herzlich	→ hilfsbereit
→ höflich	→ kordial	→ langmütig
→ leutselig	→ lieb	→ liebenswürdig
→ nachsichtig	→ nett	→ ritterlich
→ sympathisch	→ verbindlich	→ verbunden
→ vertraut	→ wohlerzogen	→ wohlwollend
→ zugeneigt	→ zutraulich	→ zuvorkommend

Wir sind es mittlerweile schon gewohnt, in den Geschäften, in Hotels, in Banken, in Cafés ... angelächelt und freundlich (und alle 42 Synonyme miteinbezogen) behandelt zu werden. Das geschieht nur aufgrund der Sicherheit, dass dieses Verhalten finanziellen Erfolg mit sich bringt. Wir begegnen also nicht der warmherzigen Freundlichkeit, sondern der kühlen Berechnung unseres Gegenübers.

z.B.

Gehen wir beispielsweise in ein exklusives Geschäft zum Einkaufen, werden wir mit außerordentlicher Herzlichkeit bedient. Wie es so schön heißt, „der Kunde ist König". Wie Königinnen und Könige werden uns die Verkaufsberater behandeln. Eine herzensgute, höfliche, sympathische Verkaufsberaterin zeigt uns, was wir sehen möchten. Ihr einnehmendes Wesen wirkt freundschaftlich auf uns. Aufmerksam reicht sie uns die Kleider zur Anprobe. Galant macht sie uns Komplimente. Hilfsbereit schließt sie den Reißverschluss am Rücken und steckt den zu langen Rocksaum ab. Sie erweckt den Anschein, sich uns verbunden zu fühlen und plaudert leutselig mit uns. Wir entscheiden uns zum Kauf des teuren Kostüms, weil wir uns so wohl fühlen. Vertraulich sagt sie uns, dass sie gerade die passenden Schuhe und Handtasche geliefert bekommen haben. Die würden das edle Ensemble geschmackvoll vervollständigen. Tatsächlich, Schuhe und Tasche passen hervorragend. Die uns ergebene Verkäuferin meint, dass sie mal nachfragt, ob sie speziell für uns als gute Kundin einen Sonderbonus erzielen kann. Begeistert von dieser freundlichen Verkaufsberaterin gehen wir zur Kasse. Dort erwartet uns die charmante Geschäftsleiterin, die uns herzlich begrüßt. Anmutig legt sie uns als Aufmerksamkeit des Hauses ein Miniaturparfümfläschchen und ein Tuch in eine edle Einkaufstasche. Entzückt geben wir ihr die Kreditkarte und bezahlen. Beim Verlassen des Geschäftes hält uns die Verkaufsberaterin die Tür auf: „Alles Gute, Frau Lenkeit, einen schönen Abend und bis übermorgen. Ich freu mich schon auf Sie. Dann ist Ihr Kostüm geändert. Ich kümmere mich für Sie darum. Tschüss."

Einige der 42 Synonyme für den Begriff „freundlich" kommen in unserem Beispiel vor. Die aufmerksame, herzensgute und sympathische Art der Verkaufsberaterin, die uns begeistert, ist ein wesentlicher Teil der Marketingstrategie des Geschäftes. Überall in den Stellenanzeigen wird nach freundlichen Verkaufsberater/innen gesucht. Warum wohl? Weil die Geschäftsleute begriffen haben, dass Freundlichkeit verkaufsfördernd wirkt. Diese „Freundlichkeit" ist pure Berechnung. Die wahren Gedanken und Gefühle der Verkaufsberaterin bekommen wir nicht mit.

Freundlichkeit ist Verkaufsförderung

> Möglicherweise denkt sie über uns: „Ist das eine Nervensäge. Die sollte mal selber den Leuten die Klamotten hinterhertragen. So eine arrogante, dumme Kuh. Hoffentlich kauft sie das Kleid. Dann reicht meine Provision, um zwei Raten auf einmal für den Kleiderschrank abzuzahlen. Der Hosenanzug steht ihr überhaupt nicht. Aber sowas gefällt ihr. Na ja, dann sag ich halt, wie gut ihr der steht. Gott sei Dank, sie kauft das Kostüm. Das kostet sogar noch ein bisschen mehr als der Hosenanzug. Mal sehen, ob ich ihr die passenden Schuhe und die Handtasche noch aufschwatzen kann. Es hat geklappt! Sie kauft die Schuhe. Einfach super, wie die freundliche Masche bei ihr wirkt. Die kauft bestimmt wieder bei mir. So, jetzt noch einmal lächeln und draußen ist sie."

z.B.

Diese herzliche Atmosphäre in Geschäften und bei Geschäftsabschlüssen ist reine Berechnung. Eine Methode, die angewendet wird, weil sie nachgewiesenerweise motivierend auf uns wirkt. Stellen wir uns vor, die Psychologen hätten herausgefunden, dass wir beim Anblick einer Totenmaske Vertrauen zu unserem Gegenüber entwickeln würden. Also kein freundliches Verhalten würde uns zu einer Handlung motivieren, sondern der Anblick einer Totenmaske. Was glauben Sie, würden wir überall zu sehen bekommen? Was würden die Verkaufsberater oder Verhandlungspartner tragen? Totenmasken. Die Werbung wäre voll von Totenmasken, weil sie unser Vertrauen wecken will. Der Reizauslöser für Vertrauen wäre die Totenmaske.

Freundlichkeit ist eine Strategie, die auf uns wirkt

Laut der Aussage von Minoru Tominaga wirken Freundlichkeit und Aufmerksamkeit geschäftsfördernd.

Es stellt sich für uns die Frage, was es eigentlich bedeutet „freundlich" zu sein.

→ Ist es herzensgut, wenn die Verkaufsberaterin zuvorkommend lächelnd uns in die Kleider hilft, damit wir endlich etwas kaufen?

→ Ist es aufmerksam, wenn uns Kleider zur Anprobe ausgesucht werden, damit wir mehr kaufen?

→ Ist es freundlich, uns zu schmeicheln, damit wir das Kostüm kaufen?

→ Ist es herzlich, mit uns zu plaudern, damit wir uns wohl fühlen und auch noch Schuhe und Handtasche kaufen?

→ Ist es freundschaftlich, uns ein Präsent zu überreichen, das wir durch unseren Einkauf selbst bezahlen?

→ Ist es verbindlich, wenn die Verkäuferin Freude über ein Wiedersehen vorgibt, damit wir wieder bei ihr kaufen?

→ Ist es hilfsbereit, uns die Tür aufzuhalten, damit wir wiederkommen?

Nein, das ist nicht freundlich. Das ist Kalkül. Wir sind mit anderen Vorstellungen aufgewachsen: Unsere Eltern erzählten uns, dass es gute und böse Menschen gibt. Die Guten sind nett, lieb, höflich, hilfsbereit. Die Bösen sind unhöflich, unfreundlich, mürrisch, griesgrämig, bösartig. In den Märchen, die wir lasen, waren Gut und Böse für uns auf diese Weise erkennbar.

Der Psychotrick „Freundlichkeit" kann uns ruinieren

Heute sind die scheinbar Guten die tatsächlich Bösen. Sie gaukeln uns die Eigenschaften vor, die wir mit „guten Menschen" assoziieren. Sie spielen dieses „Freundlich-Sein" perfekt, damit sie an uns „rankommen". Aber sie wollen nur zum Schein unsere Freunde sein - in Wirklichkeit wollen sie nur unser Geld. Wir sind für die Marketingstrategen wie Kühe zum Abmelken[73]: Sind wir abgemolken, ist unser ganzes Geld weg, existieren wir für die Marketingstrategen nicht mehr. Dass sie uns aber unter Umständen ruiniert haben mit ihren Psychotricks, scheint für sie unerheblich zu sein. Da heißt es dann nur lapidar, dass jeder selbst verantworten muss, was er finanziell erübrigen kann.

Wir können zumeist kaum glauben, dass unsere anerzogene Sicht der Welt veraltet ist. Es ist nicht leicht, uns selbst einzugestehen, dass wir durch den Trick „Freundlichkeit" immer wieder beeinflusst werden. Die Wenigsten von uns sind dazu bereit. Da Sie, werter Leser, bis zu dieser Stelle des Buches gelangt sind, gehören wahrscheinlich auch Sie zu diesen „Wenigen".

Der Trick mit der „Freundlichkeit" fliegt auf, sobald etwas in der Geschäftsbeziehung ins Stocken gerät: von Zahlungsschwierigkeiten, Reklamationen, Nachbesserungen, Umtausch bis zur Rückabwicklung des Geschäftes. Da zeigen sich sehr schnell die wahren Gesichter. Das Lächeln erstirbt, der verbindliche Ton in der Stimme wird ärgerlich, die nette Kommunikation übernimmt der Anwalt. Womöglich öffnet uns auch keiner mehr die Tür, sondern unser Verlassen der Geschäftsräume wird verlangt. Man möchte in so einem Ton nicht kommunizieren.

Bei alldem sind die gut beraten, die sich gar nicht erst auf die professionelle Freundlichkeit einlassen. Es stellt sich die Frage, warum wir uns immer wieder von professioneller Freundlichkeit zu Handlungen verführen lassen?

Die Antwort liegt in unserem geringen Selbstwertgefühl. Würden wir von uns überzeugt sein, bräuchten wir nicht ein Kompliment und nicht ein freundliches Lächeln, das uns bestätigt. Aus unserer permanenten Minderwertigkeit heraus sind wir dankbar für jede **Wir sind dankbar für** Bestätigung. Warum wollen Frauen Komplimente hören? Weil sie **jegliche Bestätigung** sich minderwertig fühlen. Das ist auch möglicherweise der Grund, weshalb die Kosmetikindustrie so boomt. Mit den angebotenen Cremes, Lotionen, Stiften und Düften möchten Frauen sich attraktiver machen. Warum attraktiver? Sind wir nicht das, was wir sind? Wollen wir um unserer Selbst willen geliebt werden oder wegen unserer Kleider, Cremes und Lippenstifte?

Aus einer Schildkröte wird kein Rolls-Royce. Da helfen auch keine Operationen. Die Schönheitschirurgie verhilft vielen Frauen zu einem anderen, vermeintlich besseren Aussehen. Der Schönheitschirurg verdient an den Minderwertigkeitsgefühlen der Frauen, die er operiert. Derzeit können wir immer wieder auf verschiedenen Fernsehstationen Berichte über Brustvergrößerungen sehen. Ob in Amerika, Brasilien oder Deutschland, überall wird versucht, den Körper zu manipulieren. In Deutschland werden nach unterschiedlichen Schätzungen „jährlich zwischen 250.000–400.000 Schönheitsoperationen durchgeführt." [74] Möglicherweise sind etliche der Operationen Versuche, sich von dem schmerzhaften Gefühl der Minderwertigkeit zu befreien.

Männer kämpfen ebenfalls mit ihrem Minderwertigkeitsgefühl. Auch sie haben Wege gefunden, dieses Gefühl zu kaschieren. Die wichtigsten sind: Autos, Anzüge, Uhren und Wissen. Das Auto ist des Deutschen liebstes Kind. Früher wurde samstags der Wagen gewaschen, damit die Familie sonntags spazieren fahren konnte. Damals wie heute ist das Auto ein Statussymbol. Ein Opel, ein Mercedes, ein Jaguar und ein BMW verkörpern den Status. Männer erzählen sich gegenseitig, was ihr Fahrzeug alles leisten kann: PS, Beschleunigung, Sicherheitssysteme, Navigationssysteme. Die Marke der Anzüge und die Herkunft der Krawatten sind ebenfalls Thema bei Männern. Ein wichtiges Statussymbol ist die Armbanduhr. Eine Uhr ist nicht einfach eine Uhr. Mit diesem kleinen Detail verraten sich die Herren gegenseitig mehr über sich. Eine Uhr ist eine Lebensauffassung. Da wird schon einmal im Büro mit Kollegen der Katalog mit den neuesten Modellen durchgeblättert. Respektvoll blickt „Mann" sich auf die Handgelenke, falls dort ein besonders ausgefallenes und teures Modell prangt.

Die männliche Achillesferse ist das Wissen

Besonders wichtig für Männer ist ihr im Laufe des Lebens angesammeltes Wissen. Sie möchten zu allem etwas Fundiertes sagen können und sehen ihre Meinung oft als die einzig richtige an. Wer Männern die Gelegenheit gibt, sich mit ihrem Wissen zu profilieren, hat möglicherweise leichtes Spiel, sie zu motivieren. Hinter ihrem Wissen verbergen Männer ihre Ängste, ihre Minderwertigkeitsgefühle und ihre Hilflosigkeit. Durch die Analyse emotional kritischer Situationen schaffen sie es mit den Jahren immer besser, ihre Gefühle zu verbergen. Männer weinen nicht („Ein Indianer kennt keinen Schmerz.“). Wie oft haben Männer diesen Satz von früher Kindheit an gehört? Wann haben sie ihn verinnerlicht? Er ist konditioniert. Diese Konditionierung lässt Männer viele Gefühle unterdrücken. Möglicherweise führt das Unterdrücken von Gefühlen zu Depressionen und/oder unterschwellig zu einer dauerhaften Unzufriedenheit mit sich und dem Leben. Der permanente Leistungsdruck, dem sich Männer aussetzen, führt unter Umständen zur Erschöpfung. Warum wollen Männer sich profilieren? Weil sie, genau wie Frauen, Anerkennung und Lob begehren.

Unsere Minderwertigkeitsgefühle werden von der Marketinggesellschaft gnadenlos benutzt, um immer neue Produkte zu verkaufen. Wir werden permanent mit Bildern bearbeitet, die uns so genannte perfekte weibliche Modells zeigen. Frauen glauben in ihrer Verletztheit, begehrenswert und attraktiv wie diese Modells sein zu können, sobald sie diese Schuhe, diesen Rock oder diesen Lippenstift benutzen. Dabei wird auch ein Schrank voller Kleider oder 100 Lippenstifte und Parfüms im Regal das Minderwertigkeitsgefühl nicht verschwinden lassen. Unsere falsche Fassade erhält Nahrung durch diese Besitztümer. Unser „Grandiositäten-Ich“ blüht auf, es kann mit Besitz angeben und seinen Selbstwert scheinbar steigern. Doch dieses Aufblühen ist nur von kurzer Dauer. Schnell verwelkt das Selbstwertgefühl. Fast wie bei einer Droge erfasst uns ein Rausch, sobald wir im scheinbar gesteigerten Selbstwertgefühl schwelgen können. Wir wollen mehr von dieser köstlichen Droge, die uns glücklich macht. Dann kommt für den Einen oder Anderen irgendwann der Absturz. Vor ihm fürchten wir uns.

Besitz steigert unser Selbstwertgefühl kurzfristig

In der Phase des Rausches durch Lob und Anerkennung sind wir zu vielem bereit. Der gewiefte Marketingmanager bemüht sich, uns diesen Rausch zu verschaffen, beschert er ihm doch volle Taschen. Also ist die professionelle Freundlichkeit tatsächlich nur Berechnung. Lob und Anerkennung geschehen aus Kalkül. Wir sehnen uns nach dieser Berechnung und diesem Kalkül. Das hört sich paradox an: Berechnung und Kalkül sind uns lieber als gar keine Aufmerksamkeit.

Lob und Anerkennung sind Berechnung

Bei Kindern ist es wichtig, ihnen Aufmerksamkeit zu schenken. Aber bei uns Erwachsenen ist das Streben nach Aufmerksamkeit - wie uns Heinz Kohut sehr eindrücklich vermittelt hat (s. S. 109 f) - lediglich ein Überrest kindlichen Verhaltens. Laut Kohut kommt es durch Bestätigung und Ermutigung, aber auch durch optimale Frustration zu einem Selbstwertzuwachs. Je mehr der Selbstwert wächst, desto weniger wird das Bedürfnis nach Bewunderung, Anerkennung und nach kontinuierlichem Geliebtwerden zur Selbst-„Sucht", die zwangsläufig immer neue Handlungen nach sich zieht.

Je größer der Selbstwert, desto geringer das Bedürfnis nach Lob

Wir können also aus Kohuts Forschungen folgendes Fazit ziehen: je geliebter wir aufgewachsen sind, desto geringer wird unser Bedürfnis nach Bewunderung, Anerkennung und Liebe sein. Das heißt, eigentlich könnten wir als Erwachsene ohne Bewunderung, Anerkennung, Lob und Liebe leben. Die Gesellschaft will uns etwas anderes glauben lassen. In unserer Abhängigkeit von Lob und Anerkennung sind wir berechenbar und damit auch lenkbar. Die Wirtschaft lebt von unserer Sehnsucht nach Lob und Anerkennung. Die Wirtschaft setzt Techniken ein, um uns eine Befriedigung zukommen zu lassen. Was wir tatsächlich kaufen, ist nicht Lob und Anerkennung, sondern Berechnung und Kalkül. Dafür bezahlen wir wie selbstverständlich. Es scheint, dass wir in diesem Kreislauf von Lob und Kalkül gefangen sind.

Die Wirtschaft lebt von unserer Sucht nach Lob und Anerkennung

Kohut sagte weiter:
„Die natürliche Spannung zwischen dem, was ein Mensch ist, und dem, was er gerne sein möchte, wird immer weniger als unerträgliche Diskrepanz erlebt, eben weil das Größenselbst und die idealisierte Elternimago langsam abgebaut werden können." [75]

So stellt sich der ideale Entwicklungsprozess der menschlichen Psyche dar. Was wir durch den Psychoanalytiker Priv.-Doz. Dr. med. Wolfgang Zander bestätigt bekommen. Er sagt, dass es nur einige wenige ungewöhnliche Menschen gibt, die ihrer Selbst sowohl äußerlich wie innerlich in Bezug auf ihre Werte so sicher sind, dass sie ohne Bestätigung, Lob und Anerkennung von anderen auskommen.

Wir sind somit von Kindesbeinen an durch Lob und Anerkennung „geleitet" worden. In der Pädagogik und Erziehung wird mit Lob und Anerkennung gearbeitet. Der Prozess unserer Konditionierung auf Lob und Anerkennung ist sehr tief gehend. Das hat zur Folge, dass wir auch als Erwachsene nach Lob (Berechnung) und Anerkennung (Kalkül) streben. Wir sind so süchtig nach dieser „Droge" gemacht worden, dass wir unser Streben nach Lob und Anerkennung für völlig normal halten. Es gibt allerdings auch Menschen, die frei von diesem enormen Druck nach Lob und Anerkennung sind. Wodurch erlangen sie diese Freiheit?

Unsere Konditionierung auf Lob und Anerkennung ist tief gehend

In einigen Traditionen geht es um das Freiwerden von Lob und Anerkennung, um das Finden der eigenen Mitte. Hierzu stehen die Schüler um 4:00 Uhr morgens auf. Sie meditieren und arbeiten bis 23:00 Uhr abends. Die Schüler erhalten weder Lob noch Aufmerksamkeit von ihrer Umgebung. Es findet gewissermaßen ein kontrollierter Entzug von Lob und Aufmerksamkeit statt. Der Lehrer lächelt seine Schüler nicht an. Das wäre nämlich eine Bestätigung, eine Anerkennung und eine Aufmerksamkeit für die Schüler. Gerade davon möchte sich der Schüler befreien. Bestimmt ist das kein leichter Weg und für uns Westler sehr ungewöhnlich. Dieses Beispiel möchte nur eine Möglichkeit aufzeigen, sich von dieser „Sucht" nach Aufmerksamkeit befreien zu lassen. Alleine können wir uns von der Sucht nach Aufmerksamkeit nicht befreien.

Unsere Minderwertigkeitsgefühle und unser Streben nach Aufmerksamkeit und Anerkennung sind unsere Achillesferse. Hier sind wir jederzeit verwundbar, womöglich sogar tödlich. Dies bestätigte der Psychologe Paul Pruyser: „... die Jagd nach Selbstbewunderung, Selbsterhöhung oder Selbstversunkenheit kann so erbarmungslos sein, dass jemand aus reiner Erschöpfung stirbt." (s. S. 115) Wir wollen, dass unser Selbstwertgefühl gesteigert wird. Wie wir von den Psychologen wissen, entsteht dieses Bedürfnis aus dem Mangel an Aufmerksamkeit und Liebe in unserer Kindheit.

Die Jagd nach Selbstbewunderung kann schmerzlich sein

Das Marketing gibt uns die Aufmerksamkeit, nach der wir uns sehnen - für Geld. Lächelt die Verkäuferin uns an, ist das Berechnung. Die glückliche Werbefamilie, die beim Frühstück sitzt und in die Kamera lächelt, ist Berechnung. Hält uns jemand im Geschäft die Tür auf, ist das meistens nicht nett, es ist Kalkül. Schenkt uns der Mann vom Marktstand einen Apfel, ist das in der Regel nicht liebenswürdig, sondern Kalkül. Lädt der Geschäftsführer einer Firma einen Geschäftspartner übers Wochenende nach Monte Carlo ein, ist das nicht wohlwollend, sondern Kalkül. Übergibt das Unternehmen uns an Geburtstagen Blumensträuße, ist das nicht freundschaftlich gemeint, sondern berechnend. Es fällt uns vielleicht schwer zu glauben, dass wir fast ausschließlich von Berechnung und Kalkül umgeben sind.

Wir wollen glauben, was wir glauben wollen

In unserer Sehnsucht nach Lob und Anerkennung hören und glauben wir, was wir hören und glauben wollen. Die Kommunikationstrainerin Vera Birkenbihl formuliert das folgendermaßen: „Wahr ist nicht, was man sagt. Wahr ist, was der andere hört." [76] Leicht entsteht in uns ein falscher Eindruck eines Sachverhaltes. Er entsteht deshalb, weil wir etwas Bestimmtes hören oder lesen wollen. Das wird in Formulierungen gerne ausgenutzt.

z.B.

Hier ein Beispiel für eine fantasieanregende Formulierung: Auf der Speisekarte eines guten Cafés liest Herr Petersen:

Pfefferminztee: aus frischen, ausgewählten, handverlesenen Pfefferminzblättern aufgebrühter Tee.

Herr Petersen stellt sich nun einen Pfefferminztee vor, der aus heute gepflückten Pfefferminzblättern zubereitet wird, die mit kochendem Wasser aufgebrüht werden. Er bestellt den verheißungsvoll klingenden Tee. Tatsächlich serviert ihm der Kellner einen ganz normalen Teebeutel. Den muss er sich selbst in die Tasse mit heißem Wasser hängen.

Die Formulierung auf der Speisekarte ist mit Absicht so gewählt, dass in uns eine Fantasie angeregt wird. Da Herr Petersen vor seinem inneren Auge diesen Tee sah, fragte er nicht nach, was ihn denn erwarten könnte. Seine Enttäuschung war groß. Er ist einer marketinggerechten Teebeschreibung aufgesessen.

Es ergeht uns möglicherweise gelegentlich ähnlich wie Herrn Petersen. Mit der Ankündigung wird uns etwas versprochen, was mit dem Produkt nicht übereinstimmt. Auch Verpackungen versprechen oft etwas anderes als das, was der Realität entspricht.

Kaufen wir beispielsweise Software, ist sie in großen Kartons verpackt. Im Karton finden wir die CD-ROM und ein kleines Heftchen. Würden wir den Karton füllen, bekämen wir wahrscheinlich 10 CD-ROMs und 10 Heftchen hinein. Die Verpackung ist eine Show, auf die wir immer wieder hereinfallen.

z.B.

Außerdem gibt es noch die verbalen Verpackungen. Auf diese gehen wir im nächsten Abschnitt zum Thema „Lob" ein.

Mancher Unternehmer lässt seine Berater darauf trimmen, dass sie sich auf der Stirn jedes Kunden einen 1000-Dollar-Schein vorstellen. Diesen Schein sollen sie sich holen. Dass wir daraufhin scheinbar freundlich behandelt werden, ist unumgänglich. Das scheinbare „Freundlichsein" mit seinen 42 Synonymen (s. S. 193) ist ganz eindeutig Teil aller Marketingstrategien.

„Freundlichsein" ist Teil aller Marketingstrategien

Diese Entwicklung zur professionellen Freundlichkeit ist bedauerlich. Können wir schon jetzt nicht mehr unterscheiden, wer aufrichtig freundlich zu uns ist und wer lediglich finanzielle Hintergedanken damit verbindet, wenn er zu uns freundlich ist. Die folgende Geschichte handelt von aufrichtiger Freundlichkeit:

Ein Auto steht mit einem platten Reifen am Fahrbahnrand. Eine ältere Dame mit finsterem Blick steht am Kofferraum des Fahrzeugs und zieht am Ersatzreifen. Ein anderes Auto hält. Ein Mann steigt aus. Er fragt die Dame, ob er ihr helfen kann. Sie sagt ja. Der Mann wechselt den platten Reifen aus. Möglicher-

z.B.

> weise unterhält sich der Mann währenddessen mit der Dame.
> Als er fertig ist, verabschiedet er sich und fährt weiter.

Dieser Mann hat wirklich freundlich gehandelt. Er erwartete weder Geld noch Lob für seine Hilfe. So konnte ihn auch der finstere Blick der Dame nicht von seinem Vorhaben abbringen. Natürlich gibt es auch von Natur aus freundliche, höfliche Menschen. Aber in der Regel werden die Produkte mit den immateriellen Gütern wie Lob, Anerkennung und Aufmerksamkeit verknüpft.

Ein Beispiel für den Erfolg professioneller „Freundlichkeit" liefert uns die Immobilienbranche.

z.B.

Frau Blum bekam von Jakob Filser, einem Immobilienmakler, einen Immobilientipp. Eine absolut sichere Sache, zudem ein Schnäppchen. Die Immobilie ginge weg wie warme Semmeln. Der Chef der Sekretärin hörte ebenfalls von dem Angebot und empfahl seinem Bruder, sich eine Wohnung in dem Häuserblock zu kaufen, was dieser auch tat. Die Sekretärin überlegte hin und her. Sie kannte Herrn Filser seit zwei Jahren. Sie hatte ihn über ihren Chef kennen gelernt, der mit ihm diverse Immobiliengeschäfte abwickelte. Herr Filser machte einen guten Eindruck auf sie. Zwei-, dreimal lud Herr Filser Frau Blum zum Mittagessen ein. Frau Blum kümmerte sich intensiv um die Immobiliengeschäfte ihres Chefs. Als Dankeschön für ihren Einsatz bekam sie von Herrn Filser ein Handy geschenkt; zudem wollte er sich um die gesamte Vertragsabwicklung kümmern sowie die ersten drei Monate die Grundgebühren bezahlen. Selbstverständlich fragte sie ihren Chef, ob sie das Präsent überhaupt annehmen sollte. Er sagte ihr, dass er dieses Präsent gut fände, dann wäre sie ja noch besser für ihn erreichbar, wenn sie geschäftlich unterwegs wäre. Sie könne es sich gerne schenken lassen. Nun nahm Frau Blum das Handy an und war jederzeit erreichbar. All die positiven Erfahrungen mit Herrn Filser bewogen Frau Blum, ihm ihr Interesse am Kauf einer Wohnung zu bekunden. Herr Filser bemühte sich, ihr die steuerlichen Vorteile der Immobilien zu erläutern. Er brachte ihr Statistiken über die voraussichtliche Entwicklung ihrer steuerlichen Vorteile ins Büro. Ein Exposé erhielt sie ebenfalls. Herr Filser versicherte ihr, dass die Mieterin der angebotenen Wohnung, eine Krankenschwester, sehr zuverlässig sei. Zudem gäbe es auch eine Mietgarantie.

Herr Filser bot ihr an, falls sie sich zum Kauf entschlösse, sich um die gesamte Finanzierung und eventuell auch um den Abschluss einer Versicherung zu kümmern. Ein so genanntes „Rundum-sorglos-Paket" wurde ihr geboten. Die Berechnungen, die er ihr vorlegte, klangen für Maike Blum realistisch. Ihren Eltern erzählte sie von ihren Immobilienplänen. Die freuten sich für ihre Tochter, weil sie so eine günstige Gelegenheit angeboten bekam. „So ein netter Mensch, der Herr Filser! Da hast du richtig Glück, Kind."

Maike Blum besichtigte die Wohnung und entschied sich zum Kauf. Sogleich vereinbarte Herr Filser für die Kaufpreisfinanzierung einen Termin bei einer Bank. Es war alles arrangiert, Frau Blum musste nur noch unterschreiben. Die Bank hatte das Objekt bereits bewertet und stimmte der Finanzierung sofort zu. Innerhalb einer Woche fand der Notartermin statt.

Was sich so „nett" anhörte, war pure Berechnung. Die Freundlichkeit war schlichtweg Kalkül und Berechnung.

In der Folge kam es aufgrund nicht eingehaltener Renditen und Mietgarantien zu ruinösen Situationen für die Käufer. Die wurden von der Bank zur Kasse gebeten, obwohl die Mitarbeiter der Bank wussten, dass sie von vornherein überteuerte, minderwertige Immobilien finanziert hatten. Das zumindest behaupteten in der NDR/SWR-Dokumentation „Die Immobilienfalle" [77] ehemalige Banker und Vermittler. Wahrscheinlich sind 108.000 Kunden der HypoVereinsbank auf ähnlich „freundliche" Immobilienmakler hereingefallen.

Freundliche Immobilienmakler verkaufen überteuerte Immobilien

Angeblich sollen fünf der betroffenen Käufer Selbstmord begangen haben. Sie sahen aus der ruinösen Situation keinen Ausweg mehr. Es wurde gekauft unter der Prämisse, dass beispielsweise ca. 90 € monatlich zur Immobilienfinanzierung zugezahlt werden müssen. Durch Mieterauszug, Unvermietbarkeit und durch den miserablen Zustand der Immobilie mussten die Betroffenen inzwischen 1000 € monatlich für die „Top-Immobilien" bezahlen. Dass eine Familie oder eine allein erziehende Mutter mit zwei Kindern mit derartigen finanziellen Belastungen in die Schieflage gerät, ist unvermeidbar. Was die Betroffenen damals nicht wussten: die Bank bewertete zwar die Immobilien, stimmte aber einer Finanzierung von bis zu 160 % des Immobilienwertes zu. Diese Information gab die Bank nicht an die Kunden weiter. Laut einem ehemaligen Mitarbeiter der Hypobank galt die Devise:
„Das Kreditvolumen sollte möglichst hoch sein!" [77] Für die gut-gläubigen Käufer bedeutete dies den Kauf einer vollkommen über-bewerteten Immobilie. „Laut interner Bankunterlagen ging es um Kredite von mehr als 13 Milliarden Euro." [78] Für die Bank damals ein äußerst lukratives Geschäft.

Rechnen wir uns das an einem Beispiel durch: Der Wert der Im-mobilie lag laut Gutachten bei 200.000 €. Verkauft wurde dem Käufer die Immobilie für 320.000 €. Somit bezahlte der Käufer 120.000 € plus Zinsen zu viel. Im Fall der Hypobank ist die Rede von insgesamt mehr als 13 Milliarden Euro Kreditvolumen. Stellen wir uns vor, davon wären 60 %, also ca. 4,875 Milliarden Euro, von den 108.000 Kunden zu viel verlangt worden. Das heißt 108.000 Kunden mit ihren Familien müssen sehr hart arbeiten, um diese 4,875 Milliarden Euro zu erwirtschaften. Mittlerweile hat der Bundesgerichtshof am 09.04.2002 entschieden, dass die Käufer überteuerter Immobilien den Vertrag auch nach vielen Jahren wi-derrufen können, sofern sie die entsprechenden Verträge zu Hause oder am Arbeitsplatz unterschrieben haben.

Viele Menschen müssen für überteuert gekaufte Immobilien hart arbeiten

Im Vergleich zu den 4,875 Milliarden Euro erscheint die Summe für Entwicklungshilfe im Jahr 2002 mit knapp 3,9 Milliarden Euro als sehr gering. [79] Übrigens - wen wundert es bei diesen Summen - die Provisionen für die Vermittler sollen ebenfalls hoch gewesen sein. Die Vermittler sollen den Mitarbeitern der Bank sogar Teile

Die Vermittler sollen hohe Provisionen ein-gestrichen haben

ihrer Provision rückerstattet haben, damit diese die Finanzierungen noch schneller bearbeiteten. Diese Provisionen wurden angeblich teilweise an die Ehefrauen der Banker überwiesen. Die Käufer waren ruiniert.

Wie wir von Vera. F. Birkenbihl erfuhren, sind wir umso anfälliger für Wertschätzung, Lob und Anerkennung, je weniger wir als Kind geliebt wurden. Birkenbihl geht sogar davon aus, dass lediglich 3 % der Menschen ein relativ stabiles Selbstwertgefühl haben. Im Umkehrschluss: 97 % der Menschen besitzen ein mehr oder weniger schwaches Selbstwertgefühl. Allerdings sind selbst die Menschen mit einem stabilen Selbstwertgefühl nach einer gewissen Zeit zu verunsichern.[80]

Warum kauften die 108.000 Kunden der Hypobank die überteuerten Immobilien? Weil sie anhand von berechnender Wertschätzung, von Freundlichkeit und Lob zum Kauf bewegt worden sind. Der Käufer glaubte, die Kaufentscheidung selbst getroffen zu haben, tatsächlich aber ist sie vom Verkäufer getroffen worden. Der Immobilienvermittler legte die Richtlinien fest. Dies beschreibt der Verkaufsprofi und –trainer Rainer Westphal eindrucksvoll:
„Einige Verkäufer legen bewusst sehr viel Wert darauf, die Beziehungsebene fast freundschaftlich zu gestalten. In solchen Verkaufsgesprächen wird bewusst eine perfekte Beziehungsebene angestrebt, weil sehr wahrscheinlich das Preis-/Leistungsverhältnis des Produktes bzw. der Dienstleistung einer kritischen Überprüfung kaum standhalten würde." [81]

Wie Rainer Westphal uns deutlich macht, hat der Käufer schließlich ein positives Bild vom Immobilienvermittler im Kopf:
„‚Ach, er war doch so ein netter Mensch. Nein, ich glaube einfach nicht, dass er mich betrügen wollte.' Ist der Deal perfekt gemacht, werden die Käufer gegen Kritik immunisiert und verteidigen ihren Kauf. ‚Nein, nein, also wir sind sehr zufrieden mit unserer Ferienwohnung in Österreich. Sie mag vielleicht etwas teurer sein, aber dafür haben wir ja auch ein Stück Eigentum erworben. Und wenn wir sie nicht mehr haben wollen, können wir sie doch einfach wieder verkaufen. Aber das wollen wir ja nicht.'" [81]

Die Käufer glauben, die Kaufentscheidung selbst getroffen zu haben

Das bedeutet, dass wir eine Kaufentscheidung nicht aufgrund des Preises, sondern infolge der Wertschätzungstechniken fällen. Zusätzlich werden wir durch psychologisch fundierte Gesprächstechniken dahingehend beeinflusst, dass wir gegen Kritik immunisiert werden.

Uns Käufern verschweigen Immobilienvermittler (oder andere Verkaufsberater) ihre Kommunikationstechniken, ansonsten hätten wir höchstwahrscheinlich von so manchem Kauf Abstand genommen. Wir sind ihren knallharten, psychologischen Wertschätzungstricks ausgeliefert, es sei denn, wir kennen ihre Strategien.

Klaus Kratzer, Anwalt von Betroffenen der Hypobankaffäre, bewertet die Situation folgendermaßen:
„Die Leute haben ihr Geld in eine Kapitalanlage gesteckt, die von vornherein nie funktionieren konnte. Die Bank wusste das, das ist reiner Betrug." [82] Durch die aus dieser Haltung resultierenden Geschäftsabschlüsse kann immenser wirtschaftlicher Schaden entstehen. Sowohl Privatleute als auch Firmen können in den finanziellen Ruin gelenkt werden. Das zieht unter Umständen den Verlust von Arbeitsplätzen, Krankheit, Sozialfälle etc. nach sich. Für diese durchaus realistischen Folgen müssen wir alle aufkommen.

Die Immobilienmakler waren freundlich, die Banker waren freundlich. „Am Ende sollen fünf Menschen den Tod gefunden haben." [86] Das alles nur, weil wir auf Kalkül und Berechnung reagieren und Menschen für nett und freundlich halten, die nur an unserem Geld interessiert sind. König Kunde heißt es so schön. Nur, wer hat jetzt unser Geld? Wer hat jetzt 100.000 € auf dem Konto? Wer hat gut lachen? Wem zahlen wir Provisionen? Für wen haben wir uns vielleicht ruiniert?

In diesem Fallbeispiel lachen die Bank und der Immobilienmakler. Wer ist verzweifelt, wer denkt an Selbstmord? Der Kunde mit dem „Rundum-sorglos-Paket". Wir.

Wir werden behandelt wie Könige Wir werden wie Könige behandelt und sind davon begeistert. Endlich werden wir geschätzt und anerkannt – alles Lug und Trug.

Man gibt uns diese Behandlung, weil wir sie uns wünschen, danach „süchtig" sind. Deshalb funktioniert dieses „Royalty Treatment" so hervorragend. Es stellt sich die Frage, ob wir wirklich wie Könige behandelt werden, wenn die Ergebnisse uns ruinieren können? Ist es nicht vielmehr eine hinterlistige Methode, um unsere Psyche und unseren Verstand auszutricksen, damit wir unser Geld bereitwillig ausgeben? Wir werden zu willfährigen Opfern von skrupellosen Technikanwendern gemacht.

Wir neigen dazu zu glauben, dass uns das nicht passieren kann. Das mag stimmen. Vielleicht nicht mit einer Immobilie, dafür aber mit der Urlaubsreise, die in den höchsten Tönen angepriesen wurde. Wir buchen auf Empfehlung des sympathischen Reisebüroangestellten einen exklusiven Urlaub, der dem Prospekt nicht entspricht. Für uns entwickelt sich der Urlaub zu einer Enttäuschung. Der Reisebüroangestellte kassiert seine Provision trotzdem.

Überall, wo man Wirtschaftsgüter oder Dienstleistungen umsetzt, werden die Verkaufstechniken Lob, Anerkennung und Wertschätzung angewandt. Tatsächlich steigt die professionelle Freundlichkeit sogar mit der Höhe des Produktpreises. Da wir erwiesenermaßen auf diese Technik reagieren, können wir auf Anwender der Technik der professionellen Freundlichkeit treffen. Kein erfreulicher Gedanke. Wir kommen als Könige und gehen als Bettler.

Allerorts können wir professioneller Freundlichkeit begegnen

Lob

Die Gesellschaft entwickelt sich verstärkt zu einer „professionell freundlichen Gesellschaft". Angefangen hat diese Veränderung im Amerika der 70er Jahre mit der Einführung von NLP (s. S. 58 ff). Die damals gewonnenen Forschungsergebnisse werden ständig weiterentwickelt. NLP hat mittlerweile Einzug in alle Bereiche unseres Lebens gehalten. Es ist eine effiziente Methode, um einen Menschen zu motivieren.

Motivation ist laut dem Duden die Summe der Beweggründe, die unsere Entscheidungen und Handlungen beeinflussen. Lob wirkt motivierend auf uns.

Der Begriff „loben" bedeutet, mit anerkennenden Worten unser Verhalten positiv zu beurteilen und damit seine Zufriedenheit und Freude auszudrücken. Anwendung findet Lob auch in der Erziehung und Pädagogik (s. S. 65).

Den folgenden Geheimtipp finden wir in dem Unternehmermagazin „Impulse". Dort gibt das Ministerium für Wirtschaft und Mittelstand, Energie und Verkehr des Landes Nordrhein-Westfalen Unternehmern unter der Überschrift „Wie werde ich innovativ? Mitarbeiter motivieren" folgenden Tipp:

„Honorieren Sie Verbesserungsvorschläge, die vom Personal kommen. Selbst für eine Idee, die nicht in die Praxis umgesetzt wurde, sollte es zumindest eine mündliche Belobigung geben. Machen Sie deutlich, wie stolz Sie auf Ihre engagierten Mitarbeiter sind." [83]

Das empfiehlt das nordrheinwestfälische Ministerium als innovatives unternehmerisches Handeln: Mitarbeiter durch Lob zu motivieren. Für den Unternehmer bedeutet die Motivation des Mitarbeiters mehr Arbeitsleistung durch Lob. Nun stellt sich die Frage, ob es sich um Lob oder um die geistige Manipulation des Mitarbeiters handelt, da der Mitarbeiter über diesen Tipp nicht informiert wird? Obendrein ist es verwunderlich, dass der Unternehmer vielleicht erst aufgrund dieses Hinweises seinen Mitarbeiter lobt. Würde er ihn wirklich loben wollen, hätte er es nicht längst getan? Damit wird offen gelegt: hier sollen die Interessen des Unternehmers mit **Lob wird aus Berechnung verteilt** Lob durchgesetzt werden. Der Unternehmer lobt, weil Lob für ihn Vorteile bringt. Ansonsten würde er dem Mitarbeiter kein Lob für einen unpassenden Vorschlag spenden, wie es in unserem Beispiel vorgeschlagen wurde. Der Unternehmer greift in die Psyche des Mitarbeiters mittels Lob ein, um ihn zu manipulieren. Er motiviert seinen Mitarbeiter im Sinne der Interessen des Unternehmens, nicht zum Vorteil des Arbeitnehmers. Motivation der Mitarbeiter zum Vorteil des Unternehmers ist das erklärte Ziel, keinesfalls zum persönlichen Vorteil des Mitarbeiters. Das unternehmerische Lob gründet sich demnach auf pure Berechnung und Kalkül. Verbal Lob und Anerkennung zu formulieren, kostet keinerlei Anstrengungen. Worte transportieren das Lob zu uns. Worte sind nur „Schall und Rauch", wie Johann Wolfgang von Goethe in seinem „Faust" schrieb. Die Bedeutung des Lobes als Ausdruck unserer Freude über die Handlung eines Menschen bekommt in unserem Jahrhundert einen schalen Beigeschmack. Sind wir doch geneigt, aufgrund unseres hier gewonnenen Wissens, von purer Berechnung auszugehen.

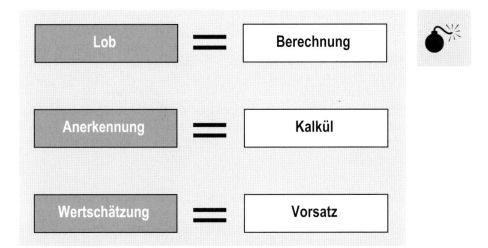

Es ist wahrscheinlich unangenehm für uns zu erkennen, dass uns beinahe überall anstatt Lob, Anerkennung und Wertschätzung nur Berechnung, Kalkül und Vorsatz erwarten. Allerdings können wir selbst auch Berechnung und Kalkül verteilen. Somit wäre die Umbenennung von Lob in Berechnung, von Anerkennung in Kalkül sowie von Wertschätzung in Vorsatz angemessen. Dabei ist es wichtig, nochmals auf die Erkenntnisse der Kommunikationstrainerin Vera F. Birkenbihl hinzuweisen. Sie macht uns deutlich: je mehr wir durch den Einsatz von Lob motiviert werden können, desto weniger sind wir als Kinder um unserer Selbst willen geliebt worden.

Eine kleine Übung mag vielleicht helfen, unsere letzten Zweifel auszuräumen. Nehmen Sie sich bitte ein Blatt Papier und einen Stift zur Hand. Auf die eine Seite schreiben Sie

Lob = Berechnung
Anerkennung = Kalkül
Wertschätzung = Vorsatz.

Diese Übung kann Ihrem Bewusstseinsprozess bezüglich der ankonditionierten Bedeutung von Lob, Anerkennung und Wertschätzung dienen.

Bitte drehen Sie nun das Blatt um. Notieren Sie oben Datum und Ort, sowie folgenden Text:

Ich versichere hiermit, dass ich Berechnung und Kalkül verteile.

Sodann unterschreiben Sie diese Aussage. Sie möchte Ihnen verdeutlichen, dass Sie nun Anwender der Technik Lob, Anerkennung und Wertschätzung sind.

Jetzt überlegen Sie sich, wie Sie jemanden loben, anerkennen und wertschätzen können, obwohl Sie sich nicht wirklich über seine Handlung oder Tat freuen, sondern in die Psyche Ihres Gegenübers manipulativ eingreifen möchten. Beobachten Sie daraufhin, ob Ihr Gegenüber Sie aufgrund Ihres Lobes freundlicher behandelt. Möglicherweise gelingt es Ihnen sogar, dass der Gelobte eine Handlung in Ihrem Sinne vornimmt.

Vielleicht nehmen Sie den Einkauf beim Bäcker als Übungssituation. Wünschen Sie ihm heute einen besonders schönen guten Morgen. Verteilen Sie ein Lob für die freundliche Bedienung – auch wenn das nicht wahr ist. Loben Sie den Kuchen, dass er so herrlich aromatisch und frisch schmeckt, viel besser als in den umliegenden Bäckereien. Die Brötchen sind hier so köstlich. Ob Sie wohl hier mit Liebe backen? Bei so sympathischen Mitarbeitern muss das ja der Grund für die gute Qualität sein. Im Übrigen kämen Sie extra wegen dem Bäcker und natürlich wegen dem reizenden Lächeln der Verkäuferin in die Gegend. Es sei für Sie bewundernswert, dass die Verkäuferin tagein tagaus so gut gelaunt ihre Arbeit verrichtet. Ein menschliches Wunder! Spätestens hier werden Sie wahrscheinlich mit einem Lächeln beglückt. Sie werden sehen, nun können Sie auch etwas kompliziertere Wünsche äußern, ohne dass Ihr Gegenüber genervt reagiert. Auch werden Sie wahrscheinlich künftig von dieser Verkäuferin freundlicher und sorgfältiger bedient.

Eine weitere Übungsmöglichkeit bietet Ihr Arbeitsumfeld. Machen Sie jemandem Komplimente, loben Sie ihn für eine gefertigte Kopie, ein Schreiben, den schicken Anzug oder seinen guten Farbgeschmack. Lassen Sie Ihrer Fantasie freien Lauf. Auch hier wird Ihr Übungspartner positiv reagieren, Ihnen bei nächster Gelegenheit vielleicht helfen. Es kann aber auch sein, dass er Sie fragt, ob Sie an einem Kommunikations- oder Managementseminar teilgenommen haben. Dann wissen Sie: er weiß, dass Sie ihn beeinflussen wollten.

Nur wir wissen in der Regel, dass wir unser Gegenüber bewusst gelobt haben. Unser Übungspartner weiß das nicht. Würden wir ihm unser Blatt hinhalten, ihm erklären, dass wir ihn gerade bewusst gelobt haben, er wäre gekränkt. Seine Wertvorstellungen wären verletzt. Beinahe niemand erfährt gerne, dass ein Lob an ihm als Technik angewandt worden ist. Auch wir nicht.

Tatsächlich werden wir täglich genauso von anderen in berechnender Manier gelobt. Wir denken nicht an Berechnung und glauben ihnen. Wir wollen ihnen glauben. Unsere Sehnsucht nach Lob und Anerkennung lässt uns selbst das unglaublichste Lob annehmen. Wir selbst wissen ganz genau, dass das Lob unwahr ist, trotzdem begehren wir es. Wieder ist das ein Indiz dafür, dass es sich um eine Sucht nach Lob und Anerkennung handelt. Süchtige wissen auch, dass ihr Handeln sie ruiniert, trotzdem führen sie sich das Suchtmittel weiterhin zu. Das netteste Kompliment macht uns zu keinem besseren Menschen, auch wenn wir das gerne so hätten.

Die Zeitbombe Lob

z.B. Der Vorgesetzte, der uns immer wieder berechnend lobt, damit wir motiviert sind, macht keinen anderen Menschen aus uns. Er spendet kalkulierte Anerkennung, um z. B. Folgendes von/durch uns zu erlangen:

→ Arbeitserleichterung für ihn durch unsere Fortbildungen
→ Effektivere Arbeitsleistung
→ Förderung der Loyalität
→ Längere Unternehmenszugehörigkeit
→ Größere Arbeitsleistung, Bereitschaft zu Überstunden
→ Selteneres Fehlen wegen Krankheit (Arbeiten gehen trotz Krankheit)
→ Informationen über innerbetriebliche Vorgänge

> → Übermotiviertes Engagement im Sinne des Unternehmens
> → Weniger Schwierigkeiten
>
> Motiviert durch berechnende Wertschätzung, kalkuliertes Lob
> und bewusste Anerkennung, funktionieren wir so, wie *er* es
> will.

Im Fernsehen können wir immer wieder Zeuge von Lob und Wertschätzung werden. Eine derzeit sehr beliebte Wertschätzungstechnik können wir in Interviews beobachten. Der Gast wird durch den Talk-Master erst wertgeschätzt, gelobt und anerkannt. Darauf beginnt der Gast sich wohlzufühlen. Seine Vorsicht und sein Misstrauen dem fremden Talk-Master gegenüber werden beruhigt. Anschließend erzählen die Gäste von selbst die Dinge, die der Talk-Master von ihnen erfahren will. Sandra Maischberger ist eine populäre Moderatorin, die bei n-tv fast täglich Interviews führt. Sie sagte von sich: „Das Wichtigste, was ich gelernt habe, ist zu täuschen." [84] Sandra Maischberger weiß, dass sie ihre Gesprächspartner durch ihr Verhalten täuscht. Auf dieselbe Weise arbeiten auch andere Moderatoren, Talk- und Quizmaster.

„Das Wichtigste, was ich gelernt habe, ist zu täuschen."

Wie wir bereits kurz angedeutet haben, bietet uns Selbstbeobachtung die Möglichkeit, aus diesem Lob-, Anerkennungs- und Wertschätzungskreislauf auszubrechen. Deswegen könnte Selbstbeobachtung von großer Bedeutung für unsere nach professioneller Freundlichkeit süchtige Gesellschaft sein. Hier bietet sich uns die Gelegenheit, wieder wir Selbst zu werden. Die Sehnsucht, die in uns schwelt, kompromisslos so zu sein, wie wir wirklich sind, kann hier gestillt werden. Buddha, der Begründer des Buddhismus, bemühte sich, antrainierte, zum Teil künstliche Verhaltensweisen aufzulösen. Dies beinhaltete für den Lernenden große Disziplin. [85]

In Doris Dörries Film „Erleuchtung garantiert" können wir einen Eindruck vom Zen-Alltag erlangen. In der Atmosphäre eines Zen-Klosters könnten wir erfahren, wie weit wir uns von unserer Natürlichkeit entfernt haben. Hier wird von uns ein freiwilliges Befolgen der institutionellen Regeln erwartet. Die dort herrschende Strenge, die Disziplin, die grimmigen Blicke sollen uns verunsichern, damit wir auf Dauer das möglicherweise unechte Lächeln und Verhalten aufgeben. Unser Wahres Selbst, unser Lebensspender, kann dann vielleicht wieder zum Vorschein kommen. Wer den Mut hat, sich einige Zeit auf Zen einzulassen, kann möglicherweise von den Neurosen unserer Gesellschaft vollkommen befreit werden.

Beziehungen

„Zu zweit ist alles viel schöner!" Den Spruch haben wir sicherlich schon einmal gehört. Stimmt das wirklich, oder wollen wir nur nicht alleine sein? Fragt man Paare, warum sie zusammen leben, antworten diese: „Weil wir uns lieben".

 Vielleicht haben Sie Lust, sich eine nachmittägliche Talk-Show im Fernsehen anzusehen. Hier können Sie täglich sehen und hören, warum Menschen zusammen leben und wie sich ihre Liebe gestaltet. Da fallen Sätze wie diese:

Eine Wohnung konnte ich alleine nicht finanzieren.
Wir sind zusammen, weil sie schwanger wurde.
Es ist so schön, abends nicht alleine zu sein.
Dadurch kam ich von meinen Eltern weg.
Meine Kinder haben wieder einen Vater.
Endlich jemand, der mir zuhört.
Sie kümmert sich so um mich.
Zu zweit ist es viel schöner.
Alleine, das ist doch nichts.
Ich kuschel so gerne.

Partnerschaften sind häufig Zweck- und Wirtschaftsgemeinschaften

Partnerschaften sind anscheinend Zweck- und Wirtschaftsgemeinschaften. Da wundert es uns nicht, dass in Deutschland bereits jede zweite bis dritte Ehe geschieden wird. Wäre es jedes Mal die große ewige Liebe, dann würden die Paare doch beieinander bleiben wollen.

Wir suchen uns Lebenspartner, die uns das geben sollen, was wir uns wünschen. In Beziehungen treffen Menschen mit unterschiedlichen Wünschen und Bedürfnissen aufeinander. Jeder von uns möchte, dass der andere unsere Wünsche und Vorstellungen an eine Beziehung erfüllt. Nun versuchen wir, den Partner von unseren Vorstellungen und Wünschen zu überzeugen. Dazu verwenden auch wir unsere Überredungskünste. Wir möchten unseren Partner beeinflussen, motivieren. Unser Partner möchte das Gleiche mit uns tun, um seine/ihre Wünsche zu befriedigen. Auch er/sie wird versuchen, uns zu beeinflussen. Ebenso unsere Kinder.

Der Partner soll unsere Wünsche und Vorstellungen erfüllen

Wir wollen einen bestimmten Film im Fernsehen mit unserem Lebenspartner anschauen. Unser Lebenspartner möchte lieber lesen. Also versuchen wir möglicherweise ihn zu überreden, gemeinsam mit uns fernzusehen.

„Du siehst richtig gut aus. Wenn ich dich so sehe, Liebling, dann bekomme ich Lust, mit dir einen netten Abend zu verbringen. Magst du nicht heute Abend gemeinsam mit mir den Film im Fernsehen anschauen? Ich koche uns was Leckeres und besorge dir auch deinen Lieblingswein. Was hältst du davon? Bitte, sei lieb und sag ja."

Vielleicht schauen wir ihm, während wir das sagen, tief in die Augen und geben ihm einen Kuss, so wie er es mag, damit er das tut, was wir wollen.

z.B.

Jeden Tag versuchen wir, andere zu beeinflussen und umgekehrt. Wir nehmen diesen Vorgang selten bewusst wahr. Es mag verwunderlich erscheinen, dass wir etwas täglich machen – andere beeinflussen – ohne dass wir uns dessen bewusst sind.

Die Techniken der Wertschätzung und der Freundlichkeit haben in unser Privatleben Einzug gehalten. Den ganzen Tag bemühen wir uns, in der Arbeit unser Bestes zu geben, weil wir Lob und Anerkennung suchen. Es genügt uns nicht, dass wir Geld für unsere Leistungen erhalten. Wir wollen Lob und Anerkennung – auch wenn sie nur aus Berechnung und Kalkül gegeben werden. In unse-

Von unserem Partner möchten wir auch Lob und Anerkennung

rem Privatleben möchten wir auch von unserem Partner Lob und Anerkennung erhalten.

Wären wir im Besitz eines gesunden Selbstwertgefühls, könnten wir unseren Partner das machen lassen, wozu er/sie Lust hat. Wir würden unser Selbstwertgefühl nicht davon abhängig machen, ob er/sie Zeit für uns hat. Wir könnten das Leben womöglich genießen, so wie es ist, ohne dass wir andere verändern wollen.

Wir wollen um unserer Selbst geliebt werden
Im folgenden Bild ist die Beziehungssituation schematisch dargestellt. Beide Partner sagen „ich liebe dich" und bitten um Lob und Anerkennung. Endlich liebt uns jemand, so wie wir sind. Unter der nach außen zur Schau getragenen Fassade verbergen wir unsere Minderwertigkeitsgefühle, Hilflosigkeit und Angst. Diese Gefühle wollen wir auch vor unserem Partner verbergen. Wardetzki fasst dies wie folgt zusammen:
„Wer sein Selbstwertgefühl nicht aufrechterhalten kann, braucht den anderen, um sich wertvoll zu fühlen. Wendet sich der andere jedoch ab, wird das Selbstwertgefühl durch ihn nicht unterstützt und er fühlt sich minderwertig." [86]

Psychologisches Modell der Liebe

Der Dienstleistungsmarkt für Lob, Anerkennung und Wertschätzung

Inzwischen wissen wir sehr viel über professionelle Freundlichkeit sowie unsere Sehnsucht nach Lob, Anerkennung und Wertschätzung. Die Wurzeln unserer Sehnsucht liegen in unserer kindlichen Verletztheit und der Angst vor Zurückweisungen. Die Psychologen haben einen ganz wesentlichen Beitrag zur Aufdeckung unserer Kränkbarkeit geleistet. Auf der Grundlage ihrer Erkenntnisse hat

Ganze Geschäftsbereiche beruhen auf Wertschätzung

sich ein stetig wachsender Dienstleistungsmarkt für Lob, Anerkennung und Wertschätzung etabliert. Auf diesem expandierenden Markt werden Milliarden von Euro umgesetzt. Ganze Geschäftsbereiche beruhen auf Lob, Anerkennung und Wertschätzung.

Dazu zählen wir auch:

→ Coaching-Veranstaltungen
→ Fun und Spaß: Sport, Partys (Love-Parade in Berlin), Reisen
→ Psycho- und Esoteriktrainings
→ Politiker mit ihrer omnipräsenten Selbstdarstellung in den Medien
→ Medienwelt: Fernsehen, Zeitschriften, Radio, Internet
→ Seminare: Führungs-, Kommunikations-, Management- und Motivationsseminare

Während eines Seminars werden wir gelobt, anerkannt und wertgeschätzt. Möglicherweise erhalten wir zum Abschluss des Kurses ein Zertifikat, das unser Selbstwertgefühl steigert. Natürlich legen die Veranstalter Wert darauf, dass wir uns wohl fühlen. Das höchste Ziel ist, den Kunden, uns, zu begeistern. Warum? Damit

Jeder Teilnehmer ist ein zahlender Kunde

wir wieder kommen. Jeder Teilnehmer ist ein zahlender Kunde. Also wird sowohl im Fitnessstudio als auch bei der Kosmetikerin, auf Eso-Veranstaltungen, auf der Love-Parade und auf Reisen professionelle Freundlichkeit an uns angewandt. Wir begegnen hier wieder Berechnung, Kalkül und Vorsatz.

Die Teilnahme an einem einzigen esoterischen Wochenendseminar kann ausreichen, um uns den Blick für die Realität zu vernebeln. Lassen wir uns die mögliche Wirkung anhand des folgenden Beispiels skizzieren:

z.B. Sonja, eine ganz gewöhnliche zwanzigjährige junge Frau, nahm an dem esoterischen Wochenendseminar „Die Öffnung des Herzens" teil. Es war ihre erste Teilnahme an einer esoterischen Veranstaltung. Ihr neuer Freund Thomas hatte sie dazu überredet. Er war der Meinung, dass sie sich mehr ihren Gefühlen hingeben müsse.

Sonja wurde an diesem Wochenende eingehüllt von netten Worten und professionell liebevollen Umarmungen. Ihre Sehnsucht nach Aufmerksamkeit, Lob und Anerkennung konnte befriedigt werden. Sie fühlte sich glücklich. Die Sprache auf derartigen esoterischen Events ist speziell und hat mit unserer alltäglichen Ausdrucksweise wenig gemein. Die dort gesprochene Sprache ist sehr blumig und ohne eindeutige Aussagen. Am Ende des Wochenendes hatte sie die blumige Sprache übernommen. Sie berichtete davon, dass sie Liebe auf sich zukommen sah und dass sie erlebte, wie ihr Herz sich öffnete, um die Liebe aufzunehmen und wie ein funkelndes Licht über ihr weilte, um sie vor dem Ungemach der Welt zu schützen. Sie versank in eine Traumwelt, die sie scheinbar glücklich machte. Sonja wird beim nächsten Seminar wieder mit dabei sein.

Ihre Sehnsucht nach Aufmerksamkeit wurde gestillt

Das Wochenende hat Sonja mit Anfahrt, Übernachtung, Verpflegung und Seminargebühr ca. 450 € gekostet. Es nahmen 40 Menschen an dem Seminar teil. Bei einer Kursgebühr von 180 € sind das 7.200 € Einnahmen für den Kursleiter. Das ist ein guter Verdienst für 2 ½ Tage. Während des Seminares wies der Leiter zusätzlich immer wieder auf sein neuestes, sehr hilfreiches Buch und auf seine nachfolgenden, noch intensiveren Seminare hin. Er verfolgte damit sein marketingstrategisches Ziel: die Absatzförderung.

Der Kursleiter betrieb „Absatzförderung"

Jeder Teilnehmer durfte sich „mitteilen" – aber nur mit einem Satz. Das müssten die Teilnehmer verstehen - bei der großen Gruppe. Nun könnten wir uns fragen, wer hat denn dafür gesorgt, dass die Gruppe so groß wurde?

Die Teilnehmer wurden durch das berechnend verteilte Lob blind für die Aussagen des Kursleiters. So konnte er während des Wochenendes den Teilnehmern mitteilen, dass sie sich kaum vorstellen könnten, wie einfach es sei, so eine Gruppe zu veranstalten. Die Teilnehmer lächelten ihn freundlich an, mancher lachte vollkommen zufrieden. Daran, dass er das Seminar nur wegen des Geldes veranstaltete, dachte wahrscheinlich keiner. An dieser Situation können wir erkennen, dass wir bereit

Lob macht blind für die Wirklichkeit

sind, Geld für die Dienstleistung Wertschätzung, Lob und Anerkennung auszugeben.

Der Leiter gab sich den Anschein, sich für die Teilnehmer einzusetzen. Tatsächlich vermied er es, auf die einzelnen Teilnehmer einzugehen. Er verwies immer wieder auf nachfolgende Gruppen. Dort wäre Raum für dieses spezielle Thema. Warum machte er das wohl? Natürlich, damit die Person den nächsten Kurs bei ihm bucht. Dem Einzelnen wird dadurch keineswegs geholfen. Er wird jedoch gezielt geistig beeinflusst, um mit seinem Geld das Leben des Kursleiters zu finanzieren.

Den Seminarleiter hat der Kurs tatsächlich bereichert

Zum Abschluss des Seminars wies er nochmals auf seine weiteren Seminare und Bücher hin. Er lobte die Teilnehmer. Es war ein wunderschönes, harmonisches Wochenende, das ihn persönlich sehr bereichert hat. Wie wahr!

In der Esoszene werden Psychotechniken angewandt

Die Psychotechniken werden also auch von so genannten Psycho-Gurus in der Esoterikszene angewandt. Dies mag auch erklären, warum Psycho-Gurus in den letzten Jahren so erfolgreich waren. Sie verstanden es nämlich, geschickt die psychischen Schwächen ihres Klientels für ihre eigenen Zwecke auszunutzen. Dabei ist es unerheblich, ob es sich um Psycho-Gurus handelte, die stark eigennützig handelten oder nicht.

Marketing- und Managementseminare geben sich einen seriösen Anschein. Hier werden den Teilnehmern die Techniken vermittelt, die sie selbst einsetzen können, um andere zu beeinflussen und aus ihnen ihre Profite zu ziehen. Kehrt ein Kollege oder Vorgesetzter von so einem Seminar zurück, hat er womöglich folgende Konzepte kennen gelernt:

z.B.

„Überlisten" Sie die Stolpersteine im Unternehmensalltag:

Mitarbeitermotivation:
Die Vorteils-Gewinn-List, mit der Sie Selbstverantwortung auslösen.

Verhandlungsblockaden:
Die Köder-List, mit Hilfe derer Sie Entbehrliches geben und Wertvolles nehmen.

Kundenwiderstände:
Die Lockvogel-List, mit der Sie Kunden einen neuen Nutzen verkaufen.

Selbstverständlich ist der Inhalt des Seminars durch psychologische Erkenntnisse gestützt und darauf aufbauend werden gezielt Psychotechniken weitergegeben. Sobald ein Kollege uns durch plötzliche „Freundlichkeit" auffällt, können wir davon ausgehen, dass er an einem Management- oder Kommunikationsseminar teilgenommen hat. Selbstverständlich sind diese Art Seminare viel teurer als die Eso-Seminare. Hier wird man zwar selbst auch durch Psychotechniken beeinflusst, lernt aber auch, wie man andere beeinflussen kann. Zwei Seminar-Tage kosten in diesem Sektor 1.495 € plus Unterbringung und Verpflegung. In einigen Unternehmen wird den talentierten Führungskräften als Incentive ein 10.000 € -teures Managementtraining bezahlt. Die Unternehmen bezahlen diese Summe gerne, weil sie wissen, dass die dort gelernten Techniken an den Mitarbeitern angewandt, wahre Wunder bewirken können. Dass die Teilnehmer freilich selbst während des Seminars zu so genannten „Predigern" umfunktioniert werden, entgeht ihrer Aufmerksamkeit. „Prediger" werben für die Veranstaltung in ihrem sozialen Umfeld. Sie sind kostenlose Werbeträger für die Veranstalter. Die Veranstalter führen eine gnadenlose Programmierung der Teilnehmer durch. Sie werden darauf programmiert, aufmerksam zuzuhören, sorgfältig zu lernen, das Seminar für gut zu befinden, es weiterzuempfehlen und es gegen Kritik zu verteidigen.

Plötzliche „Freundlichkeit" kann durch ein Managementseminar verursacht sein

Seminarteilnehmer werden zu „Predigern" umfunktioniert

Formulierungen

Sprache ist ein vielseitiges Medium und öffnet uns viele Möglichkeiten, mit ihr umzugehen. Wichtig für uns ist, mit welcher Absicht Sprache eingesetzt wird.

Mit geschickt eingesetzten Formulierungen und rhetorischen Techniken kann uns ein geschulter Kommunikator in seinen Bann ziehen. In der Politik z. B. spielt Sprache eine große Rolle. Mit wohldurchdachten politischen Reden werden Abgeordnete gezielt zu bestimmten Entscheidungen bewegt.

Sprache bietet dem geschulten Anwender unzählige Möglichkeiten der Einflussnahme: zu unserem Nutzen (Erziehung, Pädagogik) oder um uns auszunutzen (Motivation für die Ziele Anderer). Einige Techniken (NLP, Wertschätzung) haben wir bereits kennen gelernt. In diesem Zusammenhang scheint es angebracht, die verwendeten Formulierungen etwas genauer zu betrachten. Anhand von Beispielen können wir möglicherweise unsere Wahrnehmung bezüglich beeinflussender Kommunikation schärfen. Sobald wir erkennen, dass jemand uns vorsätzlich wertschätzt, können wir uns frei entscheiden, wie wir darauf reagieren wollen. Da uns die professionellen Freundlichkeitsverteiler nicht über ihre Vorgehensweise informieren, müssen wir uns die Hintergrundinformationen selbst beschaffen. Die Techniken werden ständig weiterentwickelt.

Wir müssen uns Hintergrundinformationen selber beschaffen

Ein wichtiges Element der beeinflussenden Kommunikation ist die Verwendung möglichst vieler Personalpronomen wie: wir, Ihr, Sie, uns, unser. Diese wirken persönlich und stärken das Wir-Gefühl. Vielleicht kennen Sie Prospekte von Managementseminarveranstaltern. In deren Anschreiben werden Sie in jedem Satz sehr viele „wir, Ihr, Sie, uns" entdecken können. „Lassen Sie uns gemeinsam einen neuen Termin vereinbaren. Wann würde es Ihnen passen? Ich richte mich gerne nach Ihnen."
Das ist professionelle Freundlichkeit. Es wird der Anschein erweckt, dass wir den Ton angeben und dass wir bestimmen, wie es weitergeht. Tatsächlich sollen wir genau diesen Eindruck gewin-

nen, damit wir uns wertgeschätzt fühlen. Das ist Berechnung, keine Wertschätzung. Deswegen ist es für uns ganz entscheidend, zu erkennen, was der Anwender der professionellen Freundlichkeit eigentlich sagen will. Vielleicht haben wir Lust, dem Gedanken in uns mehr Raum zu geben, dass unser Gegenüber tatsächlich in kalkulierter Weise mit uns kommuniziert. Dann lassen wir uns womöglich durch berechnende Wertschätzung immer weniger von den Tatsachen ablenken. Tatsache ist, dass der Wertschätzer an uns nicht als Mensch, sondern als Kunde oder Geschäftspartner interessiert ist. Dies gilt auch in privaten Beziehungen, in denen der Partner durch gewisse Formulierungen zu bestimmten Handlungen veranlasst werden soll. Der Partner soll dazu überredet werden, die Wünsche des Beeinflussenden zu erfüllen.

Es gibt etliche wertschätzende Standardformulierungen. Sie werden sowohl in Gesprächen als auch in Briefen verwendet. Es folgt eine kurze Auflistung mit Erläuterungen darüber, worin jeweils die Wertschätzung = Berechnung liegt. In der Rubrik „Wort" werden dabei die Worte erwähnt, die vornehmlich während einer berechnenden Kommunikation angewandt werden.

Wertschätzungsbeispiel	Wertschätzung = Berechnung

Standard bei Lieferschwierigkeiten zur Beruhigung des Kunden:
„Herr Andresen, gerne werden wir uns für Sie nach dem Liefertermin erkundigen."
	→ Namentliche Nennung
	→ Personalpronomen:
	    wir, uns, Sie
	→ Wort: gerne, für Sie
	→ Aussage: Wir sind dem Unternehmen wichtig.
	    Man bemüht sich um uns.

Standardfloskel, um uns zu beruhigen: „Gerne kümmern wir uns um Ihre Bestellung."	→ Personalpronomen: wir, uns, Ihre → Wort: gerne, kümmern → Aussage: Das Unternehmen setzt sich mit Freude für uns ein.

z.B.

Standard in verzwickten Situationen, in denen Informationen /Produkte fehlen: „Selbstverständlich informieren wir Sie darüber umgehend."	→ Personalpronomen: wir, Sie → Wort: selbstverständlich, umgehend → Aussage: Wir sind wichtig. Man bemüht sich um uns. Man ist ein Unternehmen mit gutem Service.
Standardfloskel, um uns ruhig zu stellen: „Sie werden von uns sofort zurückgerufen."	→ Personalpronomen: Sie, uns → Wort: sofort, zurückgerufen → Aussage: Wir sind wichtig. Unsere Wünsche werden sofort erfüllt.
Standardsatz zur Beschwichtigung, falls sich jemand beschwert: „Gerne berücksichtigen wir Ihren Vorschlag, Herr Dr. Netzer."	→ Namentliche Nennung → Anrede mit Titel → Personalpronomen: wir, Ihren → Wort: gerne, berücksichtigen, Vorschlag → Aussage: Verständnis für unsere Beschwerde, Achtung für uns.
Standard in Besprechungen, um uns zu motivieren: „Ihre Frage trifft den Kern der Sache."	→ Personalpronomen: Ihre → Wort: Kern der Sache → Aussage: Wir sind kompetent.
Standardfloskel in Diskussionen zur Motivation: „Danke, dass Sie diese Frage stellen."	→ Personalpronomen: Sie → Wort: Danke → Aussage: Achtung und Respekt vor uns.

Standardfloskel in Diskussionen, um uns zu beeinflussen: „Ein interessanter Aspekt, den Sie hier einbringen."	➔ Personalpronomen: Sie ➔ Wort: interessanter Aspekt, einbringen ➔ Aussage: Wir haben gute Ideen und arbeiten mit.
Standardfloskel in Verhandlungen zum Durchsetzen der eigenen Meinung: „Ich will Ihnen das mal an einem Beispiel erklären."	➔ Personalpronomen: ich, Ihnen ➔ Aussage: Wir sind kompetent, auf einer geistigen Ebene. Das Gegenüber will uns seine Sicht darlegen.
Standard zum Herbeiführen eines Geschäftsabschlusses: „Eine solche Kleinigkeit können Sie doch selbst entscheiden."	➔ Personalpronomen: Sie ➔ Aussage: Wir sind ein kompetenter Partner. Wir sollen entscheiden.
Standardsatz, wenn jemand etwas alleine tun soll: „Liebe Frau Seitz, wir könnten doch heute die Akten sortieren."	➔ Namentliche Nennung ➔ Personalpronomen: wir ➔ Wort: Liebe, könnten ➔ Aussage: Zuneigung für uns sowie ein gemeinsames Sortieren der Akten.
Standardsatz, falls über ein Gespräch zwingend informiert werden soll: „Es wäre nur zu gut verständlich, wenn Sie uns über das Gespräch informieren wollen." (Sehr manipulativer Satz)	➔ Personalpronomen: Sie, uns ➔ Wort: gut verständlich, informieren ➔ Aussage: Wir möchten gerne über das Gespräch berichten.

Standardsatz, um Kritikpunkte zu erfahren, die später entkräftet werden können: „Ihre Meinung wäre mir sehr willkommen.“	➜ Personalpronomen: Ihre, mir ➜ Wort: sehr, willkommen ➜ Aussage: Unsere Meinung ist gefragt, wir sind kompetent.

Benutzt unser Gegenüber viele solcher Floskeln, entgeht uns im Gespräch oft die dahinterliegende, beeinflussende Absicht. Durch bewusst eingesetzte Floskeln, die sich mit Lobes-, Wertschätzungs- und Anerkennungsformulierungen tarnen, kann der Anwender unsere Psyche subtil erreichen, um sich einen Vorteil zu verschaffen.

Sachverhalte werden geschönt

Es ist gemeinhin üblich, Sachverhalte verbal zu schönen. Das geschieht mit der Absicht, uns nicht zu kränken, denn dann wären wir weniger gut für die fremden Interessen zu gewinnen. Hierzu einige Beispiele:

z.B.

Aussage:	„Was würde passieren, wenn Sie sich jetzt nicht zum Kauf des Fahrzeuges entscheiden würden?“
Motiv:	„Sie sollten sich endlich entscheiden, das Auto jetzt zu kaufen. Ich will die Provision.“

Aussage:	„Vielleicht könnten Sie noch die Kopien für mich machen?“
Motiv:	„Schnell, machen Sie die Kopien! Ich will die Kopien sofort.“

Aussage:	„Menschen sind in der Lage, Neues auszuprobieren.“
Motiv:	„Jetzt probieren Sie doch mal etwas Neues aus: Mach endlich was ich will.“

Aussage:	„Sie fragen sich vielleicht, wann wir die nächste Besprechung abhalten?“
Motiv:	„Der Termin sollte ziemlich bald sein.“

Aussage:	„Vielleicht kann nicht jeder verstehen, warum es notwendig ist, die Tür zu schließen."
Motiv:	„Es ist nun mal so. Halten Sie sich an die Regel."

Aussage:	„Ich frage mich, ob Sie merken, wie gut Ihnen der Anzug steht."
Motiv:	„Jetzt kauf den Anzug endlich und bezahl ihn."

Das richtige Wort zum richtigen Zeitpunkt hat schon so manchen Geschäftsabschluss herbeigeführt. Welche Bedeutung der richtigen Formulierung zukommt, wird uns bewusst, sobald wir an unsere Kränkbarkeit denken. Wie empfindlich wir auf ein falsches Wort reagieren, wissen Psychologen. Ursprünglich, um in die Gedankenwelt ihrer Patienten einzudringen und ihnen zu helfen, entwickelten Psychologen Methoden und Konzepte zur positiven Veränderung und Re-Strukturierung von Gedanken. Die Wirtschaft hat Zugang zu psychologischem Grundwissen. Nun werden in der Wirtschaft diese Erkenntnisse in kundenfreundliche Formulierungen umgewandelt. In der folgenden Aufstellung sind ein paar umformulierte Sätze angeführt. Auf der linken Seite stehen die möglicherweise kränkenden Sätze, rechts lesen wir die wertschätzende Version.

Kundenfreundliche Formulierungen werden nach psychologischen Gesichtspunkten ausgewählt

Kränkende Version	Wertschätzende Version
„Da haben Sie mich falsch verstanden."	„Da habe ich mich wohl falsch ausgedrückt."
„Sie irren sich."	„Ich schau nochmal in meinen Akten nach. Vielleicht liegt da ein Missverständnis vor."
„Wir können beweisen, dass der Sachverhalt anders ist."	„Ich schaue für Sie mal in den Akten nach."

z.B.

„Da bin ich anderer Meinung."	„Darf ich Ihnen das aus meinem Blickwinkel erklären?"
„Unterbrechen Sie mich nicht dauernd."	„Darf ich vielleicht ergänzend für Sie noch etwas hinzufügen?"
„Eigentlich passiert das sonst nicht."	„Ich verstehe Ihr Problem."
„Ich kann Ihnen aber nichts versprechen."	„Ich könnte mir vorstellen, dass das möglich ist."
„Das habe ich Ihnen gleich gesagt. Wenn Sie auf mich gehört hätten..."	„Was machen wir jetzt?"
„So können Sie das nicht sehen."	„Vielleicht betrachten wir gemeinsam die Situation aus einem anderen Blickwinkel."
„Ich werde es versuchen."	„Ich werde für Sie mein Bestes tun."
„Dafür kann ich nichts. Hierfür ist Herr Picks verantwortlich."	„Vielen Dank für Ihre Anregung. Ich verbinde Sie gleich mit Herrn Picks."
„Dann müssen Sie eben noch mal anrufen."	„Dürfen wir Sie zurückrufen?"

Im Folgenden finden Sie eine weitere Kostprobe wertschätzender Formulierungen, die für Zeitungsartikel typisch sind. Die wertschätzende Variante ist anschließend in die wirklich dahinter stehende Aussage „übersetzt".

Die Lampen-AG wird von der Deckenleuchten-AG übernommen. Es kommt zu einer Neustrukturierung der Unternehmen. Die Geschäftsinteressen legten die Übernahme nahe. Eine Marktkonsolidierung wird angestrebt. Die Produktpalette wird erhalten bleiben. Die Deckenleuchten-AG zielt auf eine Preisbereinigung ab.

Ein vor der Pleite stehendes Unternehmen wird von einem anderen Unternehmen aufgekauft. Bestimmte Firmenbereiche werden stillgelegt. Personalentlassungen sind die Folge (Neustrukturierung). Der neue Eigentümer will weiterhin beide Produktsortimente anbieten (Produktpalette). Durch den aufgekauften Marktanteil gestärkt, werden die Preise entsprechend angehoben (Preisbereinigung).

z.B.

Wenden wir uns nun einzelnen Worten zu, deren Anwendung zu unserer Beeinflussung führen soll. Manchmal begegnen wir jemandem, der uns mit einer Flut von Fachbegriffen und Fremdwörtern überhäuft. Das hört sich möglicherweise imposant an. Genau das ist die Absicht des Redners. Bei uns entsteht der Eindruck, dass uns ein informierter, kompetenter Gesprächspartner gegenübersteht. Einer kompetenten Persönlichkeit vertrauen wir schnell. Die Empfehlungen des Fachmanns nehmen wir bereitwilliger an, sind also für Beeinflussungen durch diesen empfänglicher. Eine solche Empfehlung kann uns viel kosten, falls wir sie nicht auf ihren Wahrheitsgehalt überprüfen können.

Fachwörter sollen uns von der Kompetenz des Redners überzeugen

Beispielsweise sind die Verkaufsberater in Computergeschäften immer wieder geneigt so aufzutreten, als würden sie alles wissen. Sie werfen gnadenlos mit Fachbegriffen um sich, wenn sie um Hilfe gebeten werden. Kennen wir uns jedoch selbst aus und zeigen das zunächst nicht, können wir sie schnell als Sprücheklopfer entlarven. Das Problem ist, dass wir uns nicht überall einarbeiten können, um Bescheid zu wissen. Oft verbergen sich hinter den hochtrabenden Fachbegriffen ganz einfache deutsche Worte:

Moderner Begriff	Deutscher Ausdruck
CEO (englisch ausgesprochene Abkürzung für: chief executive officer)	Vorstandsvorsitzender
Customer Care Center	Kundendienst
CV (englisch ausgesprochen)	Curriculum Vitae = Lebenslauf
Customer Relationship Management – CRM abgekürzt	Kundenbeziehungsmanagement = Kundenbetreuung
Optimierung	Verbesserung
Relaunch	Wiedereinführung am Markt
ROI (Abkürzung für: return on investment)	Umsatz-Rendite
Salesmanager	Verkaufsleiter
Teamplayer	Kollegialität

Beispiel aus der psychologischen Praxis

Auf dem Sender SWR 3 wird seit einigen Jahren einmal wöchentlich eine Sendung ausgestrahlt, die am Fernsehschirm Hilfe zur Selbsthilfe anbietet. Eine Diplom-Psychologin gibt dem interessierten Zuschauer Hilfestellung bei Problemen. Wie die Psychologin hierbei vorgeht, wollen wir gemeinsam aufgrund unserer gesammelten, differenzierten Kenntnisse analysieren.

Einleitung

In der Sendung gibt es die Gelegenheit, die Diplom-Psychologin direkt telefonisch im Studio zu erreichen. Selbstverständlich werden nur die Personen durchgestellt, die auch integer erscheinen. Während des Gespräches nimmt die Psychologin entscheidenden Einfluss auf die Gedankenstruktur und die Psyche des Anrufers. Durch ihre massive Einflussnahme wird der Anrufer veranlasst, sein Verhalten dahingehend zu verändern und zu korrigieren, dass er nicht mehr unter der Tatsache leidet, die ihn zum Anrufen bewegt hat.

Die Position der Psychologin ist von vornherein festgelegt: Sie hat die Souveränität über die Situation, denn der Anrufende hat ein Anliegen und nicht sie. Für die Psychologin ist jeder Anrufer eine möglicherweise kranke Persönlichkeit, die von ihr Hilfe erhalten möchte.

Die Psychologin ist souverän

Das ganze Gespräch baut sich unter dem Motto auf: „Psychopathologisch ist, wenn das Individuum oder die Umwelt unter den Resultaten der Abwehr der Triebkonflikte leidet". Das bedeutet, entweder hat der Anrufer ein Problem mit sich oder andere haben ein Problem mit ihm. Diese Problematik aufzulösen oder zu verbessern ist Sinn und Zweck dieser Sendung.

Der Anrufer ist psychopathologisch

An dieser Stelle zeigen wir auf, wie durch Lob, Anerkennung und Wertschätzung dem Gegenüber eine wohlwollende Haltung signalisiert werden kann. Die Sendung dauert 90 Minuten. Nach den 90 Minuten geht das Leben für jeden weiter. Auch der Anrufer muss sein Leben dann alleine weiterführen. Häufig entsteht am Ende des einzelnen Gespräches der Eindruck, dass das Anliegen des Anrufers geklärt ist. Die Psychologin bemüht sich, dem Gespräch einen positiven Abschluss zu geben.

Hauptarbeit

Schaffen einer entspannten Gesprächsatmosphäre

Die Psychologin setzt alles daran, eine entspannte, angenehme Gesprächsatmosphäre zu schaffen. Nach einer kurzen freundlichen Begrüßung gibt sie dem Anrufer die Gelegenheit, ausführlich von seinem Anliegen zu erzählen. Nach einiger Zeit beginnt sie, Fragen zu stellen, um den Ausgangspunkt und das Ziel des Anrufenden herauszukristallisieren. Sie stellt Fragen wie:

„Gibt es irgendetwas, was der Auslöser sein könnte?"

„Sagst du mir noch ein paar Sätze?"

„Was gibt es noch für Möglichkeiten?"

„Was ist deine Frage an mich?"

„Was könnte das für dich bedeuten?"

„Was wäre denn das Ziel?"

„Was wäre denn der erste Schritt?"

„Wie fühlst du dich?"

„Wo hängt da dein Herz?"

„Wobei kann ich dir helfen?"

Sie bestärkt und lobt den Anrufer für seine Aussagen durch zustimmendes „Mmmh", „Ja" und Nicken oder Einwürfe wie, „das ist ja was ganz Spannendes", „da hast du sicherlich schon länger gegrübelt", „das ist ja hoch interessant". Der Anrufer verliert seine Hemmungen und öffnet sich zusehens. Die Psychologin fasst mit eigenen Worten zusammen, was der Anrufer ihr mitgeteilt hat. Sie spiegelt dadurch das Verhalten des Anrufers.

Die Ausgangssituation des Anrufers sowie sein Wunschziel sind geklärt. Nun kann die Psychologin beginnen, dem Anrufer Lösungsvorschläge zu offerieren. Aufgrund ihrer Erfahrung ist es ihr möglich, rasch Hilfe anzubieten. Sie sagt dem Anrufer ihren Lösungsansatz nicht direkt, sondern möchte den Anrufer dahin bewegen, dass er scheinbar von selbst die Lösungen findet. Ihr ist schon vorher klar, was aus ihrer Sicht für den Anrufer das Richtige ist. Damit der Anrufer glauben kann, dass er selbst die Lösung gefunden hat, verwendet sie eine Technik. Sie selbst gibt die Lösung vor. Allerdings verpackt sie die Lösung in Vorschläge oder Geschichten, die sie dem Rat-Suchenden scheinbar beiläufig erzählt. Diesen Vorschlägen sind bestimmte Phrasen vorangestellt, die bewirken, dass wir glauben eine Auswahl und/oder eine eigene Idee zu haben. In Wirklichkeit hat die Psychologin schon eine Lösung gewählt, die der Anrufer durch gezielte, massive geistige Beeinflussung ihrerseits finden soll. So sagt sie z. B.:

Dem Anrufer wird suggeriert, er habe die Lösung selber gefunden

➔ „Sieh's doch einfach mal beweglich." NUN FOLGT IHR VORSCHLAG...

➔ „Man könnte sich ja mal einen Zustand überlegen, der danach ist." NUN FOLGT IHR VORSCHLAG...

➔ „Dann lass uns doch mal einen Versuch wagen." NUN FOLGT IHR VORSCHLAG...

➔ „Gibst du mir Recht in der Annahme, dass ..." NUN FOLGT IHR VORSCHLAG...

➔ „Jetzt lass uns schauen, wenn wir bei dem Bild bleiben, was könnte ..." NUN FOLGT IHR VORSCHLAG...

➔ „Wir tun jetzt mal so, als ob ..." NUN FOLGT IHR VORSCHLAG...

➔ „Stell dir mal vor ..." NUN FOLGT IHR VORSCHLAG...

z.B.

➔ „Lass uns noch mal schauen, ..." NUN FOLGT IHR VOR-
SCHLAG...

➔ „Ich mach da mal ein paar Angebote." NUN FOLGT IHR
VORSCHLAG...

➔ „Jetzt habe ich zwei Vorschläge ..." NUN FOLGT IHR
VORSCHLAG...

Durch diese Formulierungen entsteht der Eindruck, dass die Psychologin nur Anregungen und Denkanstöße gibt, um den Anrufer
auf seine eigenen Ideen zu bringen. Tatsächlich sind es jedoch ihre
Ideen, die sie dem Anrufer als seine eigenen verkauft. Hierbei
kommen eine ganze Reihe von beeinflussenden Redewendungen
zum Einsatz. Sie alle sollen bewirken, dass der Angesprochene
letztendlich ihren Vorschlag als seinen übernimmt und ihr grundsätzlich zustimmt.

Dazu wird von der Psychologin auch Lob und Bestätigung als
Technik eingesetzt:

z.B.

➔ „Da warst du am allerlebendigsten."

➔ „Das gefällt mir."

➔ „Das ist in Ordnung."

➔ „Das ist wohl wahr."

➔ „Das kannst du."

➔ „Das klingt doch schon mal ganz gut."

➔ „Dein Weg wird weitergehen."

→ „Den Mut, den du heute gebraucht hast, finde ich schon ganz stark."

→ „Du kannst wunderbar lachen, das gefällt mir."

→ „Es ist so was Normales."

→ „... fand ich sehr gut."

→ „Find ich klasse."

→ „Fühl dich ganz fest umarmt."

→ „Ganz genau."

→ „Genau darum geht es."

→ „Ich bin auch freudig innerlich."

→ „Ich gönne sie dir."

→ „Ja, das ist wichtig."

→ „Ja, ja, da bist du Weltmeister."

→ „Ja, mein Schatz."

→ „Je später die Stunde, desto lustiger werden die Gäste."

→ „Jetzt kommen wir uns ganz nah."

→ „Jetzt mag ich dich."

→ „Jetzt wirst du immer präziser."

→ „O.k."

→ „Richtig!"

→ „Spitze!"

→ „Super!"

→ „Und dafür danke ich dir."

Belobigungen sind ein wesentliches Element der psychologischen Gesprächsführung

Belobigungen sind ein wesentliches Element der psychologischen Gesprächsführung. Die Psychologin verschafft sich durch die Anwendung von Lob und Bestätigung Zugang zur Psyche des Anrufenden. Es soll an dieser Stelle nicht vergessen werden zu erwähnen, dass die Psychologin auch mit gezielten leichten Kränkungen ihres Gegenübers arbeitet. Sie setzt die Kränkungen nicht als Verletzungsmomente ein. Sie möchte durch die Kränkung eine verkrustete Denk- oder Handlungsweise des Hilfesuchenden positiv verändern.

z.B.

→ „Da bin ich noch nicht zufrieden."

→ „Das klingt überhaupt nicht gut."

→ „Du quatscht jetzt einfach wieder Worte."

→ Gestik: Einen Vogel zeigen.

→ „Offensichtlich bist du tot umgefallen." (als der Anrufer länger schweigt)

Positive Aussagen werden wiederholt

Während des Gespräches wiederholt die Psychologin positive Aussagen des Anrufers, um ihn zu bestärken. Zudem bittet sie den Anrufer immer wieder, diese positiven Aussagen zu wiederholen, zu erinnern und selbst auszusprechen. Wiederholung ist ein uns bereits bekanntes Mittel der Beeinflussung, das auch in der Werbung eingesetzt wird (s. S. 165).

➔ „Das waren deine Begriffe, nicht meine, erinnerst du dich?"

➔ „Du siehst die Frau? Du siehst die Frau?"

➔ „Gehen wir noch mal in die Dankbarkeit."

➔ „Hab ich da ... gehört? Könntest du das noch mal wiederholen?"

➔ „Ich möchte bei dir hören ..."

➔ „Kennst du das?"

➔ „Und deswegen noch mal ..."

➔ „Wir schauen noch mal ..."

z.B.

Damit auch Emotionen im Rat-Suchenden angesprochen werden können, verknüpft die Psychologin positive Aussagen mit Bildern oder kleinen Geschichten. Wie wir bereits wissen, erreichen bildhafte Vorstellungen unsere Psyche schnell und effektiv. Zu einem Bild entstehen in unserem Inneren Assoziationen. Anhand dieser künstlich geschaffenen Bilder bleibt das Gesagte länger in unserem Bewusstsein. In der Werbung wird diese Erkenntnis, wie wir von Werner Kroeber-Riehl (Schlüsselbilder s. S. 162 f) gelernt haben, auch angewandt. Diese Vorgehensweise ist stark beeinflussend. Gerne verknüpft die Psychologin die inneren Bilder mit ihren Lösungsvorschlägen. Dadurch entstehen im Zuhörer emotionale Bilder. Diese emotionalen Bilder bleiben in uns – genau wie die der Werbung – länger abrufbar und lebendig. Die Psychologin möchte Anreize beim Anrufer schaffen, damit er ihren Lösungsvorschlag annimmt.

Emotionsgeladene Bilder sollen helfen, die Lösung länger im Gedächtnis zu verankern

Genau diese hier besprochenen psychologischen Techniken finden wir auch im Marketing. Das Marketing erhält, wie wir wissen, von Psychologen Unterstützung im Einsatz wirkungsvoller Beeinflussungsmethoden. Lassen wir an dieser Stelle nochmals den Psychologen Kroeber-Riehl zu Wort kommen:

„Die Werbung löst ... vorrangig emotionale Wirkungen aus, die wiederum auf die kognitiven Verarbeitungsprozesse Einfluss nehmen. ... Von den emotionalen Prozessen gehen demzufolge Wirkungen auf die kognitiven Prozesse aus. Emotionale und kognitive Prozesse nehmen dann gemeinsam Einfluss auf die Einstellung und die Kaufabsicht. Daraus wiederum resultiert dann das Verhalten."[87]

Abschlussarbeit

Sobald der Lösungsvorschlag der Therapeutin im Fernsehen vom Anrufer angenommen worden ist, spendet sie ihm wieder Lob, Bestätigung und Anerkennung.

z.B.

➔ „Das ist ein Wunder, was da passiert ist."

➔ „Hier ist eine Menge passiert."

Schließlich gibt sie dem Gespräch einen positiven, bestärkenden Abschluss und empfiehlt gegebenenfalls noch den Besuch bei einem Psychologen. Sie verpackt das geschickt in einer wertschätzenden Frage: „Hast du Lust, eine Beratung zu machen?"
Bekommt sie auf ihre rhetorische Frage das erwartete „Ja", verabschiedet sie sich von ihrem Anrufer mit dem Hinweis, er möge in der Leitung bleiben, ihm werde eine Adresse genannt. Der nächste Ratsuchende wartet schon in der Leitung.

Während der Sendung wird 220 mal wertgeschätzt und 190 mal gelächelt

Während der 90-minütigen Sendung lächelt die Psychologin ca. 220 mal. Sie wertschätzt, anerkennt und lobt ihre Anrufer gleichzeitig 190 mal mit Worten. Vielleicht haben wir selbst mal die Gelegenheit zu beobachten, wie oft wir in anderthalb Stunden andere loben, wertschätzen und anerkennen. Auf eine derartige Zahl werden wir sicherlich kaum kommen. Möglicherweise würde unsere Umgebung uns nicht ganz ernst nehmen. Die Psychologin setzt diese Elemente in ihrer Technik zur Beeinflussung ein. Ihre Beeinflussung dient nicht ihrem persönlichen oder finanziellen Vorteil. Ihr Anliegen ist es, dem Anrufer mit ihren zur Verfügung stehenden Möglichkeiten zu helfen. Eine wesentliche Unterstützung für die psychologische Arbeit ist das extrem häufige Lächeln, Loben und Wertschätzen. Wäre es anders, würde die Psychologin diese Technik nicht anwenden. Ständig zu lächeln, gerade wenn einem selbst nicht danach zumute ist, und das Gegenüber wertzuschätzen, ist anstrengend. Während der Sendung lächelt die Psychologin ca 2-3-mal pro Minute in die Kamera. Grundlage für diese Analyse war die Sendung vom 29. Juni 2002 im Sender SWR3.[88]

Mit einer kleinen Übung können wir ausprobieren, wie dieses ständige Lächeln für uns wäre. Bitten Sie eine Freundin oder einen Freund sich mit Ihnen 10 Minuten zu unterhalten. Ihr Gesprächspartner ist mit einem Blatt Papier und einem Stift versehen. Er hat die Aufgabe, während der 10 Minuten jedes Mal einen Strich zu machen, wenn Sie lächeln. Sie bemühen sich, während des Gespräches so viel zu lächeln, wie Sie können. Sobald sich Ihre Mundwinkel nach unten bewegen, ist ein Lächeln beendet.

Während der Übung konnten Sie das Lächeln als eine Technik an Ihrem Gesprächspartner anwenden. Vielleicht konnten Sie feststellen, dass Ihnen gar nicht immer zum Lächeln zu Mute war, trotzdem lächelten Sie. Möglicherweise finden Sie es anstrengend, permanent Ihren Gesprächspartner anzulächeln. Findet Ihr Gesprächspartner Ihr Verhalten und Ihr Lächeln glaubwürdig? Falls Ihnen diese Übung leicht gefallen ist, haben Sie die Technik des Lächelns schon gelernt. Sie wird an uns immer wieder angewendet. Nun wissen Sie aus eigener Erfahrung, dass man lächeln kann, ohne es aufrichtig zu meinen. Mit Lob und Wertschätzung funktioniert diese Übung wie wir bereits erfahren konnten (s. S. 212 f) ebenfalls. Wertschätzung Ihres Gegenübers im größtmöglichen Umfang als Technik eingesetzt. Vielleicht mögen Sie es noch einmal ausprobieren?

Wir können den anderen anlächeln ohne es aufrichtig zu meinen

Wenn wir uns als Rat-Suchende in die therapeutische Fachwelt begeben, wäre es vielleicht empfehlenswert, uns daran zu erinnern, dass dort - genau wie in der freien Wirtschaft - viel mit verbalem Lob, mit Anerkennung und mit Wertschätzung kommuniziert wird. Dies wird als Methode eingesetzt, um uns von unserem psychopathologischen Verhalten abzubringen.

Beispiel aus dem Fernsehen

Der Erfolg einer Sendung misst sich an den Einschaltquoten. Je höher die Quote, desto teurer kann der Sender die Werbeminuten verkaufen. Das Konzept von Talkshows ist einfach: Im Studio treffen Menschen aufeinander, die über persönliche und intime Angelegenheiten miteinander reden wollen. Ein Moderator leitet durch die Sendung. Der Moderator ist zwar kein Psychologe, doch nutzt **Der Moderator nutzt** er psychologische Kommunikationstechniken im Gespräch mit sei-**psychologische** nen Gästen. Anhand der Talkshow vom 01.07.2002, 12:00 Uhr im **Gesprächstechniken** Sender SAT.1 betrachten wir die Vorgehensweise der Talkmasterin.[89]

Die Talkmasterin begrüßt zu Beginn die Zuschauer. Anschließend gibt sie das Thema der Sendung bekannt und begrüßt den ersten Gast mit Namen. Der Gast erhält nun Raum, sein Anliegen, das er klären möchte, mitzuteilen. Die Talkmasterin stellt Fragen zu seinen Äußerungen. Ihr ist die Vorgeschichte bekannt, somit hat sie einen Informationsvorsprung dem Zuschauer gegenüber. Den **Rhetorische Fragen** nutzt sie, indem sie dem Gast gezielte rhetorische Fragen stellt, die er zwangsläufig gemäß der Kenntnis der Talkmasterin beantwortet. Auf diese Weise lenkt und beschleunigt sie gleichzeitig die Erzäh-**Aktives Zuhören** lung des Gastes. Sie bestätigt ihre Gäste durch Äußerungen wie „hmmm", „ja", „echt?", „ehrlich?" oder „ernsthaft?".

Andere Bestätigungen folgen:

➜ „Das finde ich hier schon einmal eine klasse Einstellung."

➜ „Das ist schön, dass du mir das sagst."

➜ „Dieses Beispiel fasziniert mich auch so."

➜ „Erzähl mal, das finde ich ganz spannend."

➜ „Ich glaub's dir wirklich."

➜ „Ich versteh dich komplett."

➜ „Ich versteh dich wirklich."

➜ „Interessiert mich aber wirklich."

➜ „Ist klar!"

➜ „Stimmt."

z.B.

Der Gast bleibt nicht alleine auf dem Podium. Personen, die mit seinem Anliegen zu tun haben, sind ebenfalls eingeladen und kommen nach und nach auf die Bühne. Die weiteren Gäste werden von der Talkmasterin durch Fragen in das Gespräch eingebunden. Sie stellt gerne Fragen wie:

Offene Fragen

➜ „Warum ging das nicht?"

➜ „Was ist denn da los?"

➜ „Was meinst denn du?"

➜ „Weiß das N.?"

z.B.

→ „Wem glaubst du mehr?"

→ „Wie muss ich mir das denn vorstellen?"

→ „Wie würdest du die Situation einschätzen?"

→ „Wo ist das Problem?"

→ „Woran liegt das?"

Während der Gesprächsrunde versucht die Talkmasterin auf unterschiedliche Weise ihren Gästen mehr Informationen zu entlocken. Hierbei setzt sie u. a. die „Kumpel-Tour" ein, indem sie sich scheinbar mit dem Gast auf eine Ebene begibt und z. B. vertraulich zu ihm sagt:

z.B.

→ „Jetzt muss ich dich noch mal was fragen."

→ „Mal ganz ehrlich."

→ „Wie war es denn jetzt wirklich?"

→ „Was war denn nicht so gut?"

unnachgiebige Fragerei In einem anderen Moment setzt die Talkmasterin den Gast – auch wenn dieser eindeutig erklärt hat, keine Auskunft geben zu wollen - unnachgiebig unter Druck, indem sie z. B. folgende Formulierungen gebraucht:

z.B.

→ „Aber warum schreibst du denn dann ...?"

→ „Bist du fremdgegangen?"

→ „Stimmt das, V.?"

➜ „Und du glaubst, dass glaubt er dir so einfach?"

➜ „Wie oft bist du denn fremdgegangen?"

➜ „Wie war die Beziehung, weil V. hat nicht so viel rausgelassen?"

➜ „Wir müssen uns noch ein bisschen warm quatschen. Es gibt noch ein paar Dinge zu sagen, ein paar Dinge weiß ich auch noch."

Eine weitere Variante der Talkmasterin funktioniert wieder über Lob und Wertschätzung:

➜ „Du möchtest dem N. noch gerne etwas sagen, richtig?"

➜ „Schätz mal ein, ..."

➜ „Übersetz ich dich richtig?"

➜ „Was hältst du denn davon?"

Falls es zu keiner Klärung kam, beendet die Talkmasterin das Gespräch z. B. mit diesen Worten:
„Ich versuche mal zusammenzufassen, weil ich hab ja auch noch andere Gäste, die wollen auch gerne noch ein bisschen was klären... Wir konnten nicht wirklich was klären, aber es war sehr angenehm mit Euch zu plaudern."

Im Falle einer so genannten Klärung sagt sie: „Es passiert nicht von heute auf morgen." Oder: „Wenn es da etwas Neues gibt, lasst es mich wissen." Die Talkmasterin versucht das Gespräch schnell zu beenden, weil Sie in ihrer Sendung viele verschiedene Gäste mit kontroversen Anliegen zeigen will. Das soll für hohe Einschaltquoten sorgen.

Psychologische „Instant"-Beratung während der Sendung durch einen Psychologen

Zur Unterstützung der Talkmasterin ist auch ein Psychologe im Studio, der manchmal in das Gespräch eingebunden wird. Er soll den Gästen Lösungen für ihre Probleme aufzeigen, die sehr kurz gehalten sind. In unserer Beispielsendung werden die Aussagen des Psychologen in ca. 25 Sekunden als Lösungsweg abgehandelt. Die eventuell mögliche Klärung findet nicht in der Sendung, sondern laut der Aussage des Psychologen vielleicht erst 6 Monate später statt.

Die Moderation der Talkmasterin ähnelt einem Verhör. Wie bereits erwähnt, fragt sie teilweise fast penetrant nach, obwohl die Gäste erklärt haben, dass sie diese Frage nicht beantworten möchten. Den geladenen Gästen wird nicht mitgeteilt, dass die Talkmasterin an ihnen eine Technik anwendet. So entsteht bei ihnen möglicherweise ein falscher Eindruck, z. B. dass die Dame ein persönliches Interesse an dem Einzelnen hat. Hat sie wirklich ein persönliches Interesse an ihren Gästen oder lenkt und benutzt sie diese, um Quote zu machen? Auffällig ist, dass sie den Gast, der von Anfang an viel erzählt, weniger lobt, wertschätzt und bestätigt als denjenigen, der zu Beginn seines Auftritts eher zurückhaltend ist. Sehr wahrscheinlich setzt sie ihre Bestätigungen als Technik zum „Öffnen des Gesprächspartners" ein. Analysiert man ihr Verhalten, kann man beobachten, dass sie gerade entgegengesetzte Meinungen plakativ aufgreift und jeweils eine Partei durch die Aussagen der Gegenpartei provoziert. Dazu nutzt sie auch geschickt ihren Informationsvorsprung, den sie sowohl gegenüber ihren Gästen als auch gegenüber dem Zuschauer hat. Möchte sie, dass es unter ihren Gästen zu emotionalen Ausbrüchen kommt? In jedem Fall kommt so Spannung für die Zuschauer auf, was sich wahrscheinlich nicht unbedingt negativ auf die Quote auswirken wird. Oft kränken sich die Gäste in diesen Gesprächen so sehr, dass eine Klärung unmöglich erscheint. Die Diplom-Psychologin Dr. Bärbel Wardetzki erklärt die Situation so:
„Zu Kränkungen kommt es, wenn die Freunde sich hintergangen fühlen, ihr Vertrauen missbraucht wird, sie voneinander enttäuscht sind und sich in der Not nicht auf den anderen verlassen können."[90]

In der Kürze der Sendung ist eine Klärung solcher Standardkränkungssituationen sicherlich nicht möglich, zu tief sitzen die Verletzungen. Wir erinnern uns, dass eine Kränkung aufgrund einer erlebten Zurückweisung entsteht, die eine Verletzung hervorruft (s. S. 124). Die Zurückweisung löst Gefühle wie Schmerz, Verzweiflung und Hilflosigkeit aus. Diese Emotionen werden unterdrückt. Erlebt werden Wut, Enttäuschung, Trotz oder Verachtung. In der Reaktion kann es zu Rache, Gewalt oder Beziehungsabbruch kommen. Alles, was mit Kränkung und Gegen-Kränkung in Zusammenhang steht, kann nicht während einer Talkshow geklärt werden. Erst müsste, wie wir bereits wissen, das unterdrückte Gefühl, das hinter der Kränkung verborgen ist, wieder gefühlt werden. Aber genau das möchten die Gesprächspartner vermeiden. Trotzdem ist dies das angebliche Ziel der Talkmasterin – vor einem Millionen-Publikum.

In diesem Zusammenhang können wir auf die von der Talkmasterin genutzte Technik der Kränkung als „Erziehungsmaßnahme" hinweisen. Sobald einer der Gäste Dinge sagt, die die Moderatorin ablehnt oder die nicht in ihr Konzept passen, kränkt sie den Gast. Ziel ihrer Kränkung ist zum Einen die Festigung ihrer Position (sie gibt ganz klar den Ton an), zum Anderen vertritt sie hier die Moral der Zuschauer (wodurch sie die Zuschauer für sich gewinnt und damit leichtes Spiel im Umgang mit den Gästen hat). Der Gast wird unter Umständen von ihr verbal heftig attackiert. Warum lassen sich die Gäste eine solche Behandlung gefallen? Könnte ihr Bedürfnis nach Aufmerksamkeit dahinter stecken? In ihrem gewöhnlichen Leben fühlen sie sich womöglich minderwertig und möchten nun ins Fernsehen, um auf sich und ihre Probleme aufmerksam zu machen, so dass einmal jeder von ihnen Notiz nimmt. In einem solchen Fall nehmen sie eventuell auch eine derartige Behandlung durch die Talkmasterin in Kauf. Wird hier, genauso wie im Marketing, das Wissen um die „Sucht" nach Aufmerksamkeit ausgenutzt um Geld = Quote zu erzielen?

Kränkungen werden als „Erziehungsmaßnahmen" von der Moderatorin eingesetzt

Es mag bei dieser Darstellung so aussehen, als würde sich die Talkmasterin mit ihren Gästen intensiv beschäftigen und sich womöglich sogar in ihrer freien Zeit in den Dienst der Klärung von Konflikten stellen. Diesen Eindruck zu erwecken, ist beabsichtigt. Um das genauer herauszufinden, analysieren wir ihr Engagement in der Sendung vom 01.07.2002: Sie appelliert an Fuhrunternehmen, ihre beiden letzten Gäste, ein Ehepaar, als Busfahrer einzustellen. Gesetzt den Fall, es käme zu einer Anstellung der Gäste aufgrund dieser Bitte, kann man sich fragen: Was hat die Talkmasterin für diese Gäste geleistet? Außer einige Worte flehentlich in die Kamera zu sprechen? Bezahlt sie den Lohn für die beiden? Kauft sie ihnen einen Bus? Außer der Beteuerung, dass sie, wenn sie einen Bus hätte, ihn den beiden geben würde: „Das können sie mir ehrlich glauben!", kommt nichts. Nehmen wir sie beim Wort: Verdient sie nicht genügend Geld, um den Eheleuten einen Bus zu finanzieren? Es sind nur Worte, aber keine Taten. Dabei kann die Talkmasterin, die wochentags über den Bildschirm flimmert, kaum eine arme Dame sein. Der Aufruf kostet sie nicht viel, nur ein paar Worte und etwas Sendezeit. Und was bringt er ihr? Die Sympathie der Zuschauer. Die Talkmasterin nutzt die Notsituation ihrer Gäste geschickt, um sich in einem positiven Licht darzustellen, ohne dass sie selbst eine echte Leistung erbringen muss.

Kränkung und Gegen-Kränkung sind die eigentlichen Themen der Talkshows

Betrachten wir den Inhalt der Talkshow, so geht es hier selten um Information, sondern zumeist um Kränkung und Gegen-Kränkung der Gäste und der Moderatorin. Wobei uns vollkommen klar ist, dass es sich hier nicht um gleichberechtigte Gesprächspartner handelt. Die Moderatorin wird äußerst selten verbal angegriffen, provoziert ihre Gäste hingegen immer wieder. Sie hat die Position der Allwissenden, der Guten und der Omnipotenten und ist nicht wirklich in diesen Prozess verwickelt. Der Gast ist während der Sendung für sie eine Marionette, die sie möglichst medienwirksam in Szene rückt. Das Einzelschicksal soll die Zuschauer berühren, aber nicht die Moderatorin. Auf sie warten schon die nächsten Gäste.

9 Resümee

Es ist bemerkenswert, dass psychologisches Wissen mittlerweile eingesetzt wird, um unsere psychischen Schwächen zum Vorteil des Anwenders auszunutzen. In allen Gesellschaftsschichten wird gelehrt, welches Potenzial in der gezielten Kommunikation mit Menschen liegt. Das Potenzial ergibt sich durch die Anwendung von Psychotricks und Psychomethoden sowie den unbewussten Eingriffen in die Psyche der Zielperson. Wie wir wissen, kann die Zielperson jeder von uns sein. Neu an dieser Entwicklung ist, dass sich Menschen mit psychologischen Fachkenntnissen zur Verfügung stellen, damit Beeinflussungstechniken zur Verfolgung wirtschaftlicher Ziele effizient eingesetzt werden können. Es ist bekannt, dass wir unter Zurückweisungen leiden. Die Anwender wissen, dass wir Menschen Angst vor Zurückweisungen haben. Aufgrund unserer Sensibilität gegenüber Zurückweisungen wird uns eine Scheinwelt von Freundlichkeit präsentiert. Denn, werden wir zum Schein gelobt, anerkannt und wertgeschätzt, sind wir bereit, viel Geld zu bezahlen und enormes persönliches Engagement zu entwickeln. Mit raffinierten Psychotricks werden wir geistig von Strategen beeinflusst, damit wir in ihrem Sinne Handlungen vollziehen. Unsere Ängste werden von Geschäftemachern bewusst ausgenutzt. Auch im Privatleben begegnen wir der professionellen Freundlichkeit, die wahre zwischenmenschliche Begegnungen fast unmöglich macht. „Denn wenn schon die Basis verlogen ist, auf der man aufbauen will, dann kann man nie zueinander kommen"[91], bemerkt Vera F. Birkenbihl.

Wie können wir uns vor den Psychotricks schützen?

1. Durch Information: Erst unsere Kenntnis der Techniken ermöglicht es uns, Wertschätzung, Lob und Anerkennung als massive Beeinflussungsmethoden zu erkennen.

2. Durch besondere Wachsamkeit: wenn uns jemand lobt, anerkennt oder wertschätzt ist Vorsicht geboten. Immer öfter sollen
   wir dann als willfähriges Instrument für die Interessen unseres
   Gesprächspartners eingesetzt werden.

3. Indem wir unseren beeinflussenden Gesprächspartner direkt
   auf den Einsatz der Technik ansprechen. Wenn er merkt, dass
   wir ihm seine Methode nicht abnehmen, wird er damit aufhö-
   ren.

4. Eine weitergehende Methode, uns von unserem Drang nach
   Anerkennung, Aufmerksamkeit und Lob zu entwöhnen, kann
   darin liegen, uns diesen Drang bewusst zu machen. Hierbei
   könnte es empfehlenswert sein, professionellen Rat in
   Anspruch zu nehmen.

Psychologen, Psychotherapeuten und Psychoanalytiker sind kom-
petente Berater, die uns verständnisvoll zur Seite stehen. Ihrer Forschungsarbeit über die menschliche Psyche ist es zu verdanken,
dass uns Menschen geholfen werden kann. Auch wenn in diesem
Buch an mancher Stelle ein kritischer Gedanke bezüglich der Psychologen, Psychotherapeuten und Psychoanalytiker geäußert wird,
möchten wir die glänzenden Ergebnisse ihrer Arbeit betonen. Beispielsweise ist die von ihnen geleistete, vorbildliche Trauerarbeit
ein wahrer Segen für die Menschheit. Wir Menschen sind der psychologischen Fachwelt hierfür zu Dank verpflichtet. Gerade durch
die Familientherapie und durch die Eheberatung können sich Menschen wieder an den schönen Seiten des Lebens erfreuen. Auch in
der Drogentherapie unterstützen die unermüdlichen psychologischen Helfer den Erkrankten, neue Lebenslust und neuen Lebens-
mut zu schöpfen. Nur dank ihres herausragenden Einsatzes können
viele Menschen ihr Leben wieder aus vollem Herzen genießen.

Wir möchten Ihnen mit diesem Buch Anregungen an die Hand geben, damit Sie sensibler auf die subtilen, knallharten Techniken reagieren können. Es liegt in der Natur der Sache, dass die Psycho-
technikanwender uns weder über ihre Vorgehensweise noch über
die gewünschte Wirkung informieren: Sonst würde die Technik ihren Effekt einbüßen. Denn nur dadurch, dass wir wissen, dass An-

erkennung, Lob und Wertschätzung Techniken zur Beeinflussung sind, haben wir die Möglichkeit, uns vor einer emotionalen, körperlichen, psychischen und finanziellen Ausbeutung zu schützen.

Natürlich werden wir uns weiterhin geschmeichelt fühlen, sobald wir gelobt werden. Aber zumindest wissen wir jetzt, dass sich dahinter berechnendes Verhalten und Kalkül verbergen können. Wir werden unser wertschätzendes Gegenüber nun mit klugem Misstrauen beobachten. Denn Wertschätzung ist eine effektive Methode, um uns zu beeinflussen. Damit handelt es sich nicht um Wertschätzung unserer Person, sondern bedauerlicherweise um eine tief gehende Beeinflussung unserer Psyche. Diese Beeinflussung hat immer zum Ziel, dem Anwender der Technik einen Vorteil zu verschaffen.

Sobald wir in der Kommunikation einige der in diesem Buch angeführten, wertschätzenden Formulierungen oder/und Floskeln wahrnehmen, ist unsere Wachsamkeit gefordert. Hier will wahrscheinlich jemand in unseren Geist eingreifen, um persönliche Vorteile zu erzielen. Denn wir leben in einer Welt, in der ein falsches Lob einen höheren Stellenwert hat als ein ehrliches Wort.

Wo die Heuchelei einzieht, geht die Wahrheit betteln.

Wir bedanken uns für Ihre geschätzte Aufmerksamkeit und wünschen Ihnen viel Erfolg bei der Durchsetzung *Ihrer* Interessen.

Jeder lobt auf seine Weise, der Eine laut, der Andere leise.

Fast alle Menschen wollen Anerkennung und Lob. Immaterielle Güter wie: Liebe, Zärtlichkeit, Lob, Anerkennung, Freiheit, Würde, Frieden, Erkenntnis, Macht und Abenteuer. Das gemeine an diesen immateriellen Gütern ist unsere Sehnsucht nach ihnen - sie sind aber nicht käuflich. Somit bleibt die Sehnsucht meistens unbefriedigt, gleichzeitig sehr intensiv. Sie ist ein gutes Lockmittel (Werbung) für sämtliche Konsum-Produkte, die damit verknüpft sind. Die Produkte werden mit diesen immateriellen Gütern geistig und emotional verknüpft. Ein Verlassen dieses geistigen „Hamsterrads" kann durch die permanente Zufuhr immaterieller Güter nicht erfolgen. Vielleicht ist es sinnvoll, uns von immateriellen Gütern zu entziehen. Allerdings ist ein derartiger Entzug schwer.

Übungsmöglichkeit im Alltag

In der Anlage befindet sich eine Übungsmöglichkeit, die nicht ganz ernst gemeint werden sollte. Dadurch ist die Möglichkeit gegeben, sich dem Marketing auf eine witzige Art zu entziehen. Fakultativ können Sie die folgende Seite ausschneiden. Das nächstemal, wenn Sie nun fernsehen, Zeitung lesen oder Radio hören legen Sie die Seite neben sich. Sobald Werbung gesendet und gezeigt wird, lesen Sie den Spruch:

Arbeiten Sie – wir fahren Porsche. Ihre Werbeagentur

Vielleicht bietet es sich an, die Übung beim Fernsehen einzusetzen. Hierzu befestigen Sie die Seite vorsichtig auf dem Fernsehschirm bevor die Werbung beginnt. Betrachten Sie die nun gezeigte Werbung gemeinsam mit der Seite. Der Spruch kann uns helfen, uns über unsere möglicherweise bereits vorhandene Programmierung durch Marketing bewusster zu werden.

Arbeiten Sie –
wir fahren Porsche.
Ihre Werbeagentur

Brief einer Seminarteilnehmerin

Abschließend finden Sie im Folgenden einen Brief, den eine Teilnehmerin spontan nach einem meiner Vorträge niederschrieb. Sie hatte die Grundstrukturen von Marketing und die Verknüpfungen mit unserer psychischen Prädisposition schnell aufgegriffen, folgerichtig weitergedacht und ihre persönliche Konsequenz daraus gezogen. Selbstverständlich wählte sie das Beispiel mit dem Wissen, dass Firma und Produkt in gewisser Weise austauschbar sind. Ich bedanke mich für die Erlaubnis der Verfasserin zur Veröffentlichung. Um etwaigen Missverständnissen vorzubeugen, weise ich darauf hin, dass ich in keiner Weise dazu aufrufen möchte, dieses Produkt oder andere bestimmte Produkte bei der genannten oder bei anderen Firmen nicht mehr zu erwerben.

München, 25.11.2002

Hallo Iglo-Team,

Heute möchte ich Ihnen schreiben, wie begeistert ich von Ihren hervorragenden Iglo-Produkten bin. Sie sind zu jeder Zeit eine wertvolle Hilfe in der Küche und der frische Geschmack stimmt immer.

Nur leider habe ich in der letzten Zeit ein Problem mit Ihrer Werbekampagne. Vor allem mit dem Rahmspinat von Iglo, der mit Verona Feldbusch beworben wird. Mir ist aufgefallen, dass Verona Feldbusch einen bestimmten Typ von Frau verkörpert. Für die Männer ist sie das Sexsymbol, das Luxusweib, immer blendend aussehend, fröhlich und scheinbar ein bisschen naiv, somit angeblich leicht zu haben.

Dem Käufer wird hier also nicht nur der Spinat verkauft, sondern die Illusion Verona Feldbusch etwas näher zu kommen, gleich mit. KAUFE DEN IGLO-RAHMSPINAT und der Sex, die Liebe und die Zufriedenheit mit einer schönen Frau zusammen sein zu können gibt's gratis dazu. Sagte ich „gratis dazu"? Das war wohl Fehlanzeige. Denn so oft die Männer den Spinat auch kaufen, sie werden auf Verona Feldbusch vergeblich warten. Keine schöne Frau im Bett, kein Rendezvous mit einer Prominenten und kein verführerisches Techtelmechtel – der Rahmspinat bleibt hart, kühl und teuer. Denn Werbekampagnen mit Verona Feldbusch haben ihren Preis.

Wie schaut's mit uns Frauen aus - warum kaufen wir einen Spinat, den auch Verona kocht? Weil wir dann auch so blendend aussehen, weil wir dann auch so attraktiv werden und mit dem schnellen Handling der Packung noch viel mehr Zeit haben, um mit unserem Partner intim werden zu können.

Gibt uns Verona einen Hauch von ihrem Luxus ab, von ihrer pompösen Welt, werden wir ihr ähnlicher, indem wir dieselbe Nahrung zu uns nehmen wie sie?
Meine Damen – ist das nicht der pure Hohn??!!
Glaubt das wirklich eine von uns??!!
Anscheinend doch, denn der Absatz des Spinats ist sprunghaft gestiegen – und das muss einen Grund haben!!

Verona ist ein enormes Zugpferd in den Marketingkampagnen vieler Firmen. Sie versteht es gekonnt, Sehnsüchte zu erwecken und mit den banalsten Dingen des Alltags immaterielle Güter zu verkaufen. Immaterielle Güter sind Dinge wie Lob, Anerkennung, Freude, Würde, Gerechtigkeit, Zärtlichkeit, Macht, Freiheit, Abenteuer, etc. Die Sehnsucht nach diesen Dingen steckt in fast jedem Menschen – und die Werbung weiß das ganz genau. Da man sich diese Dinge nicht kaufen kann, die Sehnsucht danach aber gerne gestillt hätte, tut die Werbung so, also könnte sie uns diese immateriellen Güter verkaufen.

Clever oder?

Da gibt's das Bier auf dem Segelschiff, das FREIHEIT aufleben lässt, da wäre der Glimmstängel, der ABENTEUER verspricht und der Klarspüler in der Geschirrspülmaschine lässt hoffen auf LIE-BE, SEX und ZÄRTLICHKEIT mit dem Nachbarn.

Da ich nicht mehr bereit bin, mit einem einfachen Rahmspinat diese Maschinerie von angeblichen Sehnsuchtsstillern mit zu finan-zieren, muss ich Ihnen leider sagen, dass ich sämtliche Iglo-Pro-dukte nicht mehr kaufen werde.

Es sei nochmals betont, dass die Produkte in ihrer Qualität absolut spitze sind. Ich kann und werde jedoch nicht tolerieren, dass Iglo weiterhin mit einem einfachen Rahmspinat immateriale Güter ver-kauft und die Sehnsüchte der Menschen gnadenlos schürt, ohne sie je befriedigen zu können oder zu wollen.

Sollte sich Iglo entscheiden, einen anderen Weg des Produktver-kaufes zu wählen, werde ich gerne wieder ein Kunde ihrer Produkte werden.

Mit freundlichen und hoffnungsvollen Grüßen

10 Glossar

Authentizität: Echtheit, Zuverlässigkeit, Glaubwürdigkeit

Benefits: Wohltätigkeitszwecke

Coaching: Training durch einen persönlichen Berater

Coaching-Veranstaltungen: Veranstaltungen, bei denen bestimmte Eigenschaften eines Menschen trainiert werden

Consultants: Berater

Corporate Identity: das einheitliche Erscheinungsbild eines Unternehmens nach außen und nach innen (Design, Verhalten, Kommunikation)

Dechiffrieren: entschlüsseln, entziffern; den wirklichen Text einer verschlüsselten Botschaft herausfinden

Degoutant: ekelhaft, abstoßend

Dienstleistungssektor: Dienstleistungsbereich; dazu gehören beispielsweise Handel, Transport, Reise, Kommunikation (Verlage, Rundfunk, Fernsehen), Banken, Versicherungen, Medizin, Sport, Freizeit, Verbände und Verwaltung

Diskrepanz: Unstimmigkeit, Missverhältnis, Zwiespältigkeit

Einwandbehandlung: Der Gesprächspartner bearbeitet mittels geschickt gewählter Argumentationen unsere Vorstellungswelt, mit dem Ziel unsere Einwände, Kritik (z. B. zu teuer) aufzulösen.

Elternimago: psychisches und emotionales Bild der Eltern

Empathie: einfühlendes Verstehen in die emotionalen und geistigen Befindlichkeiten anderer Menschen

Gewinnmarge: Unterschied zwischen Selbstkosten und Verkaufspreis eines Produkts oder einer Dienstleistung

Grandiositäten-Ich: idealisiertes Selbstbild, welches auf Kosten der eigenen natürlichen Persönlichkeit, des Wahren Selbst, zu erreichen versucht wird

Größenselbst: verzerrtes Selbstbild der eigenen Persönlichkeit, dass von Allmachts- und Unabhängigkeitsfantasien bestimmt ist

Incentives: Anreiz, Belohnung und Ansporn, damit wir uns effektiver für eine Sache einsetzen. Incentives bestehen häufig aus Sach- oder Geldleistungen für einen Arbeitnehmer oder Kunden. Auf Grund der menschlichen Psyche gibt es auch Incentives in Form von Lob und Anerkennung.

Intranet: Zugriffsmöglichkeit auf Unternehmens- oder Mitarbeiterdaten innerhalb eines Computernetzwerks eines Unternehmens und seiner Filialen oder Ähnlichem.

Kindchenschema: Körper- und Verhaltensmerkmale des Kindes, die von Erwachsenen aufgrund ihrer Instinkte als angenehm, sympathisch und harmlos empfunden werden, somit positive Reaktionen hervorrufen und aggressionshemmend wirken.

Kognitive Verarbeitungsprozesse: *Prozesse der Wahrnehmung und der Erkenntnisbildung, die im Menschen ablaufen*

Kohärent: zusammenhaltend, zusammenhängend

Konfliktmanagement: ist ein lösungsorientierter Umgang mit Konflikten

Kongruenz: Übereinstimmung, deckungsgleich

Lancieren: auf geschickte Weise bewirken, dass Information an die Öffentlichkeit gelangt

Libidinös: auf die Libido bezogen

Libido: psychische Energie, Triebe, die unserem Streben und Handeln zu Grunde liegen

Limbisches Netzwerk: das limbische System ist ein Teil des menschlichen Gehirns und steuert das emotionale Verhalten

Networking: Beziehungen und Kontakte aufbauen, um später im Bedarfsfall den entsprechenden Kontakt nutzen zu können

Pädagogik: Pädagogik ist die Theorie und Praxis unserer menschlichen Erziehung und Bildung. Lob und Tadel spielen dabei eine große Rolle.

Penetrationspolitik: Marketingmethoden zur Durchdringung des Marktes

Positionierung: in eine bestimmte Stellung bringen; einordnen

Preiselastisch: Durch die Höhe des Preises wird die Nachfrage nach einem Produkt oder einer Dienstleistung bestimmt.

Produktinnovation: Produkterneuerung

Promotionspolitik: den Absatz fördernde Marketingpolitik

Psychopathologisch: krankhaft veränderte Psyche des Menschen

Reduktionsmarketing: Konzentration auf eine geringere Anzahl an Produkten auch als Reaktion auf Marktanteilsverluste

Relaunch: eine Verbesserung in Technik, Stil oder Mode und häufig auch in der Qualität als Antwort auf drohende oder bereits eingetretene Marktanteilsverluste an dynamische Wettbewerber

Re-Strukturierung: Neuordnung

Revitalisierungsmarketing: ergriffene Maßnahmen, die dazu führen sollen ein unpopuläres Produkt wieder Gewinn bringend verkaufen zu können

Salesmanager: Verkaufsleiter

Schlüsselbilder: Bilder, die emotionale Aussagen transportieren und uns damit emotional erreichen (Sonnenuntergang, Vater, Kind)

Small Talk: leichte, beiläufige Konversation

Soft Skills: Persönliche Fähigkeiten und Talente im Umgang mit anderen Menschen

Soziale Kompetenz: Umgangsformen: Fertigkeit und Geschick, mit vielen unterschiedlichen Menschen einer Gesellschaft ausgewogenen Umgang zu pflegen

Symbiose: Zusammenleben verschiedener Lebewesen/Dinge zu einem gegenseitigen Nutzen

Synergieeffekt: Effekt, der durch das Zusammenwirken von mindestens zwei Marketingstrategien entsteht

Testimonialwerbung: der Einsatz von prominenten Persönlichkeiten in der Werbung

Triebkonflikt: entsteht durch nicht natürlich ausgelebte Libido

USP: Unique Selling Proposition: Alleinstellungsmerkmal eines Produktes, um aus der Vielzahl der Mitbewerber positiv aufzufallen

VAKO: Ist die Abkürzung für die 4 Wahrnehmungstypen: visuell, auditiv, kinästhetisch, olfaktorisch/gustatorisch

Wertschätzung: Achtung, Anerkennung einer anderen Person gegenüber

Ödipal: vom Ödipuskomplex bestimmt

Ödipuskomplex: psychoanalytische Bezeichnung für die frühkindlich bei beiden Geschlechtern sich entwickelnde Beziehung zum gegengeschlechtlichen Elternteil

11 Literaturverzeichnis

1 Kotler, Philip/Armstrong, Gary/Saunders, John/Wong, Veronica: *Grundlagen des Marketing*. 2., überarb. Auflage, München 1999, Prentice Hall, S. 27

2 Weis, H. C in: Engelhardt, Bernhard: *Werbung in Theorie und Praxis*. 5., erw. und überarb. Auflage, Waiblingen 2000, M + S Verlag, S. 184

3 Engelhardt, Bernhard: *Werbung in Theorie und Praxis*. 5., erw. und überarb. Auflage, Waiblingen 2000, M + S Verlag

4 Engelhardt, Bernhard: *Werbung in Theorie und Praxis*. 5., erw. und überarb. Auflage, Waiblingen 2000, M + S Verlag, S. 184 ff

5 Weis, H. C in: Engelhardt, Bernhard: *Werbung in Theorie und Praxis*. 5., erw. und überarb. Auflage, Waiblingen 2000, M + S Verlag, S. 178

6 Kotler, Philip/Armstrong, Gary/Saunders, John/Wong, Veronica: *Grundlagen des Marketing*. 2., überarb. Auflage, München 1999, Prentice Hall, S. 285

7 Kotler, Philip

8 Mohl, Dr. phil. habil. Alexa: *Der Zauberlehrling - Das NLP Lern- und Übungsbuch*. 7. Auflage, Paderborn 2000, Junfermann, S. 16

9 *Das Fremdwörterbuch*, 3. Auflage, Mannheim 1974, Dudenverlag, S. 444

10 *Deutsches Universal Wörterbuch A-Z*. 3., neu bearb. Auflage, Mannheim 1996, Dudenverlag, S. 985

11 Roth, Prof. Dr. Dr. Gerhard: *90 % sind unbewusst*. In: *Psychologie Heute*, Februar 2002, Verlagsgruppe Beltz, S. 44

12 Roth, Prof. Dr. Dr. Gerhard: *90 % sind unbewusst*. In: *Psychologie Heute*, Februar 2002, Verlagsgruppe Beltz, S. 45

13 Kroeber-Riehl, Psychologe, Prof. Werner/Esch, Prof. Dr. Franz-Rudolf: *Strategie und Technik der Werbung*. 5., neu bearb. und erw. Auflage, Stuttgart 2000, W. Kohlhammer, S. 212

14 Wardetzki, Dipl.-Psych. Dr. Bärbel: *Ohrfeige für die Seele*. 6. Auflage, München 2000, Kösel-Verlag, S. 32

15 Wardetzki, Dipl.-Psych. Dr. Bärbel: *Ohrfeige für die Seele*. 6. Auflage, München 2000, Kösel-Verlag, S. 35

16 Dahmer, Prof. Dr. rer. nat. Dipl.-Psych. Dr. med. Jürgen/Dahmer, Hella: *Gesprächsführung: eine praktische Anleitung.* 3., unveränd. Auflage, Stuttgart 1992, Thieme, S.104

17 Team des Seelsorgeinstitutes an der Kirchlichen Hochschule Bethel, Bielefeld: *Wo Beziehung ist, ist Kränkung.* In: *Wege zum Menschen*. 35. Jhrg., Heft 1, Göttingen 1983, Vandenhoeck & Ruprecht, S. 2

18 Zander, Psychoanalytiker Priv.-Doz. Dr. med. Wolfgang: *Überlegungen eines Psychoanalytikers zum Problem der Kränkung.* In: *Wege zum Menschen*. 35. Jhrg., Heft 1, Göttingen 1983, Vandenhoeck & Ruprecht, S. 17

19 Zander, Psychoanalytiker Priv.-Doz. Dr. med. Wolfgang: *Überlegungen eines Psychoanalytikers zum Problem der Kränkung.* In: *Wege zum Menschen*. 35. Jhrg., Heft 1, Göttingen 1983, Vandenhoeck & Ruprecht, S. 15

20 Wardetzki, Dipl.-Psych. Dr. Bärbel: *Ohrfeige für die Seele*. 6. Auflage, München 2000, Kösel-Verlag, S. 32 ff

21 Pruyser, Psychologe Paul W.: *Narzissmus in der Religion der Gegenwart.* In: *Wege zum Menschen*. 35. Jhrg., Heft 1, Göttingen 1983, Vandenhoeck & Ruprecht, S. 33

22 Wardetzki, Dipl.-Psych. Dr. Bärbel: *Ohrfeige für die Seele*. 6. Auflage, München 2000, Kösel-Verlag, S. 38

23 Wardetzki, Dipl.-Psych. Dr. Bärbel: *Ohrfeige für die Seele*. 6. Auflage, München 2000, Kösel-Verlag, S. 37

24 Zander, Psychoanalytiker Priv.-Doz. Dr. med. Wolfgang: *Überlegungen eines Psychoanalytikers zum Problem der Kränkung.* In: *Wege zum Menschen*. 35. Jhrg., Heft 1, Göttingen 1983, Vandenhoeck & Ruprecht, S. 15

25 Zander, Psychoanalytiker Priv.-Doz. Dr. med. Wolfgang: *Überlegungen eines Psychoanalytikers zum Problem der Kränkung.* In: *Wege zum Menschen*. 35. Jhrg., Heft 1, Göttingen 1983, Vandenhoeck & Ruprecht, S. 19

26 nach Dahmer, Prof. Dr. rer. nat. Dipl.-Psych. Dr. med. Jürgen/Dahmer, Hella: *Gesprächsführung: eine praktische Anleitung.* 3., unveränd. Auflage, Stuttgart 1992, Thieme, S.99

27 Zander, Psychoanalytiker Priv.-Doz. Dr. med. Wolfgang: *Über-legungen eines Psychoanalytikers zum Problem der Kränkung.* In: *Wege zum Menschen.* 35. Jhrg., Heft 1, Göttingen 1983, Vandenhoeck & Ruprecht, S. 16

28 Wardetzki, Dipl.-Psych. Dr. Bärbel: *Ohrfeige für die Seele.* 6. Auflage, München 2000, Kösel-Verlag, S. 18

29 Zander, Psychoanalytiker Priv.-Doz. Dr. med. Wolfgang: *Über-legungen eines Psychoanalytikers zum Problem der Kränkung.* In: *Wege zum Menschen.* 35. Jhrg., Heft 1, Göttingen 1983, Vandenhoeck & Ruprecht, S. 15 f

30 Wardetzki, Dipl.-Psych. Dr. Bärbel: *Ohrfeige für die Seele.* 6. Auflage, München 2000, Kösel-Verlag, S. 26

31 nach Zander, Psychoanalytiker Priv.-Doz. Dr. med. Wolfgang: *Überlegungen eines Psychoanalytikers zum Problem der Krän-kung.* In: *Wege zum Menschen.* 35. Jhrg., Heft 1, Göttingen 1983, Vandenhoeck & Ruprecht, S. 19

32 Wardetzki, Dipl.-Psych. Dr. Bärbel: *Ohrfeige für die Seele.* 6. Auflage, München 2000, Kösel-Verlag, S. 45

33 Wardetzki, Dipl.-Psych. Dr. Bärbel: *Ohrfeige für die Seele.* 6. Auflage, München 2000, Kösel-Verlag, S. 65

34 nach Wardetzki, Dipl.-Psych. Dr. Bärbel: *Ohrfeige für die Seele.* 6. Auflage, München 2000, Kösel-Verlag, S. 56 f

35 Roth, Prof. Dr. Dr. Gerhard: *90 % sind unbewusst.* In: *Psycho-logie heute,* Februar 2002, Verlagsgruppe Beltz, S. 47 ff

36 Roth, Prof. Dr. Dr. Gerhard: *90 % sind unbewusst.* In: *Psycho-logie heute,* Februar 2002, Verlagsgruppe Beltz, S. 49

37 Roth, Prof. Dr. Dr. Gerhard: *90 % sind unbewusst.* In: *Psycho-logie heute,* Februar 2002, Verlagsgruppe Beltz, S. 49

38 Kotler, Philip/Armstrong, Gary/Saunders, John/Wong, Veroni-ca: *Grundlagen des Marketing.* 2., überarbeitete Auflage, Mün-chen 1999, Prentice Hall, S. 69

39 nach Kroeber-Riehl, Psychologe, Prof. Werner/Esch, Prof. Dr. Franz-Rudolf: *Strategie und Technik der Werbung.* 5., neu bearb. und erw. Auflage, Stuttgart 2000, W. Kohlhammer, S. 31

40 Harrigan, K. R. in: Kroeber-Riehl, Psychologe, Prof. Werner/ Esch, Prof. Dr. Franz-Rudolf: *Strategie und Technik der Wer-bung.* 5., neu bearb. und erw. Auflage, Stuttgart 2000, W. Kohl-hammer, S. 18

41 Geml, Richard/Geisbüsch, Hans-Georg/Lauer, Herman: *Das kleine Marketinglexikon*. 2., akt. und erw. Auflage, Düsseldorf 1999, Verlag Wirtschaft und Finanzen, S. 257

42 Kroeber-Riehl, Psychologe, Prof. Werner/Esch, Prof. Dr. Franz-Rudolf: *Strategie und Technik der Werbung*. 5., neu bearb. und erw. Auflage, Stuttgart 2000, W. Kohlhammer, S. 44

43 Geml, Richard/Geisbüsch, Hans-Georg/Lauer, Herman: *Das kleine Marketinglexikon*. 2., akt. und erw. Auflage, Düsseldorf 1999, Verlag Wirtschaft und Finanzen, S. 395 f

44 Kroeber-Riehl, Psychologe, Prof. Werner/Esch, Prof. Dr. Franz-Rudolf: *Strategie und Technik der Werbung*. 5., neu bearb. und erw. Auflage, Stuttgart 2000, W. Kohlhammer, S. 97

45 Kroeber-Riehl, Psychologe, Prof. Werner/Esch, Prof. Dr. Franz-Rudolf: *Strategie und Technik der Werbung*. 5., neu bearb. und erw. Auflage, Stuttgart 2000, W. Kohlhammer, S. 98

46 Weinberg, P. in Kroeber-Riehl, Psychologe, Prof. Werner/Esch, Prof. Dr. Franz-Rudolf: *Strategie und Technik der Werbung*. 5., neu bearb. und erw. Auflage, Stuttgart 2000, W. Kohlhammer, S. 72

47 Kroeber-Riehl, Psychologe, Prof. Werner/Esch, Prof. Dr. Franz-Rudolf: *Strategie und Technik der Werbung*. 5., neu bearb. und erw. Auflage, Stuttgart 2000, W. Kohlhammer, S. 145

48 Kroeber-Riehl, Psychologe, Prof. Werner/Esch, Prof. Dr. Franz-Rudolf: *Strategie und Technik der Werbung*. 5., neu bearb. und erw. Auflage, Stuttgart 2000, W. Kohlhammer, S. 147

49 nach Kroeber-Riehl, Psychologe, Prof. Werner/Esch, Prof. Dr. Franz-Rudolf: *Strategie und Technik der Werbung*. 5., neu bearb. und erw. Auflage, Stuttgart 2000, W. Kohlhammer, S. 65 f

50 Liepmann, Psychologe, Prof. Detlev: *Werbung wird immer individueller: Mit der Manipulation wächst der Glaube, als Konsument wirklich König zu sein*. In: *Psychotherapie*. Bd. 1 (2000), Report: 07. August 2000, Stuttgart 2000, ABRARIS Institut

51 Klaus, Georg/Buhr, Manfred: *Philosophisches Wörterbuch*. 1974, 10. neub. und erw. Auflage, Bd. 2, Leipzig 1974, Bibliographisches Institut, S. 737

52 nach Kiss und Wettig in Kroeber-Riehl, Psychologe, Prof. Werner/Esch, Prof. Dr. Franz-Rudolf: *Strategie und Technik der*

Werbung. 5., neu bearb. und erw. Auflage, Stuttgart 2000, W. Kohlhammer, S. 194 f

53 Geml, Richard/Geisbüsch, Hans-Georg/Lauer, Herman: *Das kleine Marketinglexikon.* 2., akt. und erw. Auflage, Düsseldorf 1999, Verlag Wirtschaft und Finanzen, S. 201

54 http://www.brand.com, der Link „About Branding"

55 Kotler, Philip/Armstrong, Gary/Saunders, John/Wong, Veronica: *Grundlagen des Marketing.* 2., überarbeitete Auflage, München 1999, Prentice Hall, S. 541

56 Kotler, Philip/Armstrong, Gary/Saunders, John/Wong, Veronica: *Grundlagen des Marketing.* 2., überarbeitete Auflage, München 1999, Prentice Hall, S. 542

57 Interbrand: *The 100 Top Brands.* In: *Business Week*, 05.08.2002, Mc Graw-Hill Inc., S. 60 ff

58 nach http://www.absatzwirtschaft.de, Martin Seiwert: *Über Werbepromis, Medienmarken und den Sieg der guten Produkte.* Absatzwirtschaft, 07.03.2002

59 http://www.absatzwirtschaft.de, Martin Seiwert: *Über Werbepromis, Medienmarken und den Sieg der guten Produkte.* Absatzwirtschaft, 07.03.2002

60 http://www.absatzwirtschaft.de, Peter Stippel: *Promi-Hitliste der Marketingleiter*, Absatzwirtschaft, 19.02.2002

61 http://www.absatzwirtschaft.de, Martin Seiwert: *Über Werbepromis, Medienmarken und den Sieg der guten Produkte.* Absatzwirtschaft, 07.03.2002

62 Schalk, Willi/Thoma, Helmut/Strahlendorf, Peter*: Jahrbuch der Werbung 2000.* München 2000, ECON, Buchdeckel-Innenseite

63 http://de.o2.com/de/intro.html, *Unser Weg zu O2.*

64 nach Geml, Richard/Geisbüsch, Hans-Georg/Lauer, Herman: *Das kleine Marketinglexikon.* 2., akt. und erw. Auflage, Düsseldorf 1999, Verlag Wirtschaft und Finanzen, S. 427

65 Köhler, Angela: *Lächeln lernen im „Land des Lächelns".* Schwäbische Zeitung, Leutkirch 2000, Schwäbischer Verlag, 29.12.2000

66 nach Köhler, Angela: *Lächeln lernen im „Land des Lächelns".* Schwäbische Zeitung, Leutkirch 2000, Schwäbischer Verlag, 29.12.2000

67 Reinert, Claudia: *Tominaga, Minoru: Lächeln ist ein Muss!* In: *Top hotel 03/99*, Landsberg a. L. 1999, Freizeit-Verlag, S.28 ff

68 Wittenzellner, Christine: *Die Kraft des Lächelns – Minoru Tominaga hält Managern schonungslos den Spiegel vor.* In: *Die Welt*, Berlin 2000, Axel Springer Verlag, 03.02.2000

69 Westphal, Rainer: *Körpersprache für Verkäufer: Signale erkennen – selbstbewusst auftreten.* Düsseldorf/Regensburg 1999, Metropolitan, S. 33

70 Reinert, Claudia: *Tominaga, Minoru: Lächeln ist ein Muss!* In: *Top hotel 03/99*, Landsberg a. L. 1999, Freizeit-Verlag, S.28 ff

71 Birkenbihl, Vera F.: *Kommunikationstraining: Zwischenmenschliche Beziehungen erfolgreich gestalten.* 22. Auflage, Landsberg am Lech 2000, mvg-Verlag, S. 57 ff

72 Peltzer, Karl/von Normann, Reinhard: *Das treffende Wort.* 25. Auflage, Thun 2000, Ott, S. 305

73 Tuma, Thomas: *Strategien zum Abmelken.* In: *Der Spiegel*, 48/2000, S. 147

74 http://www.spiegel.de, *Tödliche Schönheitsoperation.* In: Spiegel online, 20.06.02

75 Team des Seelsorgeinstitutes an der Kirchlichen Hochschule Bethel, Bielefeld: *Wo Beziehung ist, ist Kränkung.* In: *Wege zum Menschen.* 35. Jhrg., Heft 1, Göttingen 1983, Vandenhoeck & Ruprecht, S. 3

76 Birkenbihl, Vera F.: *Kommunikationstraining: Zwischenmenschliche Beziehungen erfolgreich gestalten.* 22. Auflage, Landsberg am Lech 2000, mvg-Verlag, S. 113

77 „*Die Immobilienfalle*" NDR/SWR-Dokumentation, ausgestrahlt am Mittwoch, den 03.04.2002, 23:30 Uhr

78 http://www.baulinks.de, *Hypovereinsbank droht Milliardenforderung wegen Finanzierung von minderwertigen Wohnungen – Bundesgerichtshofs-Entscheidung heute.* 09.04.2002

79 http://www.bmz.de/about/haushalt/finanzressourcen.pdf

80 nach Birkenbihl, Vera F.: *Kommunikationstraining: Zwischenmenschliche Beziehungen erfolgreich gestalten.* 22. Auflage, Landsberg am Lech 2000, mvg-Verlag, S. 29

81 Westphal, Rainer: *Körpersprache für Verkäufer: Signale erkennen – selbstbewusst auftreten.* Düsseldorf/Regensburg 1999, Metropolitan, S. 29

82 http://www.baulinks.de, *Hypovereinsbank droht Milliardenforderung wegen Finanzierung von minderwertigen Wohnungen – Bundesgerichtshofs-Entscheidung heute.* 09.04.2002

83 Ministerium für Wirtschaft und Mittelstand, Energie und Verkehr des Landes Nordrhein-Westfalen: Praxistipps: *Die Basis für den Erfolg*. In: *Impulse* 07/2002, G+J, S. XI

84 *Abendzeitung*, 2002

85 nach Giei, Sato: *Tagebuch eines Zen-Lehrlings*. Pfullingen 1988, Günther Neske, S. 70

86 Wardetzki, Dipl.-Psych. Dr. Bärbel: *Ohrfeige für die Seele*. 6. Auflage, München 2000, Kösel-Verlag, S. 127

87 Kroeber-Riehl, Psychologe, Prof. Werner/Esch, Prof. Dr. Franz-Rudolf: *Strategie und Technik der Werbung*. 5., neu bearb. und erw. Auflage, Stuttgart 2000, W. Kohlhammer, S. 159 f

88 SWR3, *Lämmle live*, Sendung vom 29.06.2002, 23:30 Uhr

89 SAT.1, *Vera am Mittag*, Sendung vom 01.07.2002, 12:00 Uhr

90 Wardetzki, Dipl.-Psych. Dr. Bärbel: *Ohrfeige für die Seele*. 6. Auflage, München 2000, Kösel-Verlag, S. 155

91 Birkenbihl, Vera F.: *Kommunikationstraining: Zwischenmenschliche Beziehungen erfolgreich gestalten*. 22. Auflage, Landsberg am Lech 2000, mvg-Verlag, S. 247